Ernst von Möller

Die Elendenbrüderschaften

Ein Beitrag zur Geschichte der Fremdenfürsorge im Mittelalter

Ernst von Möller

Die Elendenbrüderschaften

Ein Beitrag zur Geschichte der Fremdenfürsorge im Mittelalter

ISBN/EAN: 9783955643249

Auflage: 1

Erscheinungsjahr: 2013

Erscheinungsort: Bremen, Deutschland

@ EHV-History in Access Verlag GmbH, Fahrenheitstr. 1, 28359 Bremen. Alle Rechte beim Verlag und bei den jeweiligen Lizenzgebern.

Die

Elendenbrüderschaften

Ein Beitrag zur
Geschichte der Fremdenfürsorge im Mittelalter

von

Dr. jur. **Ernst v. Moeller**
Privatdozent an der Universität Berlin

Leipzig
J. C. Hinrichs'sche Buchhandlung
1906

Inhaltsverzeichnis.

                                                          Seite

Einleitung 1

Erster Teil. Die Verbreitung der Elendenbrüderschaften . . . 6
    I. Berlin und die Provinz Brandenburg 7
   II. Schlesien, Posen, Preußen und Pommern 30
  III. Mecklenburg, die Hansestädte, Schleswig-Holstein und Skandinavien 44
  IV. Die Provinz und das Königreich Sachsen, Anhalt und die thüringischen Staaten 59
   V. Braunschweig, Hannover, Westfalen, Waldeck, Hessen-Nassau und Rheinprovinz 77
  VI. Süddeutschland 93

Zweiter Teil. Die Organisation, die Zwecke und der Ursprung der Elendenbrüderschaften 109
    I. Die Organisation 109
   II. Die Betätigung im eigenen Kreise 122
  III. Die Elenden 147
  IV. Die Fürsorge für die Elenden bei Lebzeiten 146
   V. Die Fürsorge für die Elenden nach ihrem Tode 155
  VI. Der Ursprung der Elendenbrüderschaften 166

Ortsregister 175

Einleitung.

Die Elendenbrüderschaften sind bisher in der Literatur nicht näher untersucht worden. Zu nennen wäre höchstens die Arbeit von Leopold v. Ledebur[1] aus dem Jahre 1850 über „die Kalands-Verbrüderungen in den Landen sächsischen Volksstammes mit besonderer Rücksicht auf die Mark Brandenburg". Ledebur nennt hier eine Reihe von Elendsgilden und sucht sie von den Kalanden zu unterscheiden. Aber seine Angaben sind im einzelnen vielfach ungenau und durchaus lückenhaft. Über die Verbreitung kommt er zu falschen Resultaten, auf die Tätigkeit der Elendsbrüderschaften hat er sich überhaupt nicht näher eingelassen. Noch viel geringer ist der Wert eines Aufsatzes über „die Elendsgilden in der Mark Brandenburg", den Oskar Schwebel, damals Kandidat der Theologie in Wittstock, am 23. Februar 1870 im Verein für die Geschichte Potsdams durch den Geh. Hofrat Louis Schneider vorlesen und dann in den Mitteilungen des Vereins[2] drucken ließ.

In anderen Gebieten sind nicht einmal derartige kümmerliche Versuche, das Material zu durchforschen, unternommen worden; auch in Gegenden nicht, in denen die Elendenbrüderschaften ebenso häufig wie in der Mark Brandenburg vertreten sind.

Unter diesen Umständen ist es kein Wunder, wenn über Verbreitung und Zwecke der Elendsgilden in der Literatur der bunteste Wirrwarr der Meinungen herrscht. Bald wird behauptet, ihr Verbreitungsgebiet decke sich mit dem der Kalande, bald werden wir belehrt, Elendenbrüderschaften habe es in allen Städten gegeben; was beides gleich unrichtig ist. Der

---

[1] Märkische Forschungen IV p. 7 ff.   [2] V, 1872 p. 10. 194.

eine meint, ihre Hauptsorge sei die Beförderung von Pilgerfahrten gewesen, der andere läßt sie gefangene Christen aus türkischer Sklaverei loskaufen, der dritte bildet sich ein, sie hätten in Beguinenhäusern Krankenpflege geübt. Manche glauben, sie hätten ihre Fürsorge auf vertriebene und aus ihrer Heimat flüchtige Christen beschränkt, andere sehen in ihnen Hülfsvereine für „unsere Brüder von der Landstraße". Dieser legt den Nachdruck auf das Herbergen, jener auf das Begraben, ein dritter auf das Gebet samt Messen und Vigilien. Kurz: weder über die Elenden noch über die Liebeswerke, die an ihnen getan werden, herrscht Einhelligkeit. Und sogar die Ansicht hat ihre Vertreter gefunden, daß wir es mit Brüderschaften zu tun hätten, welche aus Elenden beständen.

Schon diese Mannigfaltigkeit der Meinungen zeigt, daß es an Interesse für diese Brüderschaften mit ihrem seltsamen Namen eigentlich nicht fehlt. Und in der Tat ist von ihnen allenthalben bei Juristen und Nationalökonomen, bei katholischen und protestantischen Theologen, bei Historikern aller Gattungen und selbst bei Medizinern die Rede. Die soziale Bewegung unserer Gegenwart hat längst auf allen Seiten das Auge für die soziale Arbeit der vergangenen Jahrhunderte geschärft. Und es ist allbekannt, welch eigenartigen Anteil die Kirche mit ihrem Brüderschaftswesen daran gehabt hat.

Aber fast ausnahmslos handelt es sich nur um kurze Erwähnungen und Hinweise. Unter den Rechtshistorikern nehmen z. B. Eichhorn[1] und Gierke[2] auf die Elendsgilden Bezug. In der allgemeinen Literatur über das Städtewesen werden sie häufig genannt. Wilda[3] macht ein paar nähere Angaben über sie. Ganz ebenso enthalten die zusammenfassenden Darstellungen aus dem Bereich der Kirchengeschichte nur wenig Material. Das beste, was Theologen zu unserem Thema beigesteuert haben, findet sich in Uhlhorns und Ratzingers Büchern über die Geschichte der christlichen Liebestätigkeit. Aber auch hier liegt kein planmäßiges, systematisches Studium über die Elendenbrüderschaften vor, sondern nur Mitteilung einzelner

---

[1] Staats- und Rechtsgeschichte II³, 1821 p. 456.
[2] Genossenschaftsrecht I, 1868 p. 238.
[3] Gildenwesen im Mittelalter, 1831 p. 350f.

älterer Angaben mit ein paar Ergänzungen, die den Verfassern gerade zur Hand waren. Noch spärlicher sind naturgemäß die Notizen, die die Mediziner, z. B. Virchow, Haeser oder Spengler, in ihren Arbeiten über die Geschichte der Krankenpflege beisteuern.

An Quellen für unsere Untersuchung fehlt es in keiner Weise. Vom Anfang des vierzehnten Jahrhunderts bis auf unsere Gegenwart hin liegen sie allenthalben in großer Menge zerstreut vor. Und an zahllosen einzelnen Punkten hat schon längst die lokale Geschichtschreibung ihr Augenmerk auf diese Brüderschaften gerichtet. Statuten, Privilegien von Landesherren und Kirchenfürsten, Geschäftsurkunden aller Art, Schenkungsbriefe, Vermögensregister und Mitgliederlisten geben uns aus den verschiedensten Gegenden Deutschlands ein anschauliches Bild nicht bloß von der Existenz, sondern vor allem von der Betätigung der Elendsgilden.

Die Schwierigkeit in der Benutzung dieser Quellen hängt mit dem Mangel jeder einheitlichen Organisation der Elendenbrüderschaften zusammen. Es gibt keine gemeinsamen Quellen, da sie untereinander in keinerlei Verbindung standen. Überall müssen wir auf die lokalen Quellen zurückgehen und in den einzelnen Städten und Dörfern Umschau halten. Nur auf diesem Wege lassen sich die gemeinsamen Grundzüge der Entwicklung feststellen, Regel und Ausnahme voneinander unterscheiden. Das Verfahren ist etwas unbequem, da jede einzelne Quelle meist nur wenig von Belang ergibt und viel unbrauchbares Material auf gut Glück durchmustert werden muß. Aber bei der großen Zahl der Quellen scheint dieser Weg trotzdem lohnend.

Die Rechtsquellen im engeren Sinn, Rechtsbücher, Gesetze, Stadtrechte, Landesordnungen u. dgl., enthalten nur ausnahmsweise Notizen über Elendenbrüderschaften; so z. B. das Rügische Landrecht des Matthäus von Normann. Wo in alter Zeit ein Gesetzgeber allgemeine Normen für solche Vereinigungen aufstellt, da handelt es sich etwa um die Frage der Bestätigung oder der Aufhebung, kurz um Gesichtspunkte, die bei den meisten Brüderschaften zutreffen. Von Gilden oder Zünften insgemein wird dann gelegentlich in einer Polizeiordnung gesprochen. Aber die Elendsgilden im besonderen kommen fast nie zur Erwähnung. Das bloße Schweigen der allgemeinen Rechtsordnungen eines Landes oder einer Stadt ist selbstverständlich niemals zum Beweise gegen ihr Vorkommen zu verwerten. Sehr viel ergiebiger sind die Urkundensammlungen. Namentlich für das vierzehnte und fünfzehnte Jahrhundert bieten sie eine Fülle von Nachrichten über Rechtsgeschäfte, die von den Elendenbrüderschaften oder zu ihren Gunsten abgeschlossen worden sind. Für die Mark Brandenburg ist viel derartiges Material in Riedels Codex diplomaticus zu finden. Aber hier und in anderen Fällen macht sich sehr lästig fühlbar, daß die vorhandenen Register für unsere Zwecke nicht völlig ausreichen. Brauchbare Sachregister, wie das Mecklenburgische Urkundenbuch sie bietet, sind heute leider immer noch eine Seltenheit. Viel Material ist in den Hunderten von deutschen Städtegeschichten verstreut. An Vollständigkeit in der Ausnutzung ist hier natürlich so wenig wie bei den Urkundensammlungen zu denken. So lange wir keine reichhaltigen Fachbibliotheken mit Präsenzzwang haben, muß man sich mit Stichproben begnügen. Ein zweites Hindernis liegt in der Art dieser ganzen Literaturgattung. Die Verfasser der Städtechroniken sind großenteils Prediger, Lehrer, Bürgermeister, Schriftsteller, die in der Geschichtschreibung nur als Laien rangieren. Vorsicht ist hier sehr am Platze. Generalisierenden Behauptungen über Elendenbrüderschaften, wie sie sich in solchen Darstellungen häufig finden, darf man nicht leicht Glauben schenken. Um so wertvoller sind Einzelangaben, zumal wenn sie urkundlich belegt sind. Auch Arbeiten, die wissenschaftlich auf keinem hohen Standpunkt stehen, können in dieser Richtung für uns sehr wertvoll sein.

Neben den Städtegeschichten kommen namentlich die Kirchengeschichten in Betracht, nicht die allgemeinen Lehr- und Handbücher, wohl aber die zahlreichen Darstellungen, die sich mit der Kirchengeschichte einzelner Landesteile oder mit der Geschichte einzelner Kirchen beschäftigen. Diese spezielle kirchenhistorische Literatur ist für die Erforschung der Elendenbrüderschaften im weitesten Umfang wichtig, da die Brüderschaften hoch ins Mittelalter hinaufreichen und andererseits noch heute bestehen. Katholische und evangelische Arbeiten sind gleichmäßig zu berücksichtigen. Besonders ergiebig sind Untersuchungen über die Reformationszeit, weil sich damals der Gegensatz der katholischen und evangelischen Anschauungen über die Brüderschaften am schärfsten geltend machte. Namentlich enthalten die Visitationsprotokolle in Menge interessantes Material über die Elendsgilden; vor allem werden regelmäßig die Besitzverhältnisse sehr genau gebucht. Mußte dieser umständliche Weg zur Auffindung der Quellen eingeschlagen werden, so lag es nahe, noch einen Schritt weiter zu gehen und auch ungedrucktes Material zu verwerten. In Berlin habe ich zu diesem Zweck das Geheime Staatsarchiv und das Stadtarchiv benutzt. Ferner sind mir vom Staatsarchiv in Koblenz, von den Stadtarchiven in München und Stendal und von der Elendenbrüderschaft in Paderborn einige interessante Schriftstücke durch Übersendung nach Berlin zugänglich gemacht worden. Und außerdem habe ich an eine Reihe von staatlichen und städtischen Archiven die Anfrage gerichtet, ob in den dortigen Akten Angaben über Elendenbrüderschaften vorhanden seien. Den Mitteilungen, die ich daraufhin erhielt, habe ich zahlreiche wertvolle Aufschlüsse entnehmen können. Ganz besonders gilt das von den Nachrichten, die mir von den preußischen Staatsarchiven in Koblenz, Magdeburg, Münster, Schleswig, Stettin und Wiesbaden zugegangen sind. Allen Archivverwaltungen und allen einzelnen, die mich in dieser oder jener Weise bei diesen Nachforschungen unterstützt haben, sage ich meinen ergebensten Dank.

Die Einteilung der Untersuchung kann keinerlei Schwierigkeiten bereiten. Den Ausgangspunkt bildet naturgemäß die Frage nach der Verbreitung der Elendenbrüderschaften. Nur wenn wir wissen, wo und wann sie vorkommen, gewinnen wir festen Boden unter den Füßen. Wir werden uns dann im zweiten Teile mit der Organisation, den Zwecken und dem Ursprung der Elendenbrüderschaften beschäftigen. Auf diesem Wege werden wir allen Einzelheiten der Überlieferung gerecht werden können und vor allem die falsche, immer noch aus Bequemlichkeitsrücksichten so beliebte Methode vermeiden, einfach das lokale Vorkommen zum Haupteinteilungsgrund zu nehmen und dann aufzuzählen, was über diese, was über jene Elendenbrüderschaft für Angaben vorliegen. Dies Verfahren, das z. B. Virchow in seiner Abhandlung über den Aussatz eingeschlagen hat, ist nicht bloß langweilig, es erschwert nicht nur den Überblick, sondern es führt fast notwendig zu falschen Verallgemeinerungen. Die Unbequemlichkeit in der Benutzung ist die Folge der Bequemlichkeit des Verfassers. Statt auf die Hauptsache wird auf die einzelne Erscheinung das Hauptgewicht gelegt und Genauigkeit im einzelnen erreicht, im Resultat aber nicht. Materialsammlung ist nur ein Teil der wissenschaftlichen Arbeit. Erst die Gegenüberstellung und Vergleichung der Überlieferung über die Elendengilden aus den verschiedenen Gegenden Deutschlands ermöglicht uns, sie richtig zu beurteilen.

Erster Teil.
Die Verbreitung der Elendenbrüderschaften.

Wenn wir die Verbreitung der Elendenbrüderschaften ermitteln wollen, ist es offenbar gleichgültig, wo wir mit unserer Untersuchung beginnen. Wir fangen also nach Willkür mit der Hauptstadt des Deutschen Reiches an und dehnen von da unsere Nachforschungen nach Osten und Westen über Norddeutschland aus, um uns schließlich dem Süden zuzuwenden. Dabei werden wir fortgesetzt auf allen Seiten die Nachbargebiete im Auge behalten. Im einzelnen werden wir gut tun, uns hinsichtlich der Reihenfolge der verschiedenen Gebiete nicht streng an die Stammesunterschiede oder an irgendwelche politischen oder kirchlichen Grenzen der Vergangenheit zu halten. Denn dadurch würden wir lediglich dem Resultate vorgreifen, da wir ja vorläufig garnicht wissen, ob zwischen diesen Gliederungen und der Verbreitung der Elendenbrüderschaften Beziehungen bestehen. Es wird vielmehr im Interesse der leichteren Orientierung genügen, wenn wir uns einigermaßen an die heutige politische Einteilung Deutschlands halten. Fesseln brauchen wir uns dabei natürlich nicht anzulegen. Etwa die sämtlichen preußischen Gebietsteile vorweg zu berücksichtigen, liegt keinerlei Grund vor.

Endlich bedarf noch ein Punkt der Erwägung. Wir dürfen

uns nämlich den Weg nicht etwa dadurch versperren, daß wir nur diejenigen Orte in Betracht ziehen, an denen unbestritten und unbestreitbar Elendenbrüderschaften bestanden haben. Denn sehr oft ist es zweifelhaft, ob es wirklich der Fall war oder nicht. Sehr oft ist z. B. aus dem Vorhandensein von Elendenaltären oder Elendenherbergen fälschlich positiv oder negativ eine Antwort auf diese Frage versucht worden. Wir müssen also, um hier Klarheit zu schaffen, notwendig etwas weiter Umschau halten. Wir müssen konsequent auf Brüderschaften verwandter Natur achten und vor allem Einrichtungen, deren Namen, sei es scheinbar, sei es wirklich, eine Beziehung zu ihnen enthält, mit in den Kreis unserer Untersuchung ziehen. Wir dürfen uns nicht scheuen, auch auf die Orts- und Flurnamen Elend, auf Elendenkreuze, Elendenkerzen und dergleichen Kleinigkeiten unsere Aufmerksamkeit zu richten. Kurz wir müssen in diesem ersten Teil, in der Sprache des Mittelalters zu reden, zunächst eine Elendenstatistik weitesten Umfangs aufstellen. Vollständigkeit ist dabei nicht erreichbar. Bezüglich der Elendsgilden werden wir sie nach Möglichkeit erstreben und im übrigen natürlich unsere Nachforschung in den entsprechenden Grenzen halten.

I.
Berlin und die Provinz Brandenburg.

Daß in Berlin Elendenbrüderschaften vorhanden waren, ist seit dem 18. Jahrhundert häufig bemerkt worden. Aber ihr Verhältnis zu den Kalanden ist bisher eine ungelöste Frage geblieben. Die verschiedensten Meinungen sind darüber geäußert worden. Küster[1], dem z. B. Fidicin[2] sich anschloß, erklärte Elendengilde und Kaland für identisch. Ledebur[3] behauptete, aus der Kalandsbrüderschaft hätte sich ein Priester-Ausschuß zu einer besonderen Priester-Elendengilde zusammengetan und daher heiße diese zuweilen auch Kaland. Und Schwebel[4] meinte, alle Berliner Elendenbrüderschaften und

---

[1]) Altes und neues Berlin, Abteil. II Kap. 1, 1752 p. 444.
[2]) Historisch-diplomatische Beiträge zur Geschichte der Stadt Berlin II, 1837 p. 46.   [3]) Märkische Forschungen IV p. 50.
[4]) Geschichte der Stadt Berlin I p. 362.

Kalande hätten sich schließlich zu einer einzigen großen Gesellschaft vereinigt. Diese verschiedenen Ansichten sind vielfältig von anderen Schriftstellern nachgesprochen worden, die sich mit den Brüderschaften an anderen Orten beschäftigten und die Berliner Verhältnisse schlechtweg als typisch ansahen. Namentlich hat Küster mit seinem Irrtum nur zu viele Nachfolger gefunden. Dieser Konfusion wird durch die deutlichen Angaben der Berliner Visitationsakten aus der Reformationszeit ein Ende gemacht. Es ergibt sich daraus mit völliger Klarheit, daß in Berlin noch im sechzehnten Jahrhundert zwei Elendengilden völlig unabhängig von den Kalanden bestanden, die eine an der Marienkirche, die andere an der Petrikirche [1].

An der Marienkirche war bei der Visitation von 1540 eine „Gilde der Elenden" vorhanden. Sie besaß das Patronatrecht über „das Lehen der Elenden oder sonst Andree, Crucis und Elisabeth" und ferner über das Lehen Barbarae. In den Händen der Vorsteher befanden sich damals noch einige Verschreibungen, in welchen den beiden Altarlehen Einkünfte zugewiesen worden waren. Aus dem Alter dieser Urkunden läßt sich jedoch nicht ohne weiteres auf das Alter der Elendengilde schließen, wenn sie nur des Elendenaltars, aber nicht der Gilde Erwähnung tun. Denn es besteht selbstverständlich die Möglichkeit, daß der Altar schon vor der Brüderschaft gegründet war und daß die Elendengilde erst später das Patronatsrecht über ihn erwarb und so in den Besitz auch älterer Verschreibungen gelangte. Zu dem Lehen Andreae, Crucis und Elisabeth hat nach den Akten „die Herrschaft zu Brandenburg" am ersten ewige Zinsen vereignet. Das Lehen Barbarae hat 1360 eine Schenkung von Ludwig dem Römer erhalten. Die Urkunde spricht von dem „altare exulum" in der Marienkirche und zeigt, daß er damals auch Matthäus, Cosmas, Damian und Valentin geweiht war. Mindestens zehn Jahre zuvor muß die Gilde bereits bestanden haben. Denn vom 3. Juni 1350 stammt eine Pergamenturkunde des Archivs der Marienkirche, kraft welcher die „magistri et rectores gulde exulum in novo foro" Berlin dem Priester Friedrich Buleke die Verwaltung ihres

---

[1] Berliner Stadtarchiv Mscr. 1214.

Altars in der Marienkirche und der zugehörigen Einkünfte übertragen. Auch die „Brüderschafft der Elendengilde", die nach den Visitationsakten an der Petrikirche in Köln an der Spree gestiftet war, besaß eine Kommende und zwar am Altar Fabiani et Sebastiani. Zweifellos ist dies derselbe Altar, der schon 1317 in einer Urkunde des Markgrafen Waldemar als Elendenaltar bezeichnet wird. Die Nachrichten über den Altar sind älter als über die Gilde. Nach Anordnung Waldemars sollte in jeder Messe, die an dem von ihm bestätigten Altar gelesen würde, der Markgrafen Hermann und Johann, außerdem aber aller derer gedacht werden, welche in Köln „in paupertatis exilio" verstürben. Denn für das heilsame Gedächtnis dieser mittellos verstorbenen Fremden sei der Altar speziell gestiftet und daher habe er seinen Namen. Wenn Waldemar ferner das „Patronats- oder Präsentationsrecht" den Bürgermeistern von Köln für alle Zeit zuspricht, so klingt das nicht, als ob damals bereits die Elendengilde an der Petrikirche bestanden hätte. Der Altar, der 1317 in so feierlicher Form bestätigt wurde, erhielt von Johann von Keller und seinen Brüdern, den Priestern Berthold und Peter, sowie von der Witwe Margarete von Knobloch Landbesitz als Geschenk. Und 1323 erwies sich auch der Herzog Rudolf von Sachsen, der damals die Zahl seiner Anhänger im Lande zu vermehren suchte, freigebig gegen diesen selben Elendenaltar, das „altare exulum in Colonia constructum". Den „altten Brieff von Herzogen Rudolffen" konnten die Mitglieder der Elendengilde 1540 noch den Visitatoren im Original vorlegen. Dagegen hatten sie „keine sunderliche Fundation", keinen Gildestiftungsbrief in Händen. Danach ist die Entstehungszeit der Gilde zweifelhaft; wahrscheinlich handelt es sich um die Zeit nach 1317, aber noch um das vierzehnte Jahrhundert.

Die beiden Berliner Elendengilden haben das Jahr 1540 überlebt. Aber sie scheinen nicht lange danach eingegangen zu sein. Spätere Zeugnisse sind jedenfalls bisher nicht bekannt geworden.

Verschieden von diesen Elendengilden sind die Fraternitas exulum sacerdotum und ebenso die Fraternitas exulum, die z. B. in den Visitationsakten als identisch mit dem „Kaland zu S. Niclas vnd vnser l. Frauen z. Berlin" genannt wird.

Auch in der Umgegend von Berlin lassen sich Elendenbrüderschaften nachweisen. In Spandau waren in der Pfarrkirche nach einem Inventar von 1530 [1] und dem Visitationsprotokoll von 1541 [2] zwei Elendenaltäre vorhanden, ein Lehn exulum Annae und ein Lehn exulum oder Petri Pauli. Der Altar exulum Annae wird in einer Urkunde [3] vom 17. Juli 1501 erwähnt, in der der Kurfürst Joachim I. und sein Bruder Albrecht eine widerrufliche Rente schenken. Zum Entgelt sollte in den Messen der Spender und ihrer Familien mit Fürbitten gedacht werden. Mit dem St. Annen-Altar war damals eine Annen-Brüderschaft verbunden. Joachim und Albrecht erklärten ausdrücklich, nicht nur selbst, sondern samt all ihren Vorfahren und Nachkommen dieser Brüderschaft beitreten zu wollen. Riedel [4] behauptet, es sei eine Brüderschaft der Elenden gewesen. Aber der Beweis fehlt. Aus dem Namen exulum Annae für das Lehen ergibt sich die Richtigkeit dieses Schlusses durchaus nicht. Obenein werden als Collatores des Lehns 1541 die Mitglieder des Rats und nicht der Annenbrüderschaft angegeben.

Viel höher hinauf reichen die Nachrichten über den zweiten Elendenaltar, der Peter und Paul geweiht war. Und hier lässt sich der Nachweis erbringen, daß in Verbindung mit ihm schon im vierzehnten Jahrhundert eine Elendenbrüderschaft bestand. Im Jahre 1352 überwiesen Markgraf Ludwig der Römer und Jacob und Ludwig von Arnim dem Peter- und Pauls-Altar gewisse Hebungen aus Carpzow. Die Urkunde ist von Riedel [5] aus Dilschmanns Chronik übernommen. Seine Annahme, daß es sich um die deutsche Kopie eines lateinischen Originals handelt, trifft zweifellos zu. Wenn darin von einem „Altar der Fremden" und von „Brüdern der Fremdlinge" die Rede ist, so ist das lediglich eine ungeschickte moderne Übersetzung der lateinischen Ausdrücke altare exulum und fratres exulum. Und die Existenz einer Elendenbrüderschaft ist damit für Spandau im Jahre 1352 voll erwiesen. Außerdem liegt aus

---

[1]) Krüger, Chronik der Stadt u. Festung Spandau, 1867 p. 66. 69.
[2]) Riedel, Codex dipl. Brand. A. XI p. 139 f.
[3]) Ibid. p. 126.   [4]) Register III p. 243.   [5]) A. XI p. 44 f.

dem Jahre 1354 eine Konfirmation des Bischofs Dietrich von Brandenburg für die Einkünfte des Altars aus Carpzow und Stresow vor, in der er das „altare" als „dotatum per fratres exulum" bezeichnet[1]. Daraus folgt zugleich, daß die Spandauer Elendenbrüderschaft zuerst bestand und ihrerseits den Peter- und Pauls-Altar als Elendenaltar dotierte. Wenn aber hier noch ein Zweifel obwalten sollte, ob wir es auch ganz gewiß mit einer Elendengilde und nicht etwa mit einem Kaland zu tun haben, der ja auch unter Umständen das Wort exules in seiner offiziellen Bezeichnung braucht, so wird auch dieser letzte Zweifel durch eine Urkunde Markgraf Friedrichs des Jungen von 1439 beseitigt, welche von „der elenden altar" und „den elenden brüdern" spricht[2], ohne erst neuerdings aus dem Lateinischen ins Deutsche übersetzt zu sein. Diese Elendengilde mit der später bezeugten Annenbrüderschaft mit Riedel für identisch zu halten, liegt kein ausreichender Grund vor.

In Nauen war gleichfalls im vierzehnten Jahrhundert eine Elendenbrüderschaft vorhanden. Im Jahre 1344 wandten sich die dortigen „Fratres exulum" an den Bischof Ludwig von Brandenburg mit der Bitte, einen besonderen Altar in der Pfarrkirche fundieren zu dürfen. Der Bischof erteilte am 4. Dezember seine Genehmigung[3] und bestimmte, daß das Recht, den Altaristen zu präsentieren, dauernd den Elendsbrüdern zustehen solle. Er brauchte in seiner Urkunde den Ausdruck: „devotionem itaque fratrum exulum sancti Nicolai in oppido Nowen nobis in Christo dilectorum specialiter proficere cupientes". Daraus läßt sich schließen, daß der neue Altar dem heiligen Nikolaus geweiht werden sollte. Möglicherweise hat sich auch die Elendengilde als Nikolausgilde bezeichnet. Solche Doppelbenennungen kommen nicht selten vor. Wenn der Bischof ferner ausdrücklich auf die Zustimmung des Nauener Pfarrers Werner von Plaue Bezug nimmt, so wird man daraus schwerlich mit Riedel folgern dürfen, daß der Anstoß zu der Altargründung von dem Pfarrer ausgegangen sei. Interessiert war er zwar gewiß daran, auch aus finanziellen Gründen. Aber die Brüderschaft hatte ihrerseits Anlaß genug, sich einen eigenen Altar in der Pfarrkirche zu wünschen. Für

---

[1] p. 46.   [2] p. 97 f.   [3] Riedel A. VII p. 299. 313 f.

die Entstehung der Brüderschaft und des Altars wird es jedenfalls nicht nebensächlich gewesen sein, daß in nächster Nähe von Nauen der berühmte Wallfahrtsort Niekammer, heute Neukammer, lag, der so stark besucht wurde, daß 1362 der Brandenburger Bischof für die Frequenz der Wallfahrtskirche auf dem Harlunger Berg bei Brandenburg Befürchtungen aussprach.

Aus Potsdam liegt eine Urkunde[1] vom Jahre 1450 vor, welche das Bestehen einer „elenden gulde" daselbst bezeugt. Es handelt sich um eine von Bürgermeister und Rat bescheinigte Verschreibung zugunsten der Gilde seitens des Bürgers Klaus Schmidt und seiner Frau. Die Gilde übernahm ihrerseits die Verpflichtung, Vigilien und Seelmessen für die Stifter lesen zu lassen. Der Überschuß der Einkünfte über die hierdurch bedingten Unkosten sollte für den Altar verwendet werden. An einen besonderen Elendenaltar brauchen wir dabei nicht zu denken. Der Bürgermeister und die Ratmannen bezeichnen sich in der Urkunde als derzeitige Laienherren des Altars des heiligen Geistes. Also hielt die Brüderschaft zweifellos an diesem Altar ihre Gottesdienste ab. Und es bleibt höchstens die Möglichkeit, daß der Altar die doppelte Benennung Exulum und Spiritus Sancti getragen hätte.

Auf Teltow als Sitz einer Elendengilde hat schon 1743 Küster in seiner „Bibliotheca historica Brandenburgica[2]" hingewiesen. Auch v. d. Hagen erwähnt die Gilde 1767 in seiner Beschreibung der Stadt Teltow[3]. Aber wenn er darin behauptet, das Lehn Altaris Exulum oder der Elendengülde sei von dem Gewerke der Schneider gestiftet[4], so ist das falsch und ungenau. Der richtige Sachverhalt ergibt sich aus einer Urkunde des Brandenburger Bischofs Hieronymus Scultetus d. d. Ziesar 9. April 1520. Die „seniores sartorum et sutorum" „ac reliqui fratres Gulde seu fraternitatis exulum" hatten sich an den Bischof gewandt, weil ihr Altar in der Teltower Pfarrkirche mit den Dotations- und Bestätigungsbriefen verbrannt war. Altar und Gilde waren also nicht von den Schneidern

---

[1]) Riedel A. XI p. 171 f. Schwebel in den Mitteilungen des Vereins f. d. Geschichte Potsdams Theil V, 1872 p. 10. 194 ff.

[2]) p. 162; Accessiones 1768, I p. 96.   [3]) p. 34. 39. 41 f.

[4]) Ebenso Ledebur, Märk. Forsch. IV p. 49.

allein, sondern von den Schustern außerdem und daneben noch von anderen Personen gestiftet; genau genommen ist sogar nur von den Vorstehern und nicht von allen Mitgliedern der beiden Zünfte die Rede. Der Altar wird doppelt bezeichnet: als Elendenaltar und daneben als geweiht den Heiligen Cosmas und Damian, Johannes dem Täufer und Barbara. Im einzelnen werden die für das Altarlehen bestimmten Einkünfte samt dem dazu gehörigen Wohnhaus des Altaristen und dann die Gegenleistungen des Benefiziars in Gestalt von Vigilien und Seelenmessen aufgezählt. Dabei meint der Bischof nicht etwa Seelmessen zugunsten der in der Fremde verstorbenen Exules, wie sie in jener Urkunde des Markgrafen Waldemar für den Elendenaltar in der Kölner Petrikirche 1317 angeordnet wurden, sondern er spricht ausschließlich von Seelmessen zugunsten der Stifter und ihrer Vorfahren, der lebenden und der verstorbenen Brüder und Schwestern der Gilde. Es wäre falsch zu glauben, jene Seelmessen für die Elenden hätten sich für eine Elendengilde als die Hauptsache stets von selbst verstanden und seien darum von dem Bischof Hieronymus mit Stillschweigen übergangen. Gleich nach den einleitenden Sätzen heißt es in der Urkunde, daß die Neuerrichtung des Altarlehens geschehe zur Ehre Gottes, der Jungfrau Maria „ac (pro) animarum ex eadem fraternitate exulum defunctorum et viventium salute et refrigerio". Von Elenden wird hier also nur insoweit gesprochen, als die toten oder lebenden Mitglieder der Gilde in Frage kommen. Das Präsentationsrecht wurde der Brüderschaft und nicht, wie v. d. Hagen behauptet, den Schneidern zugesprochen. Bei der Auswahl der Altaristen sollte besondere Rücksicht darauf genommen werden, ob unter den Söhnen der Gildebrüder, besonders unter den Schuster- und Schneidersöhnen ein tauglicher Bewerber wäre. Verstoß gegen die Residenzpflicht sollte ohne weiteres den Verlust des Beneficiums nach sich ziehen. Inhaber des Altarlehens war 1520 Urban Wythum, bei Einführung der Reformation Simon Haupt[1]. Dieser durfte die Einkünfte zunächst weiter behalten. Seiner Witwe wurde 1551 vom Bischof Joachim von Brandenburg sogar erlaubt, das Haus noch weitere fünf Jahre zu bewohnen[2]. Die Ein-

---

[1] v. d. Hagen p. 42.   [2] Riedel A. XI p. 226.

künfte aber wurden nach dem Tode des letzten Altaristen in den Gotteskasten getan.

Beelitz besaß schon vor 1454 eine Elendengilde. In diesem Jahre vermehrte Kurfürst Friedrich II. ihr Einkommen durch Zuweisung von Naturalabgaben und bäuerlichen Diensten aus Zauchwitz, Wildenbruch und Michendorf[1]. Dafür sollte die Gilde für das ewige Heil der landesherrlichen Familie Seelmessen, Fürbitten und Armeleutspenden veranstalten „vnnser herschafft zu einer ewigen gedechtnusz". Armenspenden waren nach dem Zeugnis derselben Urkunde schon früher hergebracht. Schon 1781 hat der königliche Leibmedikus Möhsen in seiner Geschichte der Wissenschaften in der Mark Brandenburg[2] Beelitz unter den Orten genannt, in denen Elendsgilden oder Kalandsbrüderschaften bestanden. Er hielt beides für identisch. Ledebur[3], der sich von der Verschiedenheit überzeugt hatte, erklärt es darum noch 1850 für zweifelhaft, ob Beelitz eine Elendsgilde oder einen Kaland gehabt habe. Nach Friedrichs II. Urkunde von 1454 ist für diesen Zweifel kein Raum mehr.

Eine Ergänzung zu dieser Urkunde enthält eine Eingabe der Beelitzer Elendengilde aus etwas späterer Zeit[4]. Sie trägt kein Datum, gehört aber, da sie sich an die „durchleuchtigen, hochgeborenen Fürsten" wendet, also eine Doppelherrschaft voraussetzt, vermutlich in den Anfang des sechzehnten Jahrhunderts wie jene oben erwähnte Urkunde Joachims und Albrechts zugunsten des Altars Exulum Annae in Spandau. Die Elendengilde fühlte sich dadurch benachteiligt, daß Dietrich Vlanss, Hofmeister und Amtmann zu Potsdam, von den Zauchwitzer Bauern, die durch jene Schenkung Friedrichs II. mit Abgaben und Diensten beschwert waren, Zahlung von Dienstgeld verlangte. Sie bat darum die Landesherren, dem Amtmann sein Vorgehen zu verbieten. Die Antwort, die darauf erteilt wurde, ist nicht bekannt. Die Elendengilde wird nicht mehr lange weiterbestanden haben. Aber die Zauchwitzer Kirchenbauern lassen sich noch in den Beelitzer Kirchenrechnungen des neunzehnten Jahrhunderts nachweisen. Der Fleischzehnt

---

[1] Riedel A. IX p. 468. 491.   [2] p. 147.   [3] p. 48.
[4] Berlin, Geheimes Staats-Archiv Rep. 47 nr. 10. Beelitz, Geistliche Sachen.

und das Rauchhuhn, die 1454 der Beelitzer Elendengilde von Friedrich II. geschenkt worden waren, mußten von den Rechtsnachfolgern Mathis Heinicken des Ältern und Jüngern nach wie vor entrichtet werden. Nach den Rechnungen von 1799 bis 1804 und von 1804 bis 1810 bekam den Fleichzehnt immer zwei Jahre die Kirche zu Beelitz und das dritte Jahr der Prediger zu Zauchwitz; die Rauchhühner dagegen kamen Jahr für Jahr an die Beelitzer Kirche. Die Getreideabgabe, die einst der Elendengilde zugestanden hatte, läßt sich gleichfalls noch in dieser späten Zeit nachweisen. Nur von dem Dienst ist nicht mehr die Rede. Der Kanzleirat Karl Schneider macht ferner in seiner Chronik der Stadt Beelitz[1] Mitteilungen über einen Prozeß, den die Stadt mit diesen Zauchwitzer Kirchenbauern in den zwanziger· Jahren wegen verschiedener Holzberechtigungen in der Beelitzer Stadtheide zu führen hatte. Das Kammergericht entschied am 29. April 1822 zugunsten der Kirchenbauern; Beelitz mußte die Berechtigungen später durch Zahlung einer Geldsumme ablösen. Schneiders Angabe, daß Beelitz die beiden Bauerngüter zu Eigentum besessen und den Kirchenbauern in Pacht gegeben habe, scheint auf einem Irrtum zu beruhen. Vielmehr wird lediglich in der Reformationszeit die Zauchwitzer Einnahme der Elendengilde in den Beelitzer Gotteskasten getan worden sein.

Übrigens war Beelitz im Mittelalter berühmt durch sein Wunderblut, also Wallfahrtsort[2].

Für Treuenbrietzen bezeugen zahlreiche Angaben in Urkunden des vierzehnten bis sechzehnten Jahrhunderts das Vorhandensein einer Elendengilde. Zuerst geschieht ihrer Erwähnung in den von Riedel mitgeteilten Auszügen aus dem Treuenbrietzener Schöffenbuch für die Zeit von 1360 bis 1362[3]. Frau Lucia Brist vermachte damals letztwillig zum Heil ihrer Seele der Fraternitas exulum einen halben Scheffel. Sie bezeichnet die Gilde daneben kurzweg als exules. Und derselbe Sprachgebrauch kehrt auch sonst in dieser lateinischen wie in der entsprechenden deutschen Wendung die Elenden häufig in Treuenbrietzener und anderen Urkunden jener Zeit wieder. Vom

---
[1]) 1888 p. 31 f. 128 f.   [2]) Riedel A. IX p. 470.
[3]) Riedel A. IX p. 360.

Jahre 1395 stammt eine Verschreibung zugunsten der „elenden gulde der Stat Brytzen", die Riedel in der Überschrift fälschlich als „Verschreibung an den Caland" bezeichnet[1]. Zwei Jahre später kauften „die Elenden" von Hans Krappe den Lehensbesitz einiger Pächte; 1409 erhielten sie sie vom Markgrafen Jobst zu Eigentum[2]. Jobst spricht dabei, wenn der Text richtig überliefert ist, wiederholt davon, daß er die Pächte „dem Elende" übereigne. Das Substantiv scheint „das Elend" zu sein, eventuell käme die Form „die Elende" in Frage. Der Ausdruck scheint hier nicht auf ein Haus bezogen werden zu können, das der Gilde gehörte und von ihr zur Unterstützung der Elenden benutzt worden wäre[3]. Vielmehr scheint das auffällige Wort lediglich infolge der Unbekanntschaft des Schreibers mit dem Treuenbrietzener Sprachgebrauch in den Text hineingekommen zu sein. Dem Sinne nach ist es jedenfalls richtig, wenn Riedel sagt, Jobst vereigene „den Elenden" gewisse Pächte.

Daß die Elendengilde einen besonderen Altar hatte, folgt aus einer Urkunde des Bischofs Matthias von Brandenburg vom Jahre 1530, in welcher er erwähnt, daß bereits sein Vorgänger Dietrich das „beneficium exulum alias Michaelis" dem Notariatsamt in Treuenbrietzen inkorporiert habe[4]. Zweifellos ist darunter ein Altarlehen am Elenden- oder Michaelsaltar zu verstehen. Möglicherweise war die Elendengilde bereits vor der Reformation eingegangen. Die letzten Zeugnisse, die Riedel mitteilt, stammen aus den Jahren 1416 und 1419[5].

Eine besondere Schwierigkeit enthält eine Urkunde vom Jahre 1352[6]. Der Capitaneus Ritter Nikolaus Falcko in Brietzen bestätigt darin namens des Landesherren Ludwigs des Römers eine Stiftung, die der verstorbene Otto Jacobi zur Ehre Gottes „Kalendis exulum" zugewandt hat. Riedel bezeichnet in der Überschrift hier umgekehrt wie in jener anderen Urkunde von 1395 die Elendenstiftung als Empfänger. Das ist zweifelhaft. Die Vorsteher werden als „yconomi" bezeichnet, was zu der Terminologie der Elendengilden nicht stimmt. Die Verdeutschung von „Kalendae exulum" kann andererseits schwerlich

---

[1] Riedel A. IX p. 390.   [2] p. 399 f.   [3] Vgl. Riedel l. c. p. 345.
[4] p. 442 f.   [5] p. 363.   [6] p. 375.

einfach Kaland gelautet haben. Elenden-Kaland wäre offenbar die entsprechende Bezeichnung. Warten wir ab, ob uns dieser Name geradezu an anderen Orten begegnet. Ohne weiteres läßt sich nicht feststellen, ob es sich dabei bloß um Schwankungen im Sprachgebrauch oder um selbständige Brüderschaften eigener Art handelt. In Niemegk wird 1530 ein Lehen exulum in den Visitationsakten erwähnt[1]. Eine Elendengilde braucht deshalb dort selbstverständlich niemals existiert zu haben. Dagegen hat Jüterbog bestimmt eine Elendengilde besessen. Urkunden fehlen hier leider. Wir sind im wesentlichen auf die Angaben in der Chronik des Justizrats Dr. jur. Karl Christian Heffter angewiesen[2]. Danach soll dort bereits 1383 ein Elendenaltar von einer Elendengilde gestiftet worden sein. Die Stiftung des Altars trifft zweifellos zu. Aber ob sie von der Brüderschaft ausging und ob diese damals überhaupt schon bestand, ist durchaus unsicher. Denn ungezählte Male ist in der Literatur fälschlich von einem Elendenaltar auf eine Elendenbrüderschaft geschlossen worden. Und Heffter gegenüber ist um so mehr Vorsicht geboten, als seine Darstellung von handgreiflichen Irrtümern erfüllt ist. Er hält z. B. die Mitglieder der Brüderschaft für Fremde, die sich in Jüterbog zu einem Verein zusammengeschlossen haben.

Ein zweiter Elendenaltar kam 1495 unter dem Namen Annae exulum hinzu. Auch hier behauptet Heffter, die Stiftung sei von der Elendenbrüderschaft ausgegangen. Aber in diesem Falle läßt sich die Unrichtigkeit mit ziemlicher Sicherheit feststellen. Johann Karl Brandt nämlich berichtet in seiner Geschichte der Kreisstadt Jüterbogk[3], daß in der Zeit um 1500 nach dem Baue der Marienkapelle „wiederum mehrere Altäre, worunter der Altar der Elenden von dem Priester Bartholomäus Moller zu Ehren der heiligen Anna gestiftet" worden seien.

Immerhin steht fest, daß tatsächlich nicht bloß Elendenaltäre, sondern auch Elendenbrüder in Jüterbog vorhanden

---

[1] Nik. Müller, Die Kirchen- und Schul-Visitationen im Kreise Belzig, 1530 u. 1534, 1904 p. 67.
[2] Urkundliche Chronik der alten Kreisstadt Jüterbock und ihrer Umgebungen, 1851 p. 154 f. 347. [3] Zweites Bändchen, 1827 p. 22.

waren. Denn Heffter führt an, daß aus den Jahren 1516 bis 1544 noch Rechnungen der Brüderschaft vorhanden seien, und macht daraus interessante Mitteilungen über ihre Betätigung. Der jetzige Magistrat von Jüterbog hat es freilich für passend gefunden, eine Anfrage wegen dieser Rechnungen unbeantwortet zu lassen, sie also vermutlich nicht finden können. Aber deshalb braucht man Heffters Angaben nicht für erfunden zu halten; um so weniger, als er weiter die positive Angabe macht, daß die Elendenbrüderschaft in der letzten, also in der Reformationszeit bei der Frauenkirche auf dem Damm bestanden zu haben scheine. Und es finden sich auch sonst einwandfreie Zeugnisse für das Bestehen einer wirklichen Elendengilde. Johann Christoph Beckmann berichtet am Anfang des achtzehnten Jahrhunderts in seiner „Historie des Fürstenthums Anhalt" bei Erwähnung anderer Elendengilden, es finde sich in den Magdeburgischen Dokumenten ein Revers „von dergleichen Brüderschaft zu Dame und Jüterbock wegen eines Altars in dem Jungfrauenkloster daselbst aufzurichten von A. 1432 Sonntag Iudica"[1]. Ledebur zieht aus dieser undeutlichen Angabe den Schluß, daß in Dahme und Jüterbog eine Elendengilde bestanden habe[2]. Soweit Dahme in Betracht kommt, ist das offenbar eine vorschnelle Vermutung. Aber für Jüterbog fällt auf Beckmanns Notiz in der Tat einiges Licht durch eine gleichfalls zunächst rätselhafte Angabe des Chronisten Brandt[3]. Danach hat die Damm- oder Marienkirche des Nonnenklosters, also dieselbe Kirche, die Heffter als Frauenkirche auf dem Damm bezeichnet, das Propsteirecht „über die hiesige Diöces" fortgesetzt und die bisher erhaltenen Einkünfte und Besitzungen mit denen des ehemaligen Nonnenklosters aus der Stadt vereinigt. Zu dem Kloster sollen die Einkünfte der kirchlichen Lehen gehört haben: wie Brandt zu meinen scheint, als Ausfluß des Patronatsrechts über die Altäre in den übrigen Kirchen. In einer Aufzeichnung der Einkünfte der Altarlehn, die der Propst Fischer 1546 aufgesetzt hat, findet sich nun aber unter Ziffer 8 der Vermerk: „Exulum 6 R. R. oder soviel alte Schock, das einmal ums andere das

---

[1] 1710—16 Teil VI p. 28.
[2] Märk. Forschungen IV p. 42. 48.   [3] p. 10f.

Kloster und die Elenden Brüder zu verrichten"[1]. Der Propst Fischer also, der genau Bescheid wissen mußte, bestätigt jedenfalls die Richtigkeit von Beckmanns und Heffters Behauptung, daß in Jüterbog eine Elendengilde vorhanden war. Wenn er aber davon spricht, daß das Lehn exulum abwechselnd von dem Kloster und den Elendenbrüdern „zu verrichten" sei, so kann er damit kaum etwas anderes als den Wechsel in der Ausübung des Patronatsrechts an dem 1383 gestifteten Altarlehn gemeint haben. Heffter erwähnt nämlich bei diesem Altar, daß der Stadtrat für das ihm zugestandene Patronatsrecht des Altars dem Nonnenkloster die „Vise" zugestanden habe. Danach scheint anfangs im Patronatsrecht Wechsel zwischen Magistrat und Nonnenkloster, später zwischen Nonnenkloster und Elendengilde bestanden zu haben.

An der Existenz einer Elendenbrüderschaft in Jüterbog läßt sich nach alledem nicht zweifeln. Soweit sich aus so trüben Quellen überhaupt ein Bild gewinnen läßt, hat die Brüderschaft an der Stiftung des Elendenaltars von 1383 so wenig wie an der Stiftung des Altars Annae exulum im Jahre 1495 Anteil gehabt, aber wahrscheinlich seit ca. 1432 ihre Gottesdienste an einem Altar der dem Nonnenkloster gehörigen Frauenkirche gehalten; vermutlich wurde dabei kein neuer Altar aufgerichtet, wie man nach dem Reverse Beckmanns annehmen sollte, sondern der 1383 gestiftete Elendenaltar von jetzt ab für die Zwecke der Elendenbrüderschaft benutzt.

Ob die Brüderschaft vor 1432 bestand, ist zweifelhaft. In den vierziger Jahren des sechzehnten Jahrhunderts ist sie verschwunden. Die Einkünfte des 1383 gestifteten Altars wurden seitdem vom Magistrat für die Besoldung des Schulrektors verwendet. Die Einkünfte des zweiten Elendenaltars, zu dem die Brüderschaft möglicherweise, wenn sie auch an der Stiftung nicht beteiligt war, doch später gleichfalls in Beziehung gestanden hat, wurden noch zu Heffters Zeit als „beneficium exulum" von der Stadtkämmerei vereinnahmt.

In Dahme dagegen hat keine Elendengilde bestanden. Beckmann, auf dessen Äußerung diese Behauptung einzig und allein zurückgeht, hat in der Urkunde von 1432 offenbar von

---

[1] Vgl. Geschichts-Blätter für Stadt und Land Magdeburg II, 1867 p. 306.

einer Brüderschaft bei der Dammkirche in Jüterbog gelesen und ist durch Flüchtigkeit zu dem Glauben gekommen, in Dahme und Jüterbog hätte eine Elendenbrüderschaft bestanden. Daß sich zwei Elendengilden zusammentun, obenein in meilenweit getrennten Städten, ist ebensowenig diskutabel, wie die Annahme einer Elendenbrüderschaft, deren Mitglieder teils in Dahme, teils in Jüterbog wohnen.

Bei Dahme standen noch gegen Ende des siebzehnten Jahrhunderts Reste einer steinernen Klause oder Zelle. Die Chronisten von Dahme berichten, „viele hätten gemeint, dass dieselbe denjenigen, welche nach der Marien-Kapelle auf dem Golm nahe bey Stülpe gewallfahrtet, zur Nachtherberge gedient habe"[1]. Ist diese Überlieferung richtig, so hätte Dahme wenigstens eine Elendenherberge besessen.

In Luckenwalde[2] erwähnen die Visitationsakten von 1562 bei dem Einkommen des gemeinen Kastens „8 Groschen Zins von einer Wiese, die Elendswiese genannt".

In Brandenburg lassen sich zwei Elendenbrüderschaften nachweisen, eine in der Alt-, eine in der Neustadt.

Die Elendsgilde in der Altstadt[3] hielt ihre Vigilien und Messen in der Godehardskirche, sie besaß dort den Antoniusaltar und das „Lehen Anthoni". Erwähnt wird sie zuerst in einer Urkunde Ludwigs des Römers vom Jahre 1353; sie heißt dort „congregatio fratrum exulum veteris ciuitatis nostrae brand." Sie muß schon früher bestanden haben. Denn sie hatte bereits zuvor Hebungen im Dorfe Rossow von Brand von Vorlant erworben, an denen der Markgraf ihr jetzt das Eigentum zuteilte. Spätere Urkunden stammen aus den Jahren 1360, 1371, 1403. Im Jahre 1371 schenkte Otto der Faule der Brüderschaft einige Renten aus dem Dorfe Garz um seiner selbst und aller toten und künftigen Markgrafen von Brandenburg willen. Einnahmen aus dem Dorfe Garz, die offenbar aus dieser Schenkung stammen, werden noch in den Visitationsakten von 1541 aufgeführt.

---

[1] Rinne, Merkwürdigkeiten der Stadt Dahme, 1805 p. 143f. Er beruft sich auf den Magister Craco, welcher eine handschriftliche „Nachricht von Dahme" hinterließ.

[2] Geschichts-Blätter für Stadt und Land Magdeburg X, 1875 p. 117ff. 140. [3] Riedel A. VIII p. 381. IX p. 46. 51. 57. 282.

Die Behauptung, die Elendengilde der Altstadt sei mit der Kalandsbrüderschaft identisch, ist durchaus falsch. Sie wird hinlänglich widerlegt durch die deutliche Unterscheidung zwischen dem Kaland und den Elenden, die noch in den Akten von 1541 hervortritt. Die Elendengilde der Neustadt Brandenburg[1] bestand völlig getrennt für sich. Zwischen den Brandenburger Elendengilden war so wenig Zusammenhang wie zwischen den Elendengilden in Berlin und Köln. Die Neustädter Gilde wird zuerst 1391 genannt, ist aber wiederum zweifellos älter gewesen. Es handelte sich damals um Streitigkeiten wegen des Kahnzinses auf dem Wublitzer See, an dem die Gilde neben Propst und Kapitel zu Brandenburg und neben dem Altaristen des Nauener Johannesaltars mitberechtigt war. Der der Gilde günstige Spruch wurde im folgenden Jahre bestätigt. Sehr genaue Angaben enthält ferner eine vom Bischof Arnold bestätigte Urkunde der Elendengilde von 1474, in welcher die Einkünfte der zugehörigen Altarlehen und die Obliegenheiten der Altaristen zur Sprache kommen und in Verbindung damit Aufschluß über die verschiedensten Verhältnisse der Bruderschaft gegeben wird. Wir erfahren dabei, daß die Neustädter Gilde in der Katharinen-Pfarrkirche drei Altäre besaß, die den 10 000 Rittern, dem heiligen Andreas und dem Bischof Livinus geweiht waren. Ihre Mittel waren so groß, daß sie sich den Luxus von drei Altaristen gestatten konnte. Und in den nächsten Jahrzehnten scheint das Vermögen noch erheblich gewachsen zu sein. Denn die Visitationsakten von 1541 nennen sogar fünf Altarlehen, deren Collatoren die Elenden waren.

Außer den Kalands- und Elendsgilden gab es in der Altwie in der Neustadt Brandenburg je eine besondere Fraternitas scholarium[2] oder Schüler-Bruderschaft mit einer besonderen Kommende. In der Altstadt haben nach den Akten von 1541 „die Kalandsherren diese Gilde unter sich gehabt".

Zu diesen Nachrichten aus Brandenburg kommt endlich noch eine interessante Urkunde, in welcher von „fratres kalendarum exilii" in der Stadt Brandenburg gesprochen wird[3].

---

[1]) Riedel A. VII p. 341. 344. VIII p. 368. 435. IX p. 285 ff. 289.
[2]) Riedel A. IX p. 282. 284. 289. [3]) Riedel A. IX p. 10.

Sie stammt, wie Riedel wahrscheinlich gemacht hat, vom 25. April 1315 und nicht, wie die älteren Herausgeber annahmen, vom 15. März 1310. Wir haben es hier offenbar wieder ähnlich wie in Berlin oder Treuenbrietzen mit einer eigenartigen Terminologie zu tun, deren Ursachen und Bedeutung wir weiter unten im Zusammenhang besprechen werden.

In Rathenow[1] läßt sich eine Elendengilde erst in der Reformationszeit nachweisen. In den Visitationsakten von 1541 werden „die Elenden" als Patrone des mit der Pfarrkirche verbundenen Lehens Exulum neben dem Rat erwähnt. Ob das Patronatsrecht wechselnd oder gemeinschaftlich ausgeübt wurde, steht nicht fest. Das Lehen wurde dem damaligen Inhaber auf Lebenszeit gelassen, sollte aber nach seinem Tode in den „gemeinen Kasten zur Unterhaltung der Kirchdiener fallen".

Auch an dem alten Bischofssitz Havelberg scheint eine Elendenbrüderschaft vorhanden gewesen zu sein. In der Havelberger Kirchenvisitations-Ordnung von 1545 wird nur ein Lehen exulum erwähnt; es wurde in den Kasten geschlagen. Aber Riedel behauptet, daß dies bei der Pfarrkirche bestehende Lehen von einer Elendengilde gegründet und von ihr verliehen worden sei. Urkunden fehlen. Immerhin wird man Riedels Angabe deshalb nicht für erfunden halten dürfen. Sollte er etwa nur von dem Lehen auf die Gilde geschlossen haben, so wäre das selbstverständlich falsch[2].

Ähnlich wie in Havelberg liegt die Sache in Lenzen[3]. Auch hier finden sich erst Angaben aus dem sechzehnten Jahrhundert, obwohl die Gilde erheblich älteren Ursprungs gewesen sein wird. In Aufzählungen der Altäre und Kommenden vom Jahre 1530 und 1560 wird ein Altare exulum genannt. Und wenn Riedel hier wieder unter den „geistlichen Innungen" eine Elendengilde nennt, so läßt sich diesmal die Richtigkeit seiner Behauptung tatsächlich nachweisen, und zwar aus dem im Geheimen Staatsarchiv zu Berlin aufbewahrten Visitations-

---

[1]) Riedel A. VII p. 455 f. 462.
[2]) Riedel A. III p. 266. 276. 312. Zöllner, Chronik der Stadt Havelberg, 1893, I p. 208. Ledebur, Märk. Forschungen IV p. 56.
[3]) Ulrici, Die Priegnitz und die Stadt Lenzen. 2. Aufl. 1848 p. 142. Riedel A. II p. 67 f.

abschied für Lenzen vom Jahre 1600¹. Bei dem Einkommen der Kirche und des gemeinen Kastens wird hier gesagt, bei der früheren Visitation sei angeordnet worden, „dass das lehn der Elenden gulten in den gemeinen Kasten geschlagen werden solle"; übrigens mit der Bedingung, daß die Einkünfte für ein Universitätsstipendium zugunsten eines Bürgersohnes verwendet würden. Höher hinauf reichen die Nachrichten über die Elendenbrüderschaft in Kyritz². Im Jahre 1337 errichteten hier mehrere Mitglieder der Familien Paris und von Rohr einen Elendenaltar und überwiesen ihm zahlreiche Einkünfte aus ihren Lehnsgütern. Sie wählten dazu den schön früher von Bischof Heinrich von Havelberg konsekrierten Altar der heil. Katharina und Maria Magdalena und vereinigten damit außerdem mit bischöflicher Genehmigung Einkünfte eines Altars, dessen Stiftung in der Kirche zu Bahrentin begonnen, aber nicht perfekt geworden war. Markgraf Ludwig überwies im Jahre 1344 die aus Lehnsgütern stammenden Einkünfte unter Verzicht auf seine lehnsherrlichen Rechte dem Altar zu Eigentum. Das Patronatsrecht wurde dem Kyritzer Ortspfarrer von den Stiftern übertragen. Auch diese Bestimmung wurde vom Bischof bestätigt. Der Kyritzer Elendenaltar ist also nicht von einer Elendengilde gestiftet worden. Aber die Gilde bestand damals bereits und hat sogar bei der Vermehrung der Einkünfte des neuen Altars mitgewirkt. Ein kleiner Teil der Renten war nicht geschenkt, sondern verkauft. Und als Käufer werden neben dem Ortspfarrer die Vorsteher der Elendengilde angegeben. So erklärt sich der scheinbare Widerspruch in den Urkunden, die zum Teil jene Adligen, zum Teil Pfarrer und Gilde als Stifter bezeichnen. Die Errichtung des Altars ist eben zweifellos mit Rücksicht auf die Elendengilde erfolgt. Da die Mittel der Gildebrüder nicht ausreichten, fanden sich reiche Wohltäter, welche den frommen Zweck zum Heil ihrer

---

¹) Rep. 47 no. 15⁶. Darin: Acta, betr. die Kirchenvisitationen in Neustadt-Eberswalde, Treuenbrietzen, Cöln a/S., Lenzen etc. 1600—1664 fol. 149 ff. 158.
²) Beckmann, Historische Beschreibung der Chur und Mark Brandenburg II, 1753 Sp. 160 f. Theil V Buch II Kap. 4. Riedel A. I p. 375. III p. 369. XXV p. 19. Ledebur, Märk. Forsch. IV p. 57.

Seele förderten. Daß sie selbst Mitglieder der Gilde waren, ist an sich sehr wohl möglich, wird aber in den Urkunden nicht gesagt. Mit den besondern Umständen dieser Altarstiftung hängt es ferner zusammen, wenn der Pfarrer und nicht die Gilde das Patronatsrecht erhielt. Der Bischof begnügte sich, den Pfarrer anzuweisen, bei der Auswahl eines neuen Altaristen auf die Wünsche der Elendenbrüder Rücksicht zu nehmen, soweit es ihm gut erscheine. Hätte die Gilde den Altar vollständig errichtet und dotiert, so hätte sie höchstwahrscheinlich auch das Patronatsrecht für sich in Anspruch nehmen dürfen. In Neu-Ruppin[1] bestand spätestens seit dem Jahre 1355 eine Elendengilde. Denn damals stiftete Nikolaus, Pfarrer von Buschow, verschiedene Einkünfte „ad altare fraternitatis sive gildae exulum fundandum in ecclesia parochiali novae civitatis Ruppin". Der Graf von Lindow als Lehnsherr gab „ad usum dicti altaris" gegen Entgelt Eigentum an diesen Einkünften, da er an diesem heilsamen Werke teil zu haben wünschte. Und der Bischof von Havelberg erteilte im folgenden Jahre gleichfalls seinen Konsens. In einer Urkunde des Neu-Ruppiner Magistrats von 1360 werden die Elendenbrüder als Stifter des Altars bezeichnet. Mitgewirkt haben sie also sicher. Und diesmal kam ihnen auch das Patronatsrecht zugute. Schon 1360 waren Streitigkeiten zwischen Stadt und Gilde über die Aufbringung der Mittel zur Erfüllung der Zwecke „der Elenden" zu schlichten. Bald müssen sich dem Gedeihen der Bruderschaft mit oder ohne Schuld ihrer Mitglieder neue Hindernisse in den Weg gestellt haben. Denn im Jahre 1406 wird die „elende gulde" als „lange vorgan" bezeichnet. Aber — und das ist interessant und verschieden von unseren bisherigen Feststellungen — die Pflichten, die die Elendengilde einst gehabt hatte, wurden jetzt von der Gilde der Knochenhauer übernommen und der Dienst am Altar Livini und Blasii neu geregelt. Die Grafen Ulrich und Günther von Lindow erklärten ausdrücklich ihre Zustimmung. Wir haben also in Neu-Ruppin seit 1406 wieder eine Elendengilde, die aber nicht, wie es sonst

---

[1] Bittkau, Ältere Geschichte der Stadt Neuruppin 1887. Derselbe, Die Einführung der Reformation in Neu-Ruppin 1891. Ledebur, Märk. Forsch. IV p. 61. Riedel A. IV p. 243. 248. 253. 257. 262. 291 f. 314 f. 319. 376 ff.

der Fall war, für sich allein bestand, sondern mit der Knochenhauergilde identisch war. Das geht offenbar weit über die Verhältnisse in Teltow hinaus, wo Schuster und Schneider lediglich besonders zahlreich vertreten waren. Die Neuordnung der Ruppiner Gilde hat sich noch mehrere Jahre hingezogen. Die Grafen von Lindow hatten in jener Urkunde von 1406 dem Magistrat befohlen, seinerseits die Einkünfte des Altars durch einen Wispel Roggen und ein Pfund Pfennige jährlich zu vermehren. Aber erst im Jahre 1423 kamen die Ratleute der Aufforderung nach. Seitdem scheint die reorganisierte Elendengilde bis zur Reformation weiter fortbestanden zu haben. In den Visitationsakten ist noch von dem „Lehen Exulum oder der Knochenhauer" die Rede. Es werden darin ferner zwei Elenden-Kommenden unterschieden. Patrone waren bei der einen die Elenden, bei der andern auffälligerweise der Rat von Pritzwalk. Die Beträge wurden dem gemeinen Kasten überwiesen. Dahin floß auch das Einkommen der Elendenspende, die in Neu-Ruppin besonders reichlich dotiert war.

In Prenzlau liegt keine Nachricht vor, daß dort eine Brüderschaft unter dem Namen Elendengilde oder fraternitas exulum vorhanden gewesen sei. Aber im Jahre 1334 wurde dort eine vom Pfarrer Arnold Kolen gestiftete Brüderschaft zum Begräbnis armer Priester, Kleriker und Laien bestätigt, die offenbar den Elendengilden nächst verwandt ist, obwohl eine spätere Konfirmationsurkunde von 1373 von „fratres kalendarum" spricht[1]. Prenzlau hatte übrigens ein Armen- und Fremdenhospital[2]. Und die 1311 zuerst erwähnte Johanneskapelle diente später als Kapelle eines Kirchhofs für Fremde[3].

Für Angermünde ist seit 1354 eine „Fraternitas exulum" bezeugt[4]. Sie erhielt damals vom Verweser des Brandenburger Bischofs ein Ablaß-Privileg.

In Neustadt-Eberswalde[5] läßt sich eine Elendengilde nur aus den Visitationsakten der Reformationszeit nachweisen.

---

[1] Riedel A. XXI p. 148f. 158f.
[2] Riedel A. XXI p. 180f. 187 Register II p. 522.
[3] Tägliche Rundschau 1906, Juli 9 Nr. 315.
[4] Riedel A. XIII p. 180f. Kehrberg, Königsberg in der Neumark I, 1725 p. 91. [5] Riedel A. XII p. 293f. 346.

Es findet sich darin ein Verzeichnis des Einkommens der Elendengilde aus dem Jahr 1542. Getrennt davon werden die Einkünfte des Lehns Jacobi Exulum im Betrage von zwei Wispel Roggen aus der Hegermühle und zwei Schock vom Rathaus in Eberswalde aufgeführt: „Collatores der Rath". Über den Erwerb der beiden Wispel für den Elendenaltar in der Pfarrkirche geben zwei Urkunden des Markgrafen Ludwigs des Älteren von 1339 und 1340 Auskunft. Danach hatte der Rat jedesmal einen Wispel von den Brüdern Thidekin und Henning von Wulmerstorf gekauft und der Markgraf hatte als Lehnsherr das Eigentum an den Wispeln dem Elendenaltar übertragen. Die Dotierung des Lehens ist also hier ersichtlich nur auf Kosten des Magistrats erfolgt, der eben darum auch das Präsentationsrecht besaß. Ob die Elendengilde damals, als der Altar gestiftet wurde, bereits bestand, ist zweifelhaft. In jenen Urkunden wird sie mit keiner Silbe erwähnt.

In Strausberg wird schon 1335 ein Elendenaltar[1] genannt, der Johannes dem Evangelisten geweiht war. Ludwig der Ältere verkaufte in diesem Jahre zur Verwendung für die Unkosten des Altardienstes drei Wispel Korn „Lehenpacht" aus der Mühle im Gehege und 24 Schillinge Hufenzins. Das Patronatsrecht über den Altar sprach er dem Strausberger Bürger Johann von Niegenhawe und seinen Deszendenten zu. Nach ihrem Aussterben sollte der Ortspfarrer entweder einen Vikar präsentieren oder seinen Kaplan mit der Wahrnehmung des Dienstes am Elendenaltar beauftragen. Vier Jahre später überwies der Markgraf dem Elendenaltar weitere Einkünfte aus Wriezen. Das Altarlehn bestand noch zur Zeit der Reformation; der Rat zahlte damals und wahrscheinlich schon längst jährlich zwei Schock zu den sonstigen Einnahmen des Lehens hinzu. Der Kirchenvisitationsabschied von 1542 läßt aber außerdem erkennen, daß in Strausberg eine Elendenbrüderschaft[2] mit einem Vermögen von 70 Schock existierte. Wie auch sonst so oft wurde die Brüderschaft aufgelöst und das Kapital

---

[1] Riedel A. XII p. 72, XXIV p. 359. Supplementband 1865 p. 420. Andreas Angelus Struthiomontanus, Annales Marchicae 1598 fol. pag. 138. Sternbeck, Beiträge zur Geschichte von Strausberg (I), 1878 p. 90ff. Kehrberg, Königsberg i/N. I² p. 91.   [2] Sternbeck I p. 89.

der Marienkirche zugesprochen. Ob zwischen Gilde und Altarlehn Beziehungen bestanden, ist aus Urkunden nicht zu ersehen. Den Altar für gottesdienstliche Zwecke zu benutzen wird der Gilde jedenfalls freigestanden haben. Neben dem Elendenaltar und der Elendengilde gab es in Strausberg nach Sternbecks Zeugnis bis in die neueste Zeit auch Elendenhufen[1], zweifellos dieselben, von denen jene Zinse vor der Reformation an den Inhaber des Altarlehns bezahlt werden mußten.

Bernau[2] hatte einen Kaland, dessen Statuten in Einzelheiten an die Elendengilden erinnern.

In Alt-Landsberg gab es nach den Visitationsakten von 1540 und 1574 ein „Lehen der Elenden", also auch einen Elendenaltar. Gähde[3], der dies mitteilt, behauptet weiter, es sei auch eine Kalandsgilde oder, was dasselbe sei, eine Gilde der Elenden da gewesen. Dies scheinen jedoch lediglich unbewiesene Vermutungen zu sein.

In Beeskow läßt sich keine Elendengilde nachweisen. Aber vor den Toren der Stadt stand eine Kapelle „des elenden cruces"[4]. Im Jahre 1477 entschied Hans von Bieberstein als Herr von Sorau und Beeskow einen Streit, der ihrethalben zwischen der Stadt Beeskow und dem Propst an der dortigen Pfarrkirche ausgebrochen war. Der Propst wurde dabei auf den Bezug des Geldes beschränkt, das auf den Altären der Kapelle geopfert wurde.

Im Kreise Beeskow-Storkow findet sich ferner bei Wendisch-Buchholz ein Vorwerk „Elend"[5].

In Luckau wird zum Jahre 1453 ein Altare exulum genannt. Der Schulrektor Beltz machte damals zu seinen Gunsten eine Stiftung[6].

Im Kreise Spremberg gibt es im Gutsbezirk Gosda wiederum ein Vorwerk „Elend"[7].

---

[1] Sternbeck I p. 92.   [2] Wernicke, Chronik p. 540ff.
[3] Geschichte der Stadt Alt-Landsberg, 1857 p. 277f.
[4] Riedel A. XX p. 433f.
[5] Brunckow, Wohnplätze des Deutschen Reiches I², 1897 p. 211 Gemeinde-Lexikon des Kgr. Preußen, General-Register I, 1898 p. 224.
[6] Vetter, Chronik ed. Petersen, 1904 p. 154. 222.
[7] Brunckow l. c.

In **Frankfurt a/O.** läßt sich nur ein Elendenaltar in der Nikolaikirche aus Teymlers Stadtbuch nachweisen. Damit waren duo ministeria, also zwei Altaristenstellen, verbunden. Das Patronatsrecht stand dem Magistrate zu [1].

In **Müncheberg** hatte sich spätestens 1355 eine „Unio et fraternitas exulum" gebildet. Sie verpflichtete sich in diesem Jahre vor Magistrat und Ortspfarrer, binnen zwei Jahren dem Nikolaus-Altar in der Marienkirche Hebungen von bestimmtem Betrage stiften zu wollen. Warum dies feierliche Versprechen, obenein bei der Strafe des Bannes, abgegeben wurde, ist aus der Urkunde [2] nicht zu sehen; wahrscheinlich war die Elendengilde erst vor nicht langer Zeit zusammengetreten und hatte den Wunsch, die kirchliche Bestätigung zu erlangen.

Bärwalde in der Neumark hatte gleichfalls eine Elendengilde, eine „gulda exulum". Im Jahre 1500 stiftete sie zusammen mit dem Magistrat eine Vikarie, zu deren Einkünften auch der Soldiner Kanonikus, der Magister Johann von Ellingen beisteuerte; — derselbe, der dann sofort erster Inhaber des neuen Altarlehns wurde. Das Patronatsrecht reservierte sich der Magistrat, das Petitionsrecht wurde der Elendengilde zugeteilt [3].

In **Königsberg** in der Neumark [4] bestand seit etwa 1333 eine Elendengilde. Der Ortspfarrer Busso von Greifenberg erteilte in diesem Jahre seine Zustimmung zur Dotierung eines besonderen Altars durch die Gilde und behielt sich für seine Lebenszeit das Patronatsrecht vor. Nach seinem Tode sollte es Rat und Gilde gemeinsam zustehen. Wenn jedoch beide das Recht nicht innerhalb vier Wochen nach dem Tode des letzten Inhabers ausüben würden, sollte der jeweilige Pfarrer die Befugnis haben, das Lehen einem Kleriker seiner Wahl zu übertragen. Unter den Zeugen dieser Urkunde wird bereits Henricus Solidus, Heinrich Schilling als „altarista eius altaris" genannt. Aber der Abschluß der Stiftung scheint sich noch

---

[1] A. Zimmermann, Versuch einer historischen Entwickelung der märkischen Städteverfassungen II Urkundenbuch, 1838 p. 3.
[2] Riedel A. XX p. 145.   [3] Riedel A. XIX p. 58.
[4] Riedel A. XIX p. 193. 200. Augustinus Kehrberg, Erleuterter historisch-chronologischer Abriß der Stadt Königsberg in der Neu-Mark I², 1725 p. 91.

einige Jahre verzögert zu haben. Denn aus dem Jahre 1337 liegt eine Urkunde des Markgrafen Ludwigs des Älteren vor, in der er dem Elendenaltar in der Königsberger Pfarrkirche gewisse Naturaleinkünfte von den Königsberger Hofehufen und Geldzinsen von Bärwalder Grundstücken überweist. Es handelt sich dabei höchstwahrscheinlich um dieselben Einkünfte, die die Gilde, eventuell zusammen mit dem Rat, für die Ausstattung des Altars gekauft hatte. Wenn der Markgraf dabei von einem „beneficium" spricht „in honore sancte crucis infra vnius anni spacium dedicandum in ecclesiaque parochiali civitatis nostre Kungesberg situm", so ergibt sich daraus, daß der neue Elendenaltar erst in Zukunft binnen Jahresfrist zu Ehren des heiligen Kreuzes geweiht und seiner Bestimmung definitiv übergeben werden sollte. Einen zweiten Elendenaltar hat man in Königsberg vier Jahre nach der Stiftung des ersten schwerlich errichtet. Vielmehr sind vermutlich unter den Beteiligten Streitigkeiten wegen des Präsentationsrechtes ausgebrochen. Die Kollation und Präsentation des Altars wird nämlich jetzt 1337 im Widerspruch zu der Urkunde des Ortspfarrers von 1333 nicht diesem, sondern dem Rat von Königsberg beigelegt.

In Urkunden von 1458 und 1470 wird ein Elendhaus bei der St. Nikolaikirche in Königsberg genannt[1].

In Soldin wurde 1326 eine Elendengilde unter dem Namen „fraternitas advenarum" vom Magistrat ins Leben gerufen und gleichzeitig ein Elendenaltar, ein „altare advenarum", mit Einkünften für einen besonderen Altaristen gestiftet[2]. Die Urkunde hat sich erhalten und ist von besonderem Interesse wegen der Einblicke, die sie in das Leben der Brüderschaft gewährt. Sie enthält geradezu eine Gildeordnung mit zahlreichen Vorschriften für das Verhalten der Mitglieder. Wichtig ist dies Gründungsstatut schon deswegen, weil es uns mit voller Sicherheit die genaue Entstehungszeit der Gilde erkennen läßt, während wir in den meisten Fällen in dieser Hinsicht auf bloße Vermutungen angewiesen sind.

In Landsberg an der Warthe ist bisher nur ein Elendenaltar in der Pfarrkirche nachzuweisen. Der Bürger Konekin Zantoch schenkte ihm acht Schillinge neuer Pfennige aus den

---

[1] Kehrberg I p. 107. 148 f.   [2] Riedel A. XVIII p. 447 f.

Hufenzinsen der Stadt und 1350 übertrug der Markgraf daraufhin das ihm als Lehnsherrn an den Zinsen zustehende Recht an den Altar, da Zantoch dies Recht zunächst nur von einem Lehnsmann des Markgrafen erworben hatte. Engelien und Henning sind in ihrer Geschichte der Stadt Landsberg a/W.[1], der wir jene Angaben verdanken, der Meinung, die Elends- und Kalandsgilden seien identisch, und behaupten demgemäß, da ein Kalandshaus, „da allein die Priester ihre Zeche pflegen zu halten", in Landsberg bezeugt ist, die Stadt habe nicht nur einen Elendenaltar, sondern auch eine Elendengilde gehabt. Unmöglich ist es nicht. Aber der Beweis fehlt bis jetzt vollständig.

Damit haben wir das Gebiet der heutigen Provinz Brandenburg erledigt. Havelberg und Prenzlau eingerechnet, haben wir im ganzen zwei Dutzend Elendengilden ermittelt. Auffällig ist dabei vor allem, daß davon nur vier auf das Gebiet des Regierungsbezirks Frankfurt a/O. entfallen. Das Register mag so unvollständig sein, wie es will. Für bloßen Zufall wird dies Ergebnis niemand halten wollen. Dann ist aber offenbar die Vermutung am Platze, daß wir überhaupt in den weiter östlich gelegenen preußischen Provinzen auf keine reiche Ausbeute zu rechnen haben. Wir ziehen sie jetzt gleich im Anschluß an Brandenburg in Betracht und werden dabei auch die Ostseeprovinzen Rußlands berücksichtigen.

II.
Schlesien, Posen, Preußen und Pommern

In Schlesien hat sich bisher keine einzige Elendenbrüderschaft nachweisen lassen. Auch das Staatsarchiv in Breslau[2] konnte keine ausfindig machen.

Aus Breslau[3] ist lediglich zu erwähnen, daß hier im Mittelalter in den Gärten vor dem Nicolaitor ein Kruzifix unter dem

---

[1] 1857 p. 35 f. 54. 69. 82.   [2] Mitteilung vom 20. Juli 1906.
[3] Zeitschrift des Vereins für Geschichte und Altertum Schlesiens X, 1870/71 p. 239 ff.: Alwin Schultz, Topographie Breslaus im 14. und 15. Jahrhundert p. 254. P. Eschenloer, Gesch. d. St. Breslau, herausgeg. v. Kunisch II (1467—1479), 1828 p. 311. Mitteilungen aus dem Stadtarchiv und der Stadtbibliothek zu Breslau Heft II, 1896: Herm. Markgraf, Die Straßen Breslaus nach ihrer Geschichte und ihren Namen p. 48.

Namen, das „elende Crewcz" stand; wie uns ja bereits in Beeskow eine Elenden-Kreuz-Kapelle begegnet ist. Die erste Erwähnung findet sich im Jahre 1459. Peter Eschenloer nennt es in seinen „Geschichten der Stadt Breslau" beim Jahre 1474. Außerdem findet sich in den Stadtbüchern ein Vermächtnis für das „ellende creutz" von 1493 eingetragen. Eine Säule, die noch am Anfang des achtzehnten Jahrhunderts stand, wird von den späteren Chronisten für einen Rest des alten Kreuzes ausgegeben. Markgraf meint in seinem Buch über die Straßen Breslaus, es sei wahrscheinlich zum Andenken an ein Unglück oder eine Untat gesetzt worden.

In Neisse wird ein „hospitale pro peregrinis" genannt, das allenfalls Elendenspital geheißen haben könnte; aber gestiftet war es jedenfalls nicht von einer Elendengilde, sondern von dem Quaestor Adam Vincentius[1].

In Görlitz gab es ein Seelhaus, in dem nicht bloß Kranke, Leidende und arme Schüler aufgenommen wurden, sondern auch Pilger zwei Nächte und einen Tag Aufnahme fanden. Gestiftet war es von Katharina Feurigin. Die Pflege besorgten die Seelweiber oder Beghinen[2].

Andere als Elenden-Brüderschaften kommen in Schlesien in großer Zahl vor. Aber es ist beachtenswert, daß sich auch Kalande bisher nicht mit Sicherheit haben feststellen lassen. Ledebur[3] und Grünhagen[4] stimmen in dieser negativen Annahme völlig überein. Peschecks Angabe für Lauban[5] bedarf der Bestätigung. Die Wahrscheinlichkeit, Kalande und Elendengilden in Zukunft zu finden, ist zweifellos in den Lausitzer Teilen der Provinz am größten[6].

---

[1]) Veröffentlichungen aus dem fürstbischöflichen Diözesan-Archive zu Breslau I: Visitations-Berichte der Diözese Breslau. Erster Teil, herausgeg. v. J. Jungnitz, 1902 p. 650.

[2]) Neues Lausitzisches Magazin XXV, 1849 p. 1 ff.: Pescheck, Geschichtliche Entwicklung, wie sich die katholischen Zustände in der Oberlausitz von Einführung des Christentums bis zur Annahme der Reformation gestaltet haben p. 77. 300. [3]) Märkische Forschungen IV p. 37.

[4]) Zeitschr. d. Ver. f. Gesch. u. Alt. Schlesiens XVIII, 1884 p. 26 ff.: Grünhagen, Schlesien am Ausgange des Mittelalters p. 50.

[5]) p. 76. [6]) Pescheck p. 191.

Beinahe ebenso dürftig sind die Nachrichten, die sich aus dem Gebiet der Provinz Posen beibringen lassen. In der Hauptstadt Posen ist höchstens auf das Spital für kranke Priester zu verweisen, das dort nach Ausweis der städtischen Akten im Jahre 1434 vorhanden war[1]. Aber jeder nähere oder fernere Zusammenhang mit den Elendenbrüderschaften ist dabei mehr als problematisch.

Nur im äußersten Norden der Provinz, in der Stadt Krone an der Brahe, läßt sich eine Elendenbrüderschaft nachweisen und zwar für das Jahr 1596[2]. Sie erscheint hier unter dem in Brandenburg unbekannten Namen „fraternitas pauperum". Sie stand in Verbindung mit der Andreaskirche, in der sie offenbar ihre Gottesdienste feierte. Sie hatte Statuten, die zwar von Abt und Konvent, aber nicht vom Ordinarius loci bestätigt waren. An den Ortspfarrer hatte sie Abgaben zu entrichten, von denen ein Drittel an den Schulrektor ausgezahlt wurde. Ein eigener Altarist wird nicht genannt. Der Inhalt der Statuten ist unbekannt. Ob die Brüderschaft mit den Elendsgilden völlig identisch war oder eventuell statt für die Elenden für die Armen sorgte, läßt sich beim Fehlen weiterer Nachrichten nicht erkennen. Möglicherweise stand sie in Beziehung zu dem „Hospitale pauperum", das gleichzeitig genannt wird. Die Nachrichten stehen in Visitationsberichten vom Ende des 16. Jahrhunderts. Der Ursprung der Brüderschaft reicht sehr wahrscheinlich in das Mittelalter zurück.

Das Staatsarchiv in Posen[3] teilte mit, daß sich dort kein Material über Elendenbrüderschaften vorgefunden habe.

Ein Wohnplatz Elendsmühle besteht heute im Kreise Birnbaum[4].

Für Westpreußen lassen sich zunächst auf Grund derselben katholischen Visitationsberichte wie für Krone Elendenbrüder-

---

[1]) Lukaszewicz, Historisch-statistisches Bild der Stadt Posen. Übersetzt von Königk. Revidiert v. Tiesler I, 1878 p. 215.
[2]) Towarzystwo Naukowe w Toruniu. Societas Literaria Torunensis. Fontes I—III, 1897—99: Visitationes Archidiaconatus Pomeraniae Hieronymo Rozrazewski Vladislaviensi et Pomeraniae episcopo factae. Curavit Stanislaus Kujot p. 281. 298. Coronowo, Decanatus Bydgostiensis.
[3]) Mitteilung vom 3. November 1905.
[4]) Preuß. Gemeinde-Lexikon. Gener.-Register I, 1898 p. 224.

schaften in Dirschau und Berent nachweisen. Die lateinischen Namen sind fraternitas pauperum oder miserorum.

In **Dirschau** ist eine „confraternitas miserorum" mit Sicherheit für das Jahr 1597 bezeugt. In dem damals erstatteten Visitationsbericht[1] ist von den „capellae confraternitatum" die Rede. Und unter ihnen wird eine als „capella miserorum" bezeichnet. Die Blütezeit der Brüderschaft lag damals längst hinter ihr. Schon 1583[2] heißt es von den Kapellen der Dirschauer Pfarrkirche, sie blieben dauernd geschlossen und würden nicht gereinigt, die Altäre seien nicht mit Decken belegt, auf den Leuchtern brennten keine Kerzen, kein Weihrauch werde entzündet. „Denn die Brüderschaften, denen die Kapellen gehören, verachten unsere katholischen Bräuche und sind der lutherischen Ketzerei ergeben." Bis zum Jahre 1597 hatte sich dieser Zustand nicht geändert: von Reinlichkeit keine Rede, kein Schmuck der Altäre. Der Pfarrer konnte daran nichts bessern. Denn die Vorsteher der Brüderschaften behielten die Schlüssel zu den Kapellen in der Hand und ließen nicht zu, daß er „für die Altäre und den Schmuck der Kapellen sorge", auf deutsch: auch in ihnen katholischen Gottesdienst abhalte. Die Kapelle der Elendenbrüderschaft präsentierte sich nicht besser als die übrigen. „Valde misera et neglecta" wird in anmutigem Wortspiel die „capella miserorum" genannt; „habet 4 cassulas veteres et laceras, mappas etiam aliquot". Übrigens hatte die Brüderschaft damals seltsamerweise noch Abgaben an den katholischen Pfarrer zu zahlen, deren Höhe freilich bestritten war[3]. Ohne Zweifel ist sie sehr bald völlig aufgelöst worden. Ihren Ursprung haben wir in der vorreformatorischen Zeit zu suchen.

In **Berent** fand sich um dieselbe Zeit eine Fraternitas pauperum mit einem besonderen Altar in der Adalbertskirche. Die amtlichen Berichte[4] aus den Jahren 1583 und 1584 geben Auskunft über die Regelung der Messen und Vigilien, über die Ausstattung des Altars mit eigenen Utensilien, über die dem Pfarrer zu zahlenden Gebühren und über die Lage des Altars in der Kirche. Besonders wichtig für uns ist die Er-

---

[1] Fontes II p. 391. 395.   [2] Fontes I p. 54.   [3] Fontes I p. 58.
[4] Fontes I p. 32. 207 f.

wähnung eines Ablaßprivilegs, d. d. Bern (= Bereṅt) 9. Dezember 1406. Es entspricht offenbar völlig den Privilegien, die uns bei verschiedenen Brandenburger Elendengilden begegnet sind. Als Aussteller wird „Iohannes dei gratia episcopus Thamisiensis" genannt. In Wirklichkeit wird es sich um den Bischof von Kammin handeln. Da solche Privilegien nicht selten den Brüderschaften unmittelbar nach ihrer Gründung verliehen wurden, läßt sich der Ursprung der Fraternitas pauperum in Berent mit einiger Wahrscheinlichkeit an den Anfang des fünfzehnten Jahrhunderts setzen.

In Danzig hat eine Elendengilde bestanden. Mit völliger Sicherheit ergibt sich dies aus einer Urkunde vom Jahre 1431, die von Bürgermeister und Ratmannen der Jungstadt Danzig ausgestellt ist[1]. Der Magistrat erklärt darin, dem Priester Andreas Zechelau „von wegen der Pfarrkirchen S. Bartholomaei in der Jungstadt Gdantzigk gelegen" eine gewisse Summe Jahreszins und Leibrente schuldig zu sein. „Vortmehr so hat dessen vorbenenter Herr Andreas Zechelau gegeben 1 M Zinses gutes Geldes der Elenden Gülde zu seinem Lebende und seinen Nachkömlingen zu ewigen Tagen." Außerdem setzt der Priester die Elendengilde zu seiner Testamentserbin ein. Und der Magistrat verleiht ihm schließlich „die halbe Vicarie der Elenden Gülde zu seinem Lebende". Gerade aus dieser letzten Bestimmung wird zu schließen sein, daß die hier gemeinte Elendengilde ihre Vikarie in der Bartholomäuskirche der Jungstadt Danzig hatte.

Hirsch nimmt in seiner Geschichte der Danziger Marienkirche[2] an, daß diese Elendengilde ursprünglich der Altstadt angehört und auch in der Bartholomäuskirche der Jungstadt ihre Vikarie besessen habe. Er erzählt, diese Elendengilde sei im vierzehnten Jahrhundert gestiftet worden. Sie habe sich auf der Altstadt der Verpflegung der Armen, Kranken und Waisen gewidmet. Sie habe in der Katharinenkirche die Elenden- und Waisenkapelle und ferner ein Hospital für die Elenden, einen Elendenhof unterhalten. In diesen Ausführungen

---

[1] Berlin, Kgl. Bibliothek. Mscr. Boruss. fol. 267: Ephraim Praetorius, Das evangelische Dantzig I (Vorrede d. d. Thorn, 15. Okt. 1710). Beilage zu p. 164. — Vgl. Hirsch, Die Ober-Pfarrkirche von St. Marien in Danzig I, 1843 p. 191 not. 3. [2] I p. 190f.

ist Richtiges und Falsches in buntem Wechsel durcheinander gemischt. Die Annahme, daß eine und dieselbe Elendengilde mit mehreren Kirchen verbunden gewesen sein soll, ist völlig unglaubwürdig. Viel mehr Wahrscheinlichkeit hätte es für sich, wenn Hirsch das Vorhandensein zweier Elendengilden in Danzig, einer in der Alt-, einer in der Jungstadt, vermutet hätte. Dafür könnte man etwa auf Berlin oder Brandenburg hinweisen. Aber bei genauerem Zusehen stellt sich die Existenz der angeblich im vierzehnten Jahrhundert gestifteten Elendengilde der Altstadt überhaupt als eine Fabel heraus, die durch die vorliegenden Quellen in keiner Weise gestützt wird. Vielmehr haben wir in Danzig nur eine Elendengilde in der Jungstadt und im übrigen eine Elendenkapelle in der Katharinenkirche, einen Elendenaltar in der Marienkirche und jenen Elendenhof als beglaubigt anzusehen.

Für die angeblich von der Altstädter Elendengilde unterhaltene Elendenkapelle der Katharinenkirche beruft sich Hirsch[1] auf Prätorius. Aber dieser sagt bei Aufzählung der Altäre dieser Kirche[2] nur: „Der Elenden oder Waysen Kapell, gleich dem Predigt-Stuhl über. Hat einen Priester gehabt mit 12 M, von den Kirch-Vätern unterhalten. A. 1605 ward ein neuer Stuhl vor Bürger gemacht, vor dieser Elenden Capelle." Also kein Wort von einer Elendengilde! Im Gegenteil: Prätorius sagt ausdrücklich, nicht Hirschs Elendengilde, sondern die Kirchväter, also die Vorsteher der Katharinenkirche hätten die Kapelle unterhalten. Zweifellos stammte die Elendenkapelle aus dem Ende des Mittelalters. Aber alle näheren Angaben fehlen.

Für die Marienkirche ist ein Elendenaltar, ein „Altare pauperum" wiederum durch jene Visitationsberichte vom Ende des sechzehnten Jahrhunderts bezeugt[3]. Es wird dort der Bericht eines glaubwürdigen Mannes über die Zahl der Priester an den Danziger Kirchen für die Zeit mitgeteilt, „cum vetus adhuc status floreret", als noch der Katholizismus in Blüte stand. Am Altare pauperum waren danach nicht weniger als fünf Geistliche weniger mit Arbeit, als mit Einkünften versorgt; wie ja ähnlich in der Jungstadt Andreas Zechelau 1431 nur

---

[1] I p. 191 not. 1.   [2] I p. 135.   [3] Fontes III p. 516.

die halbe Vikarie bekam, also noch mindestens einen Kollegen im Genuß der anderen Hälfte an seiner Seite hatte. Von einer Elendengilde hören wir auch hier nichts. Der Elendenhof endlich wird in einer Urkunde des Hochmeisters Konrad von Jungingen von 1394 genannt[1]. Der Hochmeister nimmt darin den Hof in seinen besonderen Schutz, weiht ihn der heiligen Elisabeth, versieht ihn mit einer Kapelle, stattet ihn mit vielen Rechten aus und stellt ihn unter die Aufsicht des Komturs. Er rühmt dabei das gute Werk der Barmherzigkeit, das dort bisher fleissiglich an den armen, elenden und kranken Menschen getan sei. Das ist alles. Und ebensowenig ist von der Elendengilde die Rede, als die Ordensritter 1454 das Hospital dem Rat der Rechtstadt übergaben. Die Behauptung Hirschs, dieser Elendenhof sei von der Altstädter Elendengilde unterhalten worden, ist auch für die Zeit vor 1394 reinste Phantasie, aus dem Glauben entstanden, daß alles, was mit dem Namen an Elend anklingt, in jeder Stadt und jedem Dorf einheitlich organisiert gewesen sein müsse.

Nach alledem hat also ausschließlich in der Bartholomäuskirche der Jungstadt Danzig eine Elendengilde bestanden. Und mit jener Elendenkapelle, dem Elendenaltar und dem Elendenhof hat sie nichts zu tun gehabt.

Als nah verwandt mit den Elendsgilden nennt Hirsch ferner die 1451 bezeugte Danziger Gilde des heiligen Grabes, der er fälschlich den zweiten Namen „von St. Gertruden" beilegt, während die von ihm angeführten Quellen nur von einer Gertrudkapelle und einem Gertrudhospital etwas wissen. Das Hospital wird auch von Virchow[2] erwähnt. Er sagt sehr richtig, daß wir Spitäler unter diesem Namen als eigentliche Gasthäuser und Elendenherbergen in vielen norddeutschen Städten wiederfänden.

Sonst ist höchstens noch anzuführen, daß sich vier Kilometer südlich von Danzig an der Bahn nach Dirschau eine Haltestelle „Guteherberge" befindet. Ob sie aus dem Mittel-

---

[1] Hirsch I p. 191 not. 2.
[2] Virchows Archiv für pathologische Anatomie und Physiologie und für klinische Medizin XX (= N. F. X), 1861 p. 466.

alter stammt, ist ungewiß. An sich waren selbstverständlich auch die damaligen Elendenherbergen bemüht, gute Herbergen zu sein. Aber der Name klingt völlig modern.

Aus Westpreußen ist endlich auf Hela hinzuweisen. Hier bestand seit dem vierzehnten Jahrhundert eine Katharinengilde, die sich die christliche Bestattung der vom Meer angespülten Leichen zur Aufgabe gemacht hatte. Prätorius [1], dem wir nähere Angaben über sie verdanken, erzählt, daß er selbst einen 1351 aufgerichteten Gildebrief in Händen gehabt und am 25. Juni 1705 beim Schulmeister in Hela ein „Register der alten S. Catharinen Gilde" gesehen habe, das der Prediger Zacharias Schalitz 1597 begonnen hatte. Prätorius fand darin beim Jahre 1619 den Eintrag, die Gilde sei schon 286 Jahre zuvor von aufrichtigen Leuten gestiftet worden. Das kann nur auf 1333 und nicht, wie Prätorius mit Rücksicht auf den mutmaßlichen Amtsantritt von Schalitz auch als möglich hinstellt, auf 1311 gedeutet werden. Die Angabe steht andererseits mit dem Gildebrief von 1351 nicht in Widerspruch. Denn die Statuten, die darin enthalten sind, brauchen nicht die ersten gewesen zu sein, die die Gilde hatte. Und es ist ein Irrtum, wenn Löschin [2], offenbar allein auf das Jahr des Gildebriefs hin, die Entstehung der Gilde in das Jahr 1351 setzt. Am Anfang des achtzehnten Jahrhunderts bestand die Gilde nach Prätorius' zuverlässigem Zeugnis. Ob Löschin das aber mit Recht auch noch für das Jahr 1822 behauptet oder ob er nur einfach Prätorius nachspricht, ist zweifelhaft.

Aus Ostpreußen ist lediglich Bartenstein zu nennen. Als Rudolf Virchow am Anfang der sechziger Jahre des vorigen Jahrhunderts in seinem Archiv [3] eine Reihe von Aufsätzen „Zur Geschichte des Aussatzes und der Spitäler, besonders in Deutschland" veröffentlichte, druckte er eine Mitteilung über Bartenstein ab, die ihm ein Arzt Dr. Prager aus Königsberg zugeschickt hatte. Danach befand sich damals im Bartensteiner Ratsarchiv eine Urkunde vom Jahre 1377 über die Errichtung eines Hospitals durch Dietrich Elner. Der Stifter ordnete bei

---

[1] Berlin, Kgl. Bibl. Mscr. Boruss. fol. 268: Praetorius Teil II p. 194 ff.: Das Städtlein Heela p. 197 f. p. 200 f.
[2] Geschichte Danzigs I², 1822 p. 97. Hirsch I p. 190.
[3] XX, 1861 p. 482 f. not. 2.

der Gelegenheit an, daß „die achte marg zcinses, die den elenden vor zcinseten vnd zeugehorten, vortme ewiclichen" dem neuen Heilig-Geist-Spital zufließen sollten. Prager warf dabei die Frage auf, ob die hier erwähnten Elenden mit den Leprösen in Verbindung zu bringen seien. Unmöglich ist das nicht; die Aussätzigen werden in der Tat zuweilen als elende Sieche bezeichnet. Aber bei dem Fehlen näherer Angaben werden wir hier mit Recht an den viel verbreiteteren Sprachgebrauch des vierzehnten Jahrhunderts erinnern dürfen, der den Ausdruck „die Elenden" oder „exules" für Elendengilde anwandte. Daß eine Einnahme, die früher der Bartensteiner Gilde zukam, jetzt anderweit verwendet werden konnte, würde allerdings darauf hinweisen, daß die Gilde sich 1377 bereits wieder aufgelöst hatte, wie es ja um dieselbe Zeit in Neuruppin der Fall war. Sonst wäre etwa noch an eine Elendenherberge zu denken, für deren Existenz in Bartenstein jedoch jedes Zeugnis fehlt.

Das Staatsarchiv in Königsberg erwiderte im Oktober 1905 auf eine Anfrage, daß es nicht ausgeschlossen scheine, Nachrichten über Elendenbrüderschaften in den alten Ordensakten des vierzehnten bis sechzehnten Jahrhunderts aufzufinden. Positive Angaben konnten jedoch nicht gemacht werden, da zu den Repertorienbänden, zwölf dicken Folianten, keine Spezialregister vorhanden sind.

Auch die Ortsnamen bieten keinerlei Ausbeute. Das Dorf Elenskrug im Kreise Fischhausen etwa leitet seinen Namen natürlich vom Elen und nicht vom Elend her.

Wenden wir uns jetzt zunächst den benachbarten Ostseeprovinzen zu, so ist auch hier das Ergebnis für unsere Zwecke überaus dürftig. Einzig und allein Riga kommt in Betracht.

Gutzeit erzählt in seinem „Wörterschatz der deutschen Sprache Livlands", daß die Schuhmachergesellen Rigas schon vor 1480 eine Genossenschaft bildeten, welche Elendigkeit der Schuhknechte oder die elende Gesellschaft genannt wurde[1]. Die Richtigkeit dieser interessanten Angabe wird vollauf bestätigt durch den „Schrag der schogesellen", den Stieda und Mettig[2] veröffentlicht haben. Die Statuten stammen aus dem

---

[1] I, 1864 p. 253 v. elend.
[2] Schragen der Gilden und Ämter der Stadt Riga bis 1621. Riga 1896 p. 532 ff.

Jahre 1414 und sind 1480 ergänzt worden. Die Vereinigung bezeichnet sich regelmäßig als „elendigheidt", aber auch als „elennde compenie", und da sie zur Ehre der Jungfrau Maria errichtet war, auch als „de compenye unser leven frouwen elendigheidt" und als „bröderschop der elendigheidt unser levenn fruwen". Von gottesdienstlichen Feiern ist die Rede. Von einer Verbindung mit einer bestimmten Kirche, die auch hier bestanden haben mag, wird nicht gesprochen. Im übrigen werden die Zusammenkünfte geregelt, Strafvorschriften aufgestellt. Das Eigenartige unsern deutschen Elendengilden gegenüber liegt nicht nur in der Beschränkung der Mitglieder auf die Gesellen eines bestimmten Handwerks, sondern im Zusammenhang damit darin, daß hier von Elenden in ganz anderem Sinn geredet wird, als sonst geschieht. Hier beschränkt sich offenbar leibliche und religiöse Hülfeleistung auf den Kreis der Glieder der „elennden compenie".

In Riga bestand nach Gutzeit [1] außerdem eine Brüderschaft der Bäckerknechte unter dem Namen „elende Broderschap". Als Gründungsjahr gibt er 1373 an. Bei Stieda und Mettig [2] finden sich jedoch nur Schragen der Bäckerknechte von 1235, 1392 und 1487. Und darin wird die Bezeichnung „elende Broderschap" oder „elendigheidt" nicht gebraucht. Gutzeits Mitteilung kann immerhin zutreffen. Und zur Erklärung ihres zuzeiten gebrauchten Namens wäre darauf hinzuweisen, daß die Brüderschaft der Bäckerknechte 1235 zum Andenken an die im Kampf gefallenen Knechte gestiftet worden sein soll [3].

Völlig unabhängig von diesen Handwerksvereinen lassen sich außerdem in Riga zahlreiche Wohltätigkeitsanstalten unter dem Namen Elend, Elendhaus, Elendstift nachweisen. In den Libri redituum der Stadt Riga [4] ist zum Jahre 1475 von „dem elenden huse by s. Johanse" die Rede. Im Rigaer Erbebuch [5] wird 1523 ein „Russches elend" „achter der Russchen Kercken" genannt. Aus späterer Zeit führt Gutzeit [6] acht solche Elendhäuser an: Burmans Elend, Geißmars Elend, Zimmermanns

---

[1] Nachträge zu A—F, 1886 p. 243.   [2] p. 235. 239. 242.
[3] Eduard Winkelmann, Bibliotheca Livoniae historica, 1878 p. 320. nr. 7302.   [4] Herausgeg. v. Napiersky, 1881 p. 99.
[5] Gutzeit, Nachträge zu A—R, 1892 p. 16.   [6] Gutzeit I p. 253.

oder Peregrinen-Elend, Elend bei der Johanneskirche, Camphausens Elend, Johann von Cöllen-Elend, Dürkopfs Elend und Caspar Romberg Elend. Offenbar sind die Namen größtenteils nach dem Stifter gewählt. Der Zweck bei den meisten war zweifellos Fürsorge für hülfsbedürftige Rigaer. Nur das Peregrinen-Elend scheint eine echte Elendenherberge gewesen zu sein. Camphausens Elend wird von Gutzeit[1] noch 1886 als weiterbestehend angeführt; 1871 war es neu ausgebaut worden. Dagegen hat bezeichnenderweise die Pilgrimherberge, das Elendhaus schlechtweg, das sechzehnte Jahrhundert nicht überdauert. An ihrer Stelle wurde 1592 von dem Burggrafen Eke der Ekens-Convent gegründet[2].

Unter diesen Umständen kommen auch sonst verwandte Verbindungen bei Rigaer Namen nicht selten vor. Die Kirche im Heiligengeiststift, in dessen Hofraum 1492 der Erzvogt Johann Camphausen das nach ihm benannte Elend bauen ließ, hieß bis ans Ende des siebzehnten Jahrhunderts Elendskirche, der Raum innerhalb der Grenzen jenes Stiftes Elendsraum[3] und jede Stiftsgenossin in Camphausens Elend, Elendsfrau[4].

Eigentliche Elendsgilden hat es in Riga anscheinend nicht gegeben. Der dortige Stadtarchivar verwies lediglich auf die Publikation von Stieda und Mettig und fügte hinzu, daß die Akten des Rigaer Stadtarchivs seines Wissens sonst nichts über Elendenbrüderschaften enthielten[5].

Nach diesem Abstecher in die Ostseeprovinzen haben wir jetzt im Gebiet der heutigen Provinz Pommern[6] nach Elendsgilden Umschau zu halten. Häufig sind sie auch hier nicht gewesen. Merkwürdigerweise lassen sich vorläufig nur vier und zwar alle auf Rügen, in Bergen, Sagard, Wiek und Altenkirchen nachweisen.

In Bergen wurde eine Elendsgilde am Anfang des fünfzehnten Jahrhunderts errichtet. Die Behauptung von Grümbke[7]

---

[1]) Nachträge zu A—F, 1886 p. 243.   [2]) Gutzeit I p. 253.
[3]) Nachträge zu A—R, 1892 p. 16.
[4]) Nachträge zu A—F, 1886 p. 243.
[5]) Mitteilung vom 1./14. Oktober 1905.
[6]) Im folgenden ist eine Mitteilung des Staatsarchivs in Stettin vom 2. Oktober 1905 benutzt.
[7]) Grümbke, Neue und genaue geographisch-statistisch-historische Darstellungen von der Insel und dem Fürstentum Rügen II, 1819 p. 192.

und Haas[1], sie werde bereits um 1380 in der Roeskilder Matrikel genannt, beruht auf einem Irrtum. Urkunden liegen erst seit 1418 vor. In den Jahren 1418 bis 1421 erwarb die Brüderschaft verschiedene Einkünfte aus Strüssendorf. 1418 und 1420 war es nach dem Memorialbuch der Bergener Kirche der Fall. Noch jetzt sollen Urkunden von 1418 und 1420 im dortigen Pfarrarchiv vorhanden sein. Am 23. August 1421 schenkte der Priester Johannes Knolle sein Erbgeld am Erbe des Michel Gerlich zu Strüssendorf der Elenden Brüderschaft des Altars der heiligen Dreifaltigkeit an der Kirche zu Bergen. Und am 9. Oktober desselben Jahres 1421 schenkte Tonyes von Vitzen für den Altar der Elenden Brüderschaft eine jährliche Hebung von 17 Mark aus Strüssendorf[2]. Die Brüderschaft hat sich danach spätestens 1418 gebildet. Nachdem der Altar gestiftet, gemauert und hinlänglich ausgestattet war, ließ sich die Brüderschaft zunächst von der Priorin, dem Konvent und den Vormündern des Nonnenklosters in Bergen den Konsens erteilen und suchte dann auch die Bestätigung des Herzogs Wartislavs IX. nach. In der Urkunde des Herzogs von 1422, die Kosegarten[3] im Archiv der Kirche zu Bergen gesehen und teilweise publiziert hat, heißt es: in Bergen sei „ene broderschop an de ere der hilghen dreualticheyt" gestiftet worden, sie habe ihren Altar „an de ere der hylghen drevaldicheyt" weihen lassen. Elendsgilde und Dreifaltigkeitsgilde sind hier dasselbe. Es ist ein Irrtum von Grümbke[4], den Haas[5] wieder nachgesprochen hat, daß statt dessen zwei Gilden vorhanden gewesen sein sollen. Doppelnamen kommen bei Elendsgilden auch sonst vor.

Auf Vermögenserwerb und Verwaltung der Brüderschaft beziehen sich aus späterer Zeit Urkunden von 1429, 1519 und

---

[1] A. Haas, Beiträge zur Geschichte der Stadt Bergen auf Rügen, 1893. Gedruckt als Beilage zum Anzeiger für die Stadt Bergen und die Insel Rügen p. 102.

[2] Baltische Studien XLIII, 1893 p. 61 ff.: Haas, Urkundliches Material zur Geschichte der Kirche in Bergen auf Rügen p. 101 f.

[3] Pommersche und Rügische Geschichtsdenkmäler I 1834 p. 181 f. Ledebur, Märk. Forschungen IV p. 67. Virchows Archiv XX, 1861 p. 488.

[4] Gesammelte Nachrichten zur Geschichte des ehemaligen Cistercienser Nonnenklosters St. Maria in Bergen auf der Insel Rügen, 1833 p. 84 not. *).   [5] Balt. Stud. XLIII p. 62.

1533. Von den beiden ersten befinden sich Abschriften oder die Originale selbst im Staatsarchiv zu Stettin. Inhaltsangaben hat Haas[1] mitgeteilt; für die dritte steht eine genauere in Julius von Bohlens Geschichte des Geschlechtes der Bohlen[2]. In der Reformationszeit hat sich die Gilde aufgelöst. Matthäus von Normann erwähnt sie in der nach 1546 umgearbeiteten Ausgabe seines Rügischen Landrechts[3] und macht interessante Angaben über sie. Aber aus seinen Worten selbst geht hervor, daß sie nicht mehr bestand. Sie war bereits bei den Kirchenvisitationen von 1539 und 1543 aufgelöst, ihr Vermögen dem Kirchenkasten überwiesen worden. Ein Register der Einkünfte der Gilde aus dem Jahre 1543 ist von Haas abgedruckt worden. Im Kirchenetat von Bergen wurden sie noch im siebzehnten Jahrhundert getrennt weiter verrechnet. Ein 1543 aufgenommenes Inventar der Urkunden der Elendengilde[4] und ein Diplomatar der Brüderschaften zu Bergen[5] aus der Zeit von 1485—1514 gilt als verloren.

Für Sagard ist die Existenz einer Elendenbrüderschaft durch eine Urkunde des Staatsarchivs zu Stettin vom Jahre 1510 bezeugt. Es ist wahrscheinlich dieselbe, die Schöttgen und Kreysig 1760 publiziert haben und aus der Ledebur die Namen der „Vorstender der elenden broderschop tho Sagerde" anführt[6]. Erwähnt wird die Gilde auch von Haas[7]. Weitere Nachrichten fehlen.

In Wiek bestand bereits am Ende des vierzehnten Jahrhunderts eine Elendenbrüderschaft. Von Wiek nämlich spricht jene Stelle der Roeskilder Matrikel, auf die Grümbke und Haas irrig für Bergen Bezug genommen haben. In dem von Langebek[8] veröffentlichten „Registrum redituum, decimarum et exactionum ad episcopum Roskildensem in Selandia, Meonia

---

[1]) Beiträge p. 103.   [2]) II. Urkundenbuch, 1859/75 p. 62 Nr. 169.
[3]) Wendisch-Rügianischer Landgebrauch, herausgeg. v. Gadebusch, 1777 p. 341 Tit. 262: Van der Elenden Bröderschop. In dem kürzeren, von Frommhold publizierten Text aus der Zeit von 1525—1531 fehlt der Abschnitt.   [4]) Balt. Stud. XLIII p. 82 not. 1. Haas, Beiträge p. 103.
[5]) Balt. Stud. XLIII p. 64.
[6]) Diplomataria et scriptores histor. Germanic. med. aevi III, 1760 p. 234, Märkische Forschungen IV p. 67.   [7]) Beiträge p. 97.
[8]) Scriptores rerum Danicarum medii aevi VII, Havniae 1792 p. 1ff. 151.

et Rugia pertinentium" aus der Zeit um 1370 werden gegen Ende die „Elemosine in terra Ruye" aufgezählt. Bei der „Parochia Wiik" heißt es: „In qua sunt elemosine, quas habet Dominus Johannes Woral. dant XX. marcas. redditus sunt in curia dicta Parkow. Patroni sunt fratres conuiuii dicti aelende ibidem. non est institutus." Jedenfalls also hat damals eine Elendengilde in Wiek bestanden. Die „elemosine", an denen sie das Patronatsrecht hatte, sind ohne Zweifel als eine Vikarie, als ein Altarlehn aufzufassen. Das Stiftungskapital war in Parchow zinsbar angelegt. Grümbkes [1] Erklärung, es handle sich um eine Almosenstiftung, ist irreführend. Die Gilde bestand noch am Anfang des sechzehnten Jahrhunderts. Das Stettiner Staatsarchiv besitzt eine Urkunde vom 10. April 1503, welche sie betrifft.

Die Elendengilde in Altenkirchen ist fürs erste allein durch eine Angabe von Haas in seinen Beiträgen zur Geschichte der Stadt Bergen[2] bezeugt.

In Stralsund scheint ein Elendhaus vorhanden gewesen zu sein. In Johann Berckmanns Stralsundischer Chronik kommt wenigstens der Ausdruck „elendhuse" vor, wie die Wörtererklärungen zeigen, die Mohnicke und Zober 1833 ihrer Ausgabe[3] hinzugefügt haben; die Stelle ist freilich nicht angegeben. Das Staatsarchiv in Stettin machte darauf aufmerksam, daß seines Wissens im Ratsarchiv zu Stralsund auf die dortige Elendenbrüderschaft bezügliche Urkunden verwahrt würden. Der Stralsunder Ratsarchivar erwiderte jedoch auf eine Anfrage, daß nach den angestellten Nachforschungen sich im Ratsarchive keine Nachrichten über Elendsgilden befänden. Also fehlt vorläufig der Beweis.

In Pasewalk[4] läßt sich außer einem Elendshaus nur ein Lehn „ad altare exulum" in der Marienkirche für das Jahr 1562 nachweisen.

Gollnow a. d. Ihne soll nach Behauptung Ledeburs[5] eine Elendengilde gehabt haben. Aber der einzige Beweis, den er dafür beibringen kann, ist eine 1745 gedruckte „In-

---

[1] Darstellungen v. Rügen II p. 192 f.   [2] p. 103.   [3] p. 382.
[4] Hückstädt, Geschichte der Stadt Pasewalk, 1883 p. 84 f. 128. 133.
[5] Märkische Forschungen IV p. 67.

struktion, nach welcher sämtliche Pröbener des Hospitals Spiritus Sancti und St. Georgii auf dem sogenannten Elend zu Gollnow sich zu achten haben". Dieser Beweis reicht nicht aus. Vielleicht war hier im Mittelalter eine Fremdenherberge oder ein Fremdenspital vorhanden. Mehr läßt sich aus dem bloßen Namen keinenfalls entnehmen. Ein Abbau Elendshof liegt im Kreise Lauenburg i. P.[1].

Hatte uns die Feststellung der Seltenheit der Elendsgilden im östlichen Teil der Provinz Brandenburg im Vergleich zu dem westlichen die Vermutung nahe gelegt, daß in den weiter östlich gelegenen Gebieten die Elendsgilden spärlich vertreten sein würden, so hat sich uns diese Erwartung völlig bestätigt. In der Provinz Brandenburg konnten wir ungefähr zwei Dutzend, im Regierungsbezirk Potsdam allein etwa zwanzig Elendsgilden nachweisen. Dagegen entfallen auf Schlesien keine, auf Posen eine, auf Westpreußen vier, auf Ostpreußen eine, auf die Ostseeprovinzen zwei und auf Pommern vier Elendsgilden, also im ganzen selbst bei Einrechnung zweifelhafter Fälle und abweichender Formen nur zwölf, halb so viel wie auf Brandenburg. Wir kommen jetzt, an der Ostseeküste weiter westlich gehend, zu Mecklenburg, den Hansestädten, Schleswig-Holstein und dem skandinavischen Norden.

III.
Mecklenburg, die Hansestädte, Schleswig-Holstein und Skandinavien.

In Mecklenburg liegen besonders eigenartige Nachrichten aus Rostock vor. Schon mehrfach sind uns Brüderschaften unter dem Namen „calendae exulum" oder „fratres calendarum exilii" und dergleichen Bezeichnungen begegnet. In Rostock läßt sich nun in der Tat ein Elenden-Kaland nachweisen. Schon 1887 hat Karl Koppmann in seiner Geschichte der Stadt Rostock[2] darauf hingewiesen. Daneben konnten im folgenden Mitteilungen[3] des Rostocker Rechtsanwalts Herrn Hofrat Crull

---
[1] Brunckow, Wohnplätze I[2], 1897 p. 211.
[2] I, 1887 p. 92. Vgl. Schriften des Vereins für Reformationsgeschichte, XV. Jahrgang 1. Stück Nr. 58: Axel Vorberg, Die Einführung der Reformation in Rostock, 1897 p. 10 f.   [3] Vom 10. Okt. 1905.

benutzt werden, die mir auf eine an das dortige Ratsarchiv gerichtete Anfrage zugesandt worden sind; sie stammen aus den Akten des Archivs der Kirchenökonomie.

Ein Elenden-Kaland wird in Rostock zuerst im Jahre 1431 genannt. Am 29. September dieses Jahres verkaufte Claus Brukmann, Bürger zu Rostock, den Herren des Elenden Kalands zu St. Marien sechs Mark Rostocker Pfennige Rente für 100 Mark. Die Brüderschaft wird also erst erheblich später genannt als der große oder Herren-Kaland. Denn von dieser „fraternitas maiorum kalendarum" spricht z. B. schon eine Urkunde des Schweriner Bischofs Friedrich vom 5. Juli 1367[1]. Auch Koppmann sagt, daß „in späterer Zeit" neben dem Herren-Kaland ein Elenden-Kaland bestand.

Sehr häufig sprechen nun aber die Urkunden nicht nur von einem Elenden-Kaland, sondern von einer Brüderschaft des Elenden- und Heiligen-Leichnams-Kalands. Einen Heiligen-Leichnams-Kaland an St. Marien nennt Koppmann erst beim Jahre 1469; nach den Akten der Kirchenökonomie soll er älter als der Elenden-Kaland sein. Die Schwierigkeit wird dadurch vermehrt, daß nach Angabe Koppmanns ein Heiliger-Leichnams-Kaland 1480 auch an der Jakobikirche genannt wird.

Unter diesen Umständen liegen zwei Möglichkeiten vor. Entweder hat sich der Elenden-Kaland mit dem Heiligen-Leichnams-Kaland an St. Marien vereinigt, oder aber es handelt sich von vornherein nur um eine einzige Brüderschaft, um eine Elendengilde zu Ehren des heiligen Leichnams, so daß wir es nur mit verschiedenen Namen für dieselbe Sache zu tun hätten. Daß dergleichen möglich ist, haben wir in Hela und Bergen bereits gesehen. Dafür läßt sich weiter geltend machen, daß nach den vorliegenden Regesten noch in den Urkunden des sechzehnten Jahrhunderts die Bezeichnungen Elenden- und Heiligen-Leichnams-Kaland einerseits und Elenden-Kaland andererseits promiscue gebraucht werden.

Im einzelnen liegen Urkunden über den Elenden- und Heiligen-Leichnams-Kaland z. B. aus den Jahren 1438, 1500 und 1503 vor. Im Jahre 1478 veräußern Herren-Kaland und Elenden-Kaland eine ihnen gemeinsam zustehende Rente. Und

---

[1] Mecklenburgisches Urkundenbuch XVI p. 220f. nr. 9656.

im Jahre 1522 vermacht der Rostocker Bürgermeister Arnd Hasselbeck in seinem Testamente sowohl dem Herren-Kaland als auch dem Elenden-Kaland zu St. Marien je 100 M sundisch. Später wird der Elenden-Kaland oder der Elenden- und Heiligen-Leichnams-Kaland nicht mehr erwähnt.

Im Rostocker Hospital wurden nach einer Nachricht aus der Mitte des vierzehnten Jahrhunderts kranke Elende versorgt. Aber die Werke der Barmherzigkeit versah hier keine Elendengilde und kein Elenden-Kaland, sondern eine Brüderschaft zum Heiligen Geist, deren Brüder und Schwestern im Hospital wohnten oder wenigstens das Recht dazu hatten.

Kurzum: mancherlei Fragen tauchen auf, deren Lösung aus den hier benutzten Quellen nicht möglich ist. Aber soviel steht fest: in Rostock hat es in der Zeit von 1431 bis 1522 einen Elenden-Kaland gegeben.

In nächster Nähe von Rostock, in Warnemünde, findet sich schon im vierzehnten Jahrhundert eine ähnliche Brüderschaft unter einem noch seltsameren Namen. Hier spricht nämlich eine lateinisch abgefaßte Urkunde d. d. Rostock, 22. März 1357 von: „Exules kalende, dicte vulgariter elende ghilde, in Warnemunde"[1]. Die Gilde hatte damals auf einem Grundstück des Vogts Tiedemann Torney in Warnemünde eine jährliche Rente von 3 M für ein Kapital von 30 M zu fordern. Der Vogt hatte sich volle Ablösung durch Zahlung von 30 M und auch Teilablösung von 1 M Rente durch Zahlung von 10 M für Michaelis jeden Jahres ausbedungen. Andere Angaben fehlen. Nebenbei bemerkt, ist dies die einzige Elendengilde, die am 9. Oktober 1905 auf Grund des Materials des Deutschen Rechtswörterbuches in Heidelberg nachgewiesen werden konnte. Das ist charakteristisch. Denn in der Tat ist in den Rechtsquellen im engeren Sinne von Elendengilden nur ganz vereinzelt die Rede. Urkunden andererseits werden bei dem Wörterbuch nur in beschränkter Auswahl berücksichtigt.

Auch abgesehen von Rostock und Warnemünde liegen aus Mecklenburg zahlreiche interessante Nachrichten vor. Aber so auffällige Brüderschaften wie der Rostocker Elenden-Kaland oder die Warnemünder Exules kalende kommen sonst nicht

---

[1] Mecklenb. Urkundenbuch XIV, 1886 p. 128 nr. 8324.

vor. Nur von Elendsgilden ist die Rede. Hauptquelle sind die von dem Archiv-Registrator Groth 1892 in den Mecklenburgischen Jahrbüchern[1] veröffentlichten Materialien der Polizeiordnung von 1516. Da auch über die Gilden neue Vorschriften geplant wurden, schickte die Regierung im Jahre 1514 den Sekretär Monnich auf eine Rundreise mit dem Auftrag überall nachzufragen, wieviel Gilden vorhanden seien, wieviel das Eintrittsgeld betrage, wie groß die Zahl der Mitglieder sei, wieviel Versammlungen im Jahre stattfänden und wieviel Tonnen Bier dabei vertrunken würden. Mit Monnichs Ermittelungen verbinden wir natürlich, was sonst hier und da über die einzelnen Elendsgilden bekannt geworden ist.

In Teterow bestand am Anfang des sechzehnten Jahrhunderts eine „Sunte Katharinen und der elendenn gilde"[2]. Eins der jährlichen Feste fand am Katharinentag statt. Die Bezeichnung entspricht dem Namen jener Gilde in Hela. Ob die Gilde etwa einen eigenen Katharinenaltar hatte, erfahren wir von Monnich nicht. Darüber schweigt er hier und auch sonst. Danach zu fragen gehörte nicht zu seinem Auftrag.

In Friedland erwähnt Monnich nur eine Dreifaltigkeitsgilde[3]. Sie mit der Gilde, die wir unter diesem Namen in Bergen fanden, dem Wesen nach für identisch zu halten, sind wir nicht berechtigt. Aber für das vierzehnte Jahrhundert läßt sich die Existenz einer wirklichen Elendsgilde in Friedland mit Sicherheit nachweisen. Es liegt eine Urkunde vom 15. Mai 1363 vor, in der sich die Gilde selbst als „ghylda exulum in Vredelande" bezeichnet[4]. Sie besaß in der Pfarrkirche einen Altar, der dem heiligen Christophorus und der heiligen Barbara geweiht war, und präsentierte damals auf Grund ihres Patronatsrechtes dem Havelberger Bischof einen Altaristen im voraus für den nächsten Erledigungsfall. Ob sich diese Elendsgilde schon vor der Reformation aufgelöst hatte, läßt sich mit Bestimmtheit nicht erkennen.

---

[1]) Jahrbücher des Vereins für mecklenburgische Geschichte und Altertumskunde LVII, 1892 p. 151 ff. Den Hinweis auf diese Arbeit verdanke ich dem Schweriner Geheimen und Hauptarchiv.

[2]) Groth p. 197.   [3]) Groth p. 212 f.

[4]) Meckl. U.-B. XV, 1890 p. 315.

In Waren[1] fand Monnich eine Elendengilde, die in merkwürdiger Beziehung zu dem Rate stand. Sie mußte ihm jährlich Rechnung legen und einer der drei Gildemeister war Mitglied des Rats.

In Güstrow bestand eine Katharinenbrüderschaft[2], die wir wiederum mangels aller Beweise nicht für eine Elendengilde halten können. Ebensowenig kommt der dortige Gregorius-Kaland für uns in Betracht, dessen Statuten Lisch 1879 veröffentlicht hat[3]. Denn wenn darin etwa vom Begraben der Toten die Rede ist, so handelt es sich dabei ausschließlich wie in tausend andern Brüderschaften um Kalandsgenossen.

Plau hatte eine Elendengilde. Von der Schützengilde berichtet Monnich[4], sie sei seit dem Brande nicht gehalten worden, und fügt dann hinzu: „Item elennde gilde is in gelicker maethe". Also scheint die Plauer Elendsgilde sich schon 1514 in Verfall befunden zu haben. Bei Einführung der Reformation ist sie gänzlich verschwunden. Lisch erwähnt sie und ihr Vermögen noch zum Jahre 1536 in seiner Geschichte der Stadt Plau[5].

Sternberg hatte eine Liebfrauen- und davon getrennt eine Elendengilde. Über diese macht Monnich[6] die nicht ganz deutliche Bemerkung: „sint armhe lude, die denn hebbenn, vnd gifft ock darvann den armhen luden holt vnd vuringen".

Im Unterschied zu Sternberg hatte Grabow 1514 eine Liebfrauen- und Elendengilde in einem; „vnser lieuen frowenn ader der elennde gilde" sagt Monnich[7]. Unter dem Namen Elendengilde läßt sie sich schon im vierzehnten Jahrhundert nachweisen. Im Schweriner Hauptarchiv befindet sich ein Register der „Siegel vnd brieffe zw der Elenden Gylde (sc. zu Grabow) gehorig, daruan nichts auskommeth" aus dem sechzehnten Jahrhundert. Die Angaben über die einzelnen Urkunden sind im Mecklenburgischen Urkundenbuch bei den verschiedenen Jahren eingeordnet. Es ergibt sich daraus, daß die Elendengilde

---

[1] Groth p. 226.   [2] Groth p. 234.
[3] Meckl. Jahrbb. XLIV p. 3ff. 5. 24.   [4] Groth p. 244. 308.
[5] Meckl. Jahrbb. XVII, 1852 p. 172. 175. Heuser, Elend in Wetzer und Welte, Kirchenlexikon IV², 1886 Sp. 358.   [6] Groth p. 249.
[7] Groth p. 260.

schon 1336 bestand[1]. Spätere Zeugnisse finden sich abgesehen von Monnich für 1340[2], 1341[3], 1369[4] und 1387[5].

Parchim besaß eine Dreiunddreißigergilde, über die Weltzien in seiner Schrift „zur Geschichte Parchims"[6] ungenaue Angaben macht. Eine Elendengilde scheint es kaum gewesen zu sein. Sie ist hier nur zu nennen, weil sie angeblich die Aufgabe gehabt haben soll, die Pesttoten zu bestatten. Sie soll erst 1376 von dreiunddreißig Mitgliedern „in die ehre des hilligen lichnambs" gestiftet worden sein.

Für Wittenburg[7] dagegen ist das Vorhandensein einer Elendengilde durch Monnich sicher bezeugt; ebenso für Dömitz[8] und Boitzenburg[9]. Die beiden letzten Gilden waren besonders groß. Die Dömitzer hatte dreißig Paar Leute und die Boitzenburger sogar ungefähr hundert Personen.

In der Polizeiverordnung von 1516[10] wurde das Gildenwesen sehr stark eingeschränkt. Wo mehrere Gilden waren, sollten sie in eine einzige zusammengezogen werden. Nur in der Pfingstwoche sollte zwei oder drei Tage lang gefeiert werden dürfen und auch das ohne „kost edder spise". Die Überschüsse der Renten sollten von den Stadtverwaltungen für das gemeine Beste verwendet werden. Bestimmungen, welche deutlich zeigen, wie energisch sich gelegentlich schon vor der Reformation das landesherrliche Regiment den Brüderschaften gegenüber geltend machen konnte. Die Beschränkungen, die 1516 verfügt wurden, haben infolge der Reformation wenige Jahre später ihre Fortsetzung gefunden. Jetzt verschwand wohl überall auch der letzte Rest der Elendengilden. Nur in den Rechnungen wird zuweilen noch später von ihren Einkünften die Rede gewesen sein.

Aus Mecklenburg ist im übrigen nur noch Wismar anzuführen. Hier bestand seit 1250 ein Armenhaus zum Heiligen Geist, in dem auch Elende und Fremde beherbergt werden sollten[11].

---

[1]) Meckl. Urk.-B. VIII, 1873 p. 565 nr. 5632.
[2]) IX, 1875 p. 232 nr. 6014.   [3]) IX p. 296f. nr. 6093f.
[4]) XVI p. 394 nr. 9860.   [5]) XXI, 1903 p. 82 nr. 11834.
[6]) 1903 p. 59ff. cf. Groth p. 254f.   [7]) Groth p. 268.
[8]) Groth p. 263.   [9]) Groth p. 267.   [10]) Groth p. 279 ff.
[11]) Wiggers, Kirchengeschichte Mecklenburgs, 1840 p. 78. Willgeroth, Bilder aus Wismars Vergangenheit, 1903 p. 79.

Von den Hansestädten scheinen Lübeck und Bremen keine Elendengilde gehabt zu haben. In Lübeck soll es nach Dreyer[1] „ehedessen" verschiedene Elendhäuser und Elendenherbergen gegeben haben. Solche Einrichtungen können hier und überall auch ohne Elendengilde geschaffen worden sein. Dagegen hat Hamburg mindestens zwei Elendenbrüderschaften besessen: eine bei der Heiligen-Geist- und eine bei der Gertrudskapelle.

Die Elendenbrüderschaft zum Heiligen Geist[2] erscheint unter sehr mannigfaltigen Bezeichnungen: der Elenden Brüderschaft der Armen auf dem Hinterhause, Unser Lieben Frauen Brüderschaft zum Heiligen Geist, St. Marien-Brüderschaft zum Heiligen-Geist, die Elenden Leute auf dem Achterhause, Arme Elenden Brüderschaft zum Heiligen Geist, Arme Leute Brüderschaft zum Heiligen Geist, Elendenbrüderschaft in der Kapelle zum Heiligen Geist, Brüderschaft der Elenden in der Kapelle zum großen Heiligen Geist; und lateinisch: Fraternitas exulum in ecclesia s. Spiritus, Fraternitas s. Spiritus, Fraternitas pauperum und Fraternitas pauperum in Hamborch in domo St. Spiritus.

Die Brüderschaft läßt sich seit 1403 nachweisen; sie erhielt damals eine Zuwendung in dem Testament des Hermann Soltow[3]. Im Jahre 1434 bekam sie ein Ablaßprivileg und am 29. November 1447, wie schon Staphorst[4] mitteilt, vom Rat ein eigenes Rentebuch. Ein Verzeichnis der vorhandenen Urkunden hat Gaedechens[5] zusammengestellt. Der reiche Besitz der Brüderschaft erlaubte ihr fünf Altäre und fünf Kommenden zu stiften[6]. Über ihr Gerät allein enthält das Buch

---

[1] Joh. Carl Henr. Dreyers zur Erläuterung der teutschen Rechte, Rechtsaltertümer und Geschichten angewandte Nebenstunden. Bützow u. Wismar, 1768 p. 377 f. not.

[2] Zeitschrift des Vereins für Hamburgische Geschichte VIII (= N. Folge V), 1889 p. 343ff.: C. F. Gaedechens, Geschichte des Hospitals zum heiligen Geist in Hamburg. Wilda, das Gildenwesen im Mittelalter, 1831 p. 350.

[3] Die milden Privatstiftungen in Hamburg, herausgeg. auf Veranlassung des Vereins für Hamburgische Geschichte, Hamburg 1845 p. 220.

[4] Hamburgische Kirchengeschichte I, 1, 1723 p. 225.   [5] p. 411 ff.

[6] Gaedechens p. 357.

der Brüderschaft ein langes Register. Die letzte Urkunde stammt aus dem Jahre 1528. Nach Gaedechens ist die Brüderschaft in der Reformationszeit aufgehoben und ihr Vermögen 1531 an die Armenkasse abgeliefert worden. Damit steht es wohl nicht in Widerspruch, wenn Staphorst[1] aus den Kirchenvisitationsakten von 1662 ein Verzeichnis der Kommenden bei St. Spiritus mitteilt und bei mehreren die Fratres ecclesiae s. Spiritus oder die Fraternitas pauperum als Besitzer anführt. Solche formelle Scheinexistenz nach Auflösung der Brüderschaft ist nichts Außergewöhnliches.

Im Jahre 1461 hatten die Aelterleute der Armenleute-Brüderschaft zum Heiligen Geist und Tideke Brandenborch zwei Renten von je zwanzig Mark für zwei Priester zur Förderung des Gottesdienstes oder zur Versorgung armer Kleriker gestiftet. Und zwar sollte die eine Stiftung von der Brüderschaft der armen Leute, die andere von dem Bürgermeister, der dem Heiligen-Geist-Hospital vorstand, verwaltet werden. Diese Stiftungen bestanden noch 1845[2]. Die Einkünfte wurden damals an Arme verteilt. Verwalter waren der Senator Büsch und Peter Franz Biancone.

Die Elenden-Brüderschaft zu St. Gertrud[3] erhielt 1455 ein eigenes Rentebuch. Staphorst[4] teilt die Aufschrift mit: „Dat Rente-Bock der elenden Broderschop vnser Vruwen to sunte Gerdrud binnen Hamborg". Und der Anfang lautet: „In den Jaren na der Bord Cristi veerteynhundert Jar, in dem vyfvnde-ueftigesten Jaere des Middewekens na Conceptionis Marie wert dit Boek angehauen vnd togelaten van dem Rade to Hamborg, to Behoeff der elenden Broderschop vnser leuen Vrowen in sunte Gertrud Capellen bynnen Hamborg". Nach Angabe von Kall[5] befindet sich außerdem im Archiv der Stadt Hamburg ein Buch mit dem Titel: „Dit iss der Capellenn Sunte Gardruth Rentebock tho behoff der elendenn Broderschop". Es handelt sich hier um eine spätere nachträgliche Zusammenstellung, die im ganzen 77 Eintragungen umfaßt;

---

[1] I, 3, 1727 p. 728 ff. [2] Milde Priv.-Stift. p. 13.
[3] Kall, Gemeinde-Aeltester zu St. Gertrud, St. Gertrud in Hamburg. Chronik der Kapelle St. Gertrud und ihrer Nachfolgerinnen der Kirche St. Gertrud und der Stiftung St. Gertrud, Hamburg 1888.
[4] I, 1, 1723 p. 222 ff. 241. [5] p. 16.

die letzte stammt aus dem Jahre 1568, die erste aus dem Jahre 1439. Also darf als bewiesen gelten, daß die Elendenbrüderschaft zu St. Gertrud bereits 1439 bestand. Seit der Mitte des fünfzehnten Jahrhunderts liegen zahlreiche interessante Mitteilungen vor, z. B. eine Jahresrechnung [1] von 1500, die genauen authentischen Aufschluß über die Betätigung der Brüderschaft gibt. Die Beziehungen zu der Kapelle St. Gertrud wurden mit der Zeit so eng, daß 1507 die gesonderte Rechnungsführung aufhörte, wenn auch innerhalb der einen Rechnung bei den einzelnen Posten noch der Unterschied festgehalten wurde. Besonders merkwürdig aber ist, daß die Brüderschaft bis ins 19. Jahrhundert fortbestanden hat. Die Ausführungen von Kall [2] sind zwar in dieser Hinsicht völlig konfus. Er verwechselt hartnäckig die an St. Jakobi, zeitweise auch bei St. Gertrud bestehende Gertrud-Brüderschaft [3] mit der Elenden-Brüderschaft an St. Gertrud. Alles, was er von dem letzten 1729 begonnenen Rechnungsbuch u. dgl. erzählt, ist für die Elendenbrüderschaft ohne jeden Belang. Aber in jener Publikation über die „milden Privatstiftungen" von 1845 [4] wird bei richtiger Unterscheidung von der Brüderschaft St. Gertrud gesagt, daß sich bei der St. Gertruden Kapelle „eine noch heute vorhandene unter der Verwaltung der Vorsteher derselben stehende Brüderschaft der Elenden" befinde. Und ebenso berichtet Koppmann [5] 1875, die Elendenbrüderschaft in der Kapelle der heiligen Gertrud habe sich „bis in unsere Tage erhalten". In welcher Weise sie zuletzt tätig war oder noch ist, bleibt fraglich.

Außer diesen beiden Elendenbrüderschaften finden sich noch einige andere Brüderschaften in Hamburg, die für uns von Bedeutung sind: zunächst eine Brüderschaft der armen Schüler oder Fraternitas pauperum scholarium [6]. Sie soll sich

---

[1] Kall p. 18 f.   [2] p. 56 ff.
[3] Staphorst I, 1 p. 225: Rentebuch 1449. Milde Priv.-Stift., 1845 p. 31. 134.   [4] p. XVII not. 18; p. 34 nr. 225.
[5] Zeitschrift des Vereins für Hamburgische Geschichte VI (= N. Folge III), 1875 p. 254.
[6] Eduard Meyer, Geschichte des Hamburgischen Schul- und Unterrichtswesens im Mittelalter, 1843 p. 29 ff. Die milden Privatstiftungen, 1845 p. 28 f.

um 1385 gebildet haben. Am 22. August dieses Jahres wurde sie vom Erzbischof Albert von Bremen bestätigt. Der Zweck war, „dürftige und fremde Priester, Kleriker und Scholaren, die in Hamburg verstürben, anständig zu begraben". Also handelt es sich offensichtlich wieder um eine höchst eigenartige Erscheinung, die den Elendengilden mindestens sehr nahe verwandt ist. Unrichtig ist es, wenn Meyer behauptet, die Brüderschaft habe 1452 ein eigenes Rentebuch erhalten. Denn hier ist ausschließlich von den Chorales, den Chorsängern die Rede, von einer ganz anderen Vereinigung. Ebenso unrichtig scheint es, wenn Meyer dieser Brüderschaft verschiedene Kommenden in der Kapelle zum Heiligen Geist zuschreibt, bei denen Staphorst nur von der Fraternitas pauperum spricht. Die Brüderschaft hat noch 1843 mit wenigen Gliedern und höchst unbedeutenden Einkünften fortbestanden. Kurz darauf wurde das Kapital nach dem Tode der letzten Vikare mit der Domarmenkasse vereinigt.

Verschieden von der Armen-Schüler-Brüderschaft war „eine Fraternitas pauperum studiosorum in summo"[1]. Aus den Einkünften erhielten arme Studenten Stipendien. Die Entstehungszeit ist unbekannt.

Wichtiger ist, daß Hamburg im vierzehnten Jahrhundert einen Elenden-Kirchhof[2], ein cimiterium exulum hatte. Nach Lappenberg war bereits 1365 ein der heiligen Gertrud geweihter Begräbnisplatz der Elenden angelegt. Aus den Jahren 1384 und 1385 liegen urkundliche Zeugnisse vor.

Endlich ist das Elendenhaus[3] zu nennen, das um 1500 von der Brüderschaft Unser Lieben Frauen Krönung im Dom gestiftet wurde und später Pockenhaus oder Hospital St. Hiob hieß. Von einer Beziehung zu einer der Elendengilden ist nichts zu entdecken.

---

[1]) Mild. Priv.-Stift. p. 29 nr. 48.
[2]) Koppmann, Hamburgs kirchliche und Wohltätigkeits-Anstalten im Mittelalter, 1870 p. 51; derselbe in: Ztschr. d. Ver. f. Hamb. Gesch. VI, 1875 p. 244f. 249. Kall, St. Gertrud p. 5.
[3]) Otto Beneke, Hamburgische Geschichten und Denkwürdigkeiten, 1856 p. 17f. not. x. Buek, Die Hamburgischen Oberalten, ihre bürgerliche Wirksamkeit und ihre Familien, 1857 p. 426f. Anm. 25. Gaedechens, Historische Topographie der Freien und Hansestadt Hamburg, 2. Aufl. p. 105. 167.

In Schleswig-Holstein[1] haben mehrere Elendengilden bestanden. Fangen wir im Südosten der Provinz an, so finden wir die erste in Grömitz bei Cismar an der Lübecker Bucht. Ihre Existenz ergibt sich aus einer im Staatsarchiv zu Schleswig[2] im Original aufbewahrten, von Michelsen[3] publizierten Urkunde vom Jahre 1440, welche ausgestellt ist von den „provisores, procuratores et gubernatores fraternitatis fratrum et sororum vulgariter dicte Elendeghilde dicti opidi Grobenisse". Vorsteher der Gilde waren der Abt des Klosters Cismar, der Prokonsul und ein Bürger von Grömitz. Die Gilde errichtete damals in der Pfarrkirche einen Altar Gott, der Jungfrau Maria und dem heiligen Nikolaus zu Ehren. Mit dem Bau des Altars wurde die Stiftung einer Vikarie verbunden, deren Einkünfte einzeln aufgezählt werden.

Eine zweite Elendengilde hatte ihren Sitz in Oldenburg in Wagrien, also in nächster Nähe von Grömitz. Sie wird bereits in Ernst Joachim von Westphalens Monumenta inedita[4] genannt. Westphalen nimmt dabei zum Beweis auf zwei Urkunden des Bischofs Nikolaus von Lübeck von 1443 und 1444 Bezug. In der einen scheint es sich um Bestätigung der Gilde zu handeln, in der andern um Stiftung von 10 M Lübisch seitens der Gilde für eine Vikarie in der Oldenburger Pfarrkirche. Weitere Nachrichten fehlen. Nach Mitteilung des Staatsarchivs in Schleswig hat der Oldenburger Hauptpastor K. Hollensteiner 1882 ein Buch unter dem Titel „Aus vergangenen Tagen, Chronikbilder aus der Vergangenheit Oldenburgs in Holstein" veröffentlicht. Er hat dafür das im Staats-

---

[1] Im folgenden ist eine Mitteilung des Staatsarchivs Schleswig vom 28. Oktober 1905 benutzt.

[2] Kloster Cismarsche Urkunden Nr. 30.

[3] Staatsbürgerliches Magazin mit besonderer Rücksicht auf die Herzogtümer Schleswig, Holstein und Lauenburg, herausgeg. von N. Falck VII, 1827 p. 107 ff.: Michelsen, Kleine Beiträge zur vaterländischen Staats- und Rechtsgeschichte aus ungedruckten Quellen p. 138 f. Schiller-Lübben, Mittelniederdeutsches Wörterbuch I, 1875 p. 653. Zeitschrift für schleswig-holsteinische Geschichte XXIX, 1899 p. 156 not. 4.

[4] III praefatio pag. 113. Wilda, Gildenwesen im MA. 1831 p. 352. Jensen. Schleswig-Holsteinische Kirchengeschichte, herausgeg. v. Michelsen II, 1874 p. 166 f.

archiv aufbewahrte älteste Oldenburger Stadtbuch, das sog. rote Buch, genau durchgearbeitet, aber offenbar über die Elendengilde nichts darin gefunden. Denn er begnügt sich, ihre Existenz zu konstatieren, und teilt daneben nur mit, daß es auf dem Oldenburger Kirchhof noch im Jahre 1794 eine Elendsseite gab; am 29. Dezember wurde dort der Armenvoigt Peter Christian Friedrichsborg begraben, der 1741 als Zigeunerknabe getauft war.

Auch in Petersdorf auf Fehmarn bestand eine Elendengilde. Nach Angabe von Jensen[1] ist sie 1443 gestiftet worden, also in demselben Jahre, in dem die Oldenburger Gilde die bischöfliche Bestätigung erhalten zu haben scheint. Mit den andern Gilden zahlte sie 1587 einen Geldbeitrag zur Errichtung der Kanzel in der Johanneskirche zu Petersdorf. In der Reformationszeit ist sie also noch nicht aufgelöst worden. Später soll sie sich mit der 1399 gestifteten Nikolaigilde vereinigt haben.

In Kiel läßt sich eine Elendengilde für das Jahr 1472 nachweisen. Aus dem jetzt im Kieler Stadtarchiv befindlichen Denkelbok hat schon Westphalen[2] eine „Ordnung und Procession bey dem Fronleichnamsfest in der Stadt Kiel" veröffentlicht, in der die neunzehn Ämter und die acht hinterher marschierenden Gilden aufgeführt werden. Hier steht unter den Gilden an dritter Stelle „de Elende gilde". Reuter[3] bemerkt` ausdrücklich, daß sie im ältesten Rentebuch nicht vorkomme. Auch eine Anfrage beim Kieler Stadtarchiv hatte ein negatives Ergebnis.

Dagegen bestanden in Kiel verschiedene Herbergen und Spitäler, die auch Fremden Aufnahme gewährten[4]. Dahin gehört z. B. das Xenodochium Unser lewen Fruwen tom

---

[1]) Versuch einer kirchlichen Statistik des Herzogtums Schleswig IV, 1842 p. 1286 f.

[2]) Monumenta inedita IV, 1745 col. 3320. Jensen, Kirchengeschichte II p. 166.

[3]) Mitteilungen der Gesellschaft für Kieler Stadtgeschichte Heft IX: Das älteste Kieler Rentebuch (1300—1487) herausgeg. v. Chr. Reuter, 1893. Einleitung p. LXXXVI (wo Nr. 6: „sunte Nicolawes gilde" fehlt).

[4]) Westph. Mon. ined. IV col. 3278. 3284. 3295 sqq. 3311 sq. 3339.

Elende[1] und das im fünfzehnten Jahrhundert von einem Kieler Bürgermeister gestiftete Gasthaus.

Aus dem nördlichen Teil der Provinz ist allein **Klipleff** als Sitz einer Elendengilde zu nennen, ein kleines Kirchdorf zwischen Flensburg und Apenrade[2], das im Mittelalter eine berühmte Wallfahrt zu St. Hielper hatte. Auf die Existenz einer Elendengilde daselbst hat zuerst Jensen[3] hingewiesen. Er hatte in O. H. Mollers Collectaneen eine Urkunde gefunden, in der ein Flensburger dem „elende Lach to Klypplöw" im Jahre 1517 zehn Mark gab. Auf eine Anfrage teilte das dortige Pfarramt mit, daß es keine Akten über eine Elendengilde besitze und daß dieselbe „hier ganz unbekannt" sei.

Neben den Elendsgilden ist hier noch auf die Gertrudsgilden hinzuweisen, da sie in ihren Statuten zuweilen Bestimmungen aufstellen, die den Unterschied zwischen ihnen und den Elendsgilden nahezu verwischen. Unter den Gertrudsgilden in Schleswig ist in dieser Hinsicht namentlich die **Flensburger** von Interesse. In ihren Statuten[4] von 1379 bestimmt der Artikel 2: „Insuper, fratres et sorores tanto subsidio pauperes peregrinos ac exules, versus istam civitatem peruenientes, quanto proprios conuiuas, fideliter adiuuabunt"; ein Satz, der jeder Elendengilde Ehre machen würde. Wenn die Flensburger Statuten dann aber im Artikel 3 fortfahren: „Insuper, in suis sepulturis fratres et sorores corpora mortuorum tam egenorum quam diuitum ad ecclesiam pro ipsorum animabus deum subrogando debent comitari", so geht es durchaus nicht an, hier etwa an das Begräbnis der Elenden zu denken, der exules, die ja unmittelbar vorher als pauperes bezeichnet werden, während hier Reiche und Arme gemeint sind. Der Artikel 3 bezieht sich zweifellos auf die Gildebrüder und -schwestern.

In Dänemark liegt die Sache ganz ähnlich: zahlreiche Gertrudsgilden und zuweilen eine Ähnlichkeit mit den Elends-

---

[1]) Westph. Mon. ined. III praef. pag. 115 not. i.
[2]) Danckwerth, Landesbeschreibung p. 93. 95.
[3]) Statistik IV, 1842 p. 1695 cf. p. 1438 ff. Kirchengesch. II, 1874 p. 167.
[4]) Claeden, Monum. Flensburg. I, 1768 p. 679 ff. Nyrop, Danmarks Gilde- og Lavsskraaer fra Middelalderen I, 1900 p. 128 ff. Jensen, Kirchengeschichte II, 1874 p. 148. 163.

gilden zum Verwechseln. So bestimmen z. B. die Statuten[1] der Gertrudsgilde in Hellested (Stevns) von 1404 ausdrücklich, nachdem zunächst vom Begräbnis der Mitglieder die Rede war, im Artikel 5: „Item si exules moriuntur in parochia nostra, qui non habent circa se cognatos et notos, tunc assint fratres et sorores cum luminibus conuiuii super eos per noctem vigilando et ad sepulturam adessendo nec recedendo, priusquam officium finitum est." Dieselbe Bestimmung wird wörtlich wiederholt in den Statuten der Gertrudsgilde von Ripen[2], die auch aus dem Jahre 1404 stammen. In Helsingör[3] sorgte die Gertrudsgilde genau wie die Katharinengilde in Hela für das Begräbnis der angeschwemmten Leichen und erhielt zum Lohn dafür von Christian II. ein strandrechtliches Privileg im Jahre 1514. Auch sonst kommen mannigfach Gertrudsgilden[4] vor, z. B. in Søborg, Stubbekjøbing ca. 1350, Aarhus 1499, Horsens, Vordingborg 1513, Svendborg 1532. Aber diesen einzelnen Gertrudsgilden genauer nachzuforschen ist hier nicht unsere Aufgabe. Es genügt hervorzuheben, daß ihre Statuten sich zuweilen sehr nahe mit den Elendengilden berühren, aber untereinander starke Abweichungen aufweisen.

Nur eine einzige Gilde läßt sich in ganz Dänemark nachweisen, die sich selbst Elendengilde genannt hat: „dat elende lach" in Odense[5], gestiftet am 14. Februar 1435. Eine Gertrudsgilde soll hier schon seit 1343 bestanden haben[6]. Aber keinerlei Zusammenhang ist nachzuweisen. 1435 handelt es sich um eine gänzlich neue Schöpfung. Die Statuten der Elendsgilde sollen für die dortige Dreifaltigkeitsgilde[7], die von deutschen Kaufleuten errichtet war, als Vorbild gedient haben. Jedenfalls liegt es außerordentlich nahe, wie in Riga so hier in

---

[1]) Nyrop I p. 169 ff.
[2]) Nyrop I p. 177. Wilda, Gildenwesen p. 350 not. 3. Stimmen aus Maria Laach XVI, Ergänzungsband 1895, Heft 61: Wilhelm Schmitz S. J., Der Einfluß der Religion auf das Leben beim ausgehenden Mittelalter, besonders in Dänemark, 1894 p. 121. 123. 125 f. 128.
[3]) Nyrop I p. 240 f.   [4]) Nyrop I p. 129. 178.
[5]) Nyrop I p. 182 ff. Wilda, Gildenwesen p. 351. Suhm, Samlinger til den Danske Historie I. 1779 p. 1 ff.: Jacob Bircherod, En Samling om gamle Gilder og Gildes-Skraaer i Odense p. 37 f. Schmitz p. 110 f. 120 f.
[6]) Nyrop I p. 129.   [7]) Nyrop II p. 572. Schmitz p. 125.

Odense deutschen Einfluß zu vermuten. Über diese Elendengilde in Odense liegen zahlreiche Nachrichten vor. Sie zeigen, daß wir es mit einer durchaus abnormen Bildung zu tun haben. Gleich im Anfang der Statuten erklären die Gründer der Gilde, den Namen Elendengilde nicht auf die, denen sie helfen, sondern auf sich selbst zu beziehen. Aber andererseits stimmt es zum Wesen der deutschen Elendengilden, wenn der Artikel 24 sagt: „Item weret sake, dat jenningh elende man edder vrouwe in dusse stad vnse broderscup hulpe behouede, dat sette wi to den olderluden"; zugleich eine genaue Parallele zu der Flensburger Gertrudsgilde. Der lateinische Name Fraternitas exulum kommt nicht vor; statt dessen heißt es hier einmal: „convivium alienigenarum discedentium".

Andere Elendengilden werden in Nyrops Sammlung nicht erwähnt. Und das Reichsarchiv in Kopenhagen erwiderte am 7. Oktober 1905 auf eine Anfrage, daß weitere Angaben nicht zu finden seien.

Je weiter wir uns von Deutschland entfernen, um so spärlicher wird unsere Ausbeute. In Schweden kommen an der äußersten Südküste, in Malmö und Ystadt, noch Gertrudsgilden[1] vor. Die Direktion des Reichsarchivs in Stockholm teilte am 4. November 1905 mit, daß ihres Wissens in den dortigen Akten über Fraternitates exulum nichts zu finden sei; solche Brüderschaften schienen überhaupt in Schweden nicht existiert zu haben. Sie wies außerdem auf die Arbeiten von Hans Hildebrand[2] und V. Hedqvist[3] über mittelalterliche Wohltätigkeit hin. Von diesen erwähnt nun Hildebrand[4] allerdings sowohl „eländagillena" wie „eländahärbergen". Aber seine Nachweisungen erstrecken sich ausschließlich auf die Verhältnisse deutscher Städte des Mittelalters, die ihm aus der einschlägigen deutschen Literatur bekannt geworden waren. Für Schweden hat er kein einziges Beispiel. Wie in Schweden, so fehlt auch in Norwegen vorläufig jede Spur von Elendengilden.

---

[1] Nyrop I p. 129. 178. II p. 199.
[2] Svenska Fornminnesföreningens Tidskrift VI, 1885/87 p. 103 ff. 190 ff. 271 ff.: Hans Hildebrand, Om välgörenhet under meddeltiden.
[3] Den kristna kärleksverksamheten i Sverige under medeltiden. Diss. 1893. [4] p. 276 ff.

Im ganzen haben wir damit in Mecklenburg, den Hansestädten, Schleswig-Holstein und Skandinavien achtzehn Brüderschaften ermittelt, die geradezu als Elendengilden bezeichnet werden. Dazu kommen etwa fünf Fälle, in denen es sich um nah verwandte Übergangsformen handelt.

IV.
Die Provinz und das Königreich Sachsen, Anhalt und die thüringischen Staaten.

In der Provinz Sachsen[1] beginnen wir mit der Altmark. Salzwedel besaß mindestens zwei Elendenbrüderschaften, eine in der Alt-, eine in der Neustadt. Die Elendengilde an der Marienkirche der Altstadt ist vor 1327 gegründet worden. Denn in diesem Jahre gab der Pfarrer in Jeben seine Zustimmung zum Verkauf verschiedener Renten in Ritze durch seine Brüder an die Elendengilde. Am 7. Juni 1327 erteilte ferner der Bischof Johann von Schwerin den „fratribus exulum" in Salzwedel seine Bestätigung. Außerdem steht ein Ablaßbrief verschiedener Bischöfe auf der zweiten Seite des „Liber mortuorum ghilde exulum in antiquo opido Soltwedel"[2]. Das Datum fehlt. Aber an der Spitze wird der Bischof Nikolaus von Verden genannt, der sich von 1312—1331 nachweisen läßt. Eine Urkunde von 1334 betrifft eine Altarstiftung in der Marienkirche der Altstadt[3]. Aus den folgenden zweihundert Jahren haben sich zahlreiche Nachrichten erhalten. Die Gilde war eine der bedeutendsten, die es gegeben hat. Der Liber mortuorum nennt Markgraf Ludwig den Römer und verschiedene Adelige unter den Mitgliedern. Viele Urkunden über den Erwerb der Gilde liegen vor.

Die Elendengilde der Neustadt Salzwedel wird erst einige Jahrzehnte später als die Altstädter Gilde in den Quellen genannt. Sie gehörte zu der Katharinenkirche und stiftete hier um 1360 den Altar Martini. Sie wird weniger häufig erwähnt.

---
[1]) Im folgenden ist eine Mitteilung des Staatsarchivs Magdeburg vom 9. Okt. 1905 benutzt. Einzelne Hinweise verdanke ich Herrn Pastor Radlach in Gatersleben.
[2]) Danneil, Kirch.-Gesch. v. Salzw. p. 51. Riedel A. XIV p. 140.
[3]) Danneil p. 52.

Der schwankende Sprachgebrauch des vierzehnten Jahrhunderts wird in Salzwedel in sehr seltsamer Weise durch ein Ablaßprivileg von 1331 illustriert[1]. Hier wird der Ablaß allen denen erteilt, „qui fraternitatem kalendarum, sacerdotum uel clericorum uel et kalendarum fratrum, qui dicuntur ellende, et fratrum kalendarum ciuium ciuitatis Saldwedelensis intrauerint". Priester-Kaland, Elenden-Kaland und Bürger-Kaland scheinen hier neben einander genannt zu sein. Ob der Name Elenden-Kaland wirklich der zweiten Brüderschaft zukam, bleibt unsicher. Lautete die Benennung einfach „ellende", so wäre die Altstädter Elendengilde darunter zu verstehen.

So viel steht fest, daß neben den beiden Elendengilden in Salzwedel ein kleiner Kaland vorhanden war, der auch Brüderschaft der armen Schüler oder der armen Scholaren Kaland hieß[2], also z. B. der Fraternitas pauperum scholarium in Hamburg entsprach. In dem Ablaßprivileg von 1331 kann diese Brüderschaft nicht gemeint sein. Denn sie ist erst um 1370 gegründet worden.

Völlige Klarheit läßt sich in diese krausen Verhältnisse höchstens mit Hilfe der Salzwedeler Archive bringen. Das dortige Stadtarchiv besitzt jetzt noch ca. 35 Urkunden allein über die Elendengilden. Die erbetene Übersendung nach Berlin hat der Magistrat am 10. Oktober 1905 abgelehnt.

In Verbindung mit den Elendsgilden ist von Elendenspenden die Rede. Dagegen hat das Gertrudshospital, das nach dem Visitationsabschied[3] der Reformationszeit „hiebevor eine gemeine Herberge Peregrinorum" war, völlig unabhängig von den Elendengilden bestanden.

In Diesdorf bei Salzwedel läßt sich eine Elendengilde in zwei Urkunden vom 18. April und 22. September 1536 nachweisen[4]. Außerdem wird hier 1490 von einem Elenden-Amt gesprochen[5]. Maneke von dem Knesebeck erklärt zehn rheinische Gulden schuldig zu sein „den werdigen gheystliken Juncfrowen to distorpe, de nu to desser tid dat elende-ambet vorstan". Die Jungfrauen heißen außerdem „dessen vorscreuen

---

[1]) Danneil p. 49.   [2]) Danneil p. 54.
[3]) Müller-Parisius, Abschiede IV, 1898 p. 333.
[4]) Riedel A. XXII p. 347; Suppl.-Bd. 1865 p. 436 f.
[5]) Riedel A. XXII p. 297 f.

elendes-ampt-Juncfrowen vnde oren nakomelingen des elendenamtes" und kurz „ampt-juncfraven". Riedel gibt in der Überschrift der Urkunde den Ausdruck „elenden-amt" durch Siechenamt wieder. An die Gilde zu denken, scheint in der Tat ausgeschlossen. Es wird sich eher um ein Haus, um ein Elendenstift handeln, in dem die Nonnen des Diesdorfer Klosters nicht nur die Vorstandsrechte, sondern auch die Pflichten christlicher Liebestätigkeit ausgeübt haben. Auf die Gilde wird mit keiner Silbe Bezug genommen. Bestand sie damals, und dies ist wahrscheinlich. so hatte sie mit der Krankenpflege und Beherbergung im Elendenamt nichts zu tun.

In Betzendorf ist es unsicher, ob eine Elendengilde vorhanden war. Eine Urkunde vom 4. September 1570, welche einen „Abschied der von der Schulenburg auf gehaltenem Tage zu Betzendorf" enthält[1], sagt unter Ziffer 2: „Befindet sich auch, das die guter den kirchen, dem Calande, elenden gulden vndt siechenhause alhier zu Betzendorff vnd Apenborch zustendig fast verkommen". Daraus ergibt sich nur, daß entweder in Betzendorf oder in Apenborch eine Elendengilde vorhanden war. Daß das 1439 zuerst erwähnte Hospital mit der Elendengilde in Betzendorf verbunden war, hat Zahn[2] behauptet, aber nicht bewiesen. In der Urkunde von 1570 steht nichts davon.

In Werben ist eine Elendengilde seit 1433 nachzuweisen. In einer Urkunde von diesem Jahr wird Ackerland bezeichnet als „belegen by der elende gulde lande"[3]. Von einer Wiese der Elendengilde, von einer Elendenwiese sprechen spätere Nachrichten, von der Elendengilde selbst z. B. das Werbener Schöppenbuch beim Jahre 1492. Der Elendenaltar wurde erst 1511, nicht von der Gilde, sondern von dem Bürger Dietrich Bolte gestiftet und 1512 vom Johanniter-Herrenmeister bestätigt. Das Patronatsrecht hatte zunächst der Stifter, nach seinem Tode der Magistrat. Mit dem Gertrudshospital, das 1424 zum Besten elender Pilgrime errichtet war, soll die Elendengilde

[1] Riedel A. VI p. 242. 291.
[2] 31. Jahresbericht des altmärkischen Vereins für Geschichte und Industrie zu Salzwedel. Abteilung für Geschichte. Heft 1, 1903 p. 1ff.: W. Zahn, Geschichte der Armen- und Krankenpflege in der Altmark p. 128.   [3] Riedel A. VI p. 44.

wiederum „in Verbindung" gestanden haben. Aber zum Beweise wird lediglich angeführt, daß die verstorbenen Bewohner des Hospitals mit den Lichten und dem Bahrtuch der Elendengilde zu Grabe getragen wurden. Möglicherweise hat es sich dabei nur um Verleihung des Geräts gehandelt. Ob die Gilde das Begräbnis selbst besorgte, ist nicht ganz sicher, aber wahrscheinlich. Jedenfalls aber hatte sie mit der Stiftung, Leitung und Verwaltung des Hospitals so wenig wie mit der Beherbergung oder Verpflegung auch nur das geringste zu tun[1].

In Arneburg wird eine Elendengilde erst im sechzehnten Jahrhundert genannt. In den Visitationsakten von 1540 heißt es bei Aufzählung der Altarlehen in der St. Georgs-Pfarrkirche: „Catharine. Patroni die Elenden, hat ein hausz, holdets itzo der pfarrer". Es werden dann weiter die Einkünfte aufgezählt. Sie flossen in den gemeinen Kasten. Da die Gilde das Patronat hatte, war der Altar wohl von ihr als Elendenaltar gestiftet[2].

In Stendal gab es in der Reformationszeit zwei Elendengilden: eine Bruderschaft der Schaffer oder Elenden und eine St. Peters-Bruderschaft oder der Elenden Kumpanie. Beide hatten sich der Marien-Pfarrkirche angeschlossen. Außerdem haben sich im Stendaler Stadtbuch teilweise die Statuten einer Elendenbrüderschaft vom 29. Juni 1346 in ungefähr gleichzeitiger Abschrift erhalten. Auffällig ist dabei der starke Einfluß, den der Magistrat auf die Bildung der Brüderschaft und auf den Erlaß der mit dem Stadtsiegel bekräftigten Statuten ausgeübt hat. Der Anfang fehlt. Die offizielle Bezeichnung erfahren wir nicht. Aber da an einer Stelle neben Gott und den Heiligen St. Peter besonders genannt wird, werden wir es hier mit den Anfängen der St. Peters-Brüderschaft oder der Elenden Kumpanie zu tun haben. Eine Spaltung

---

[1] Wollesen, Chronik der altmärkischen Stadt Werben und ihrer ehemaligen Johanniter-Komturei, 1898 p. 62 f. 69 f. 86. 88. 97. — 26. Jahresbericht des Altmärk. Vereins, 1899 p. 24 ff.: Wollesen, Die mittelalterlichen geistlichen Brüderschaften der Stadt Werben an der Elbe p. 24 not. x. Zahn l. c. p. 117. 119. 121 f.

[2] Riedel A. VI p. 181. 227 f. — 26. Jahresber. d. Altm. Ver. p. 36 ff.: Zahn, Geschichte der Kirchen und kirchlichen Stiftungen in Arneburg; derselbe im 31. Jahresber. p. 127.

einer älteren Elendengilde in zwei Brüderschaften ist schwerlich anzunehmen. Das Einkommen betrug bei beiden im sechzehnten Jahrhundert ungefähr 300 Mark mit 18 M Zinsen. Elendenspenden werden auch hier erwähnt [1]. Das Gertrudshospital vor der Stadt war 1370 als hospitale peregrinorum für arme Pilger und Reisende gestiftet: nicht von einer der Elendengilden, sondern von den Bismarcks. Auch nach der Reformation war es für fremde Handwerksgesellen und Dienstleute bestimmt.

Aus Stendal teilt Riedel[2] eine interessante Urkunde mit, in der die Herzogin Agnes von Braunschweig 1321 verschiedene Einkünfte und Rechte vergab und zwar: „hominum infirmorum a Deo percussorum collegio, prope muros Stendalienses degentium". Daneben werden die Empfänger als „debiles supradicti" und als „iidem infirmi" bezeichnet. Riedel sagt in der Überschrift der Urkunde, es handle sich um die Elendengilde in Stendal. Aber das ist offenbar durchaus falsch. Eher handelt es sich um eine Parallele zu dem Diesdorfer Elendenamt und hier so gut wie zweifellos um ein Aussätzigenspital. Die Stendaler Elendengilden hatten auch damit nichts zu tun.

Tangermünde hatte den Visitationsakten des sechzehnten Jahrhunderts zufolge eine Elendengilde, welche mit der dortigen Stephans-Pfarrkirche verbunden war und dort das Patronat über das Lehn Martini sive Exulum besaß. Von der Fürsorge der Gilde für die Elenden spricht der Visitationsabschied ausdrücklich. Und es scheint, daß die Gilde auch das Elendenhaus selbst geleitet hat. Bei Angabe des Besitzes der Gilde ist auch „von der Elenden Hufe Landes" die Rede. Die Einkünfte der Elendengilde wanderten auch hier in den Gotteskasten, wurden aber noch im siebzehnten Jahrhundert teilweise besonders gebucht[3].

---

[1]) Götze, Urkundliche Geschichte der Stadt Stendal, 1873 p. 347. Riedel A. XVI p. 200. 210. J. Müller und Parisius, Die Abschiede der in den Jahren 1540—42 in der Altmark gehaltenen ersten General-Kirchen-Visitation II, 1891 p. 60. 137ff. Zahn, 31. Jahresber. p. 60. — Stadtbuch, Mscr. des St. Stadtarchivs. [2]) A. XV p. 72.
[3]) Riedel A. XVI p. 158. 160. 162. Müller u. Parisius, Absch. I, 1889 p. 18f. — 25. Jahresber., 1898 p. 25ff: Zahn, Geschichte der Kirchen und kirchlichen Stiftungen in Tangermünde, Forts. p. 43. 49. 53; ders. im 31. Jahresber. p. 33. 92f.

Sandau hatte gleichfalls eine Elendengilde. Die Visitatoren konnten hier berichten, daß der Rat lange für gut angesehen habe, daß man die Hebungen dieser und noch einer zweiten dort bestehenden Gilde in den Armenkasten legen möchte. Die Kneiperei stand hier in besonders üppiger Blüte [1]. Auch Schollene war Sitz einer Elendengilde. Von einem „elenden acker" wird in den Visitationsakten gesprochen, „von den 2 stücken Land und wischen, so zur elenden gilde gehört haben". Die Einkünfte wurden seit der Reformation für kirchliche Zwecke, für Pfarrer- und Küsterbesoldung verwendet [2].

In Jerichow läßt sich im sechzehnten Jahrhundert nur eine „wische die elende genant" nachweisen. Die dortige Kirche erhielt von ihr jährlich dreißig Groschen. Es scheint danach leicht möglich, daß diese Wische früher einer Jerichower Elendengilde gehört hat [3].

Ebenso ist die Existenz einer Elendengilde in Loburg nicht völlig sicher. Nach den Visitationsakten gebührten „den Elenden" sechs Groschen von der Zumitzer Hufe des Drewes Bräse. Wahrscheinlich ist darunter eine Elendengilde zu verstehen. Aber ein Elendenamt oder eine Elendenherberge könnte auch in Frage kommen [4].

In Möckern [5] wurde am Ambrosiustag des Jahres 1429 ein Totenbuch der „elenden broderschop" von dem Kaplan Dietrich Northusen angelegt. Als „der erste arme broder" wurde Herr Albrecht von Zerbst mit seinen beiden Frauen eingetragen. Unter den Geistlichen figuriert seltsamerweise auch ein Altarist des Namens Jakob Elend. Hans Plate und Claus Schmed waren 1429 „Armenvorsteher der elenden Bruderschaft zu Möckern im Armenhause". Dies Armenhaus

---

[1] Danneil, die Protokolle der ersten lutherischen General-Kirchen-Visitation im Erzstifte Magdeburg anno 1562—64. Heft III: Die Städte und Dörfer im Lande Jerichow, 1864 p. 118f.   [2] Danneil III p. 31f.
[3] Danneil III p. 48f.   [4] Danneil III p. 103 f.
[5] Danneil III p. 110f. 112. 114. Geschichtsblätter für Stadt und Land Magdeburg, Mitteilungen des Vereins für Geschichte und Altertumskunde des Herzogtums und Erzstifts Magdeburg. IV. Jahrg. 1869, herausgeg. v. Janicke 1870 p. 193 ff.: v. Mülverstedt, Antiquitates Mockernianae. Etwas vom Nicolai-Hospital, der Elenden-Brüderschaft zu Möckern und denen von Königsborn.

war dem heiligen Nikolaus geweiht und hat sehr viel länger bestanden als die Brüderschaft. In den Visitationsakten von 1562 heißt es in einem Bericht des Rats von dem Hospital: „Es tun sich aber die armen Leuthe beschwerlichen beclagen, das sie von denselbigen Einkünften nicht woll kunnen vnderhalten werden und ist eine Brüderschafft verhanden, Beneficium exulum genannt, wurde woll für gut angesehen, das man dasselbige zw vnderhaltung der armen Leuthe dahin gewandt hette". Es ist dann zwar noch von den Einkünften der Brüderschaft, von ihren Vorstehern und ihren Spenden die Rede. Aber die Bezeichnung ist charakteristisch: Eine Brüderschaft, die Beneficium genannt wird, liegt im Sterben; und so war es auch hier, die Einkünfte kamen an das Hospital, das früher nur von der Gilde unterstützt worden war. Das Totenbuch war am Anfang des achtzehnten Jahrhunderts nach einem Bericht des Magistrats von Möckern von 1724 noch vorhanden, „ein roth Buch in Octav mit einigen Pergamentblättern". Ein Ablaßprivileg stand an der Spitze. Eine Abschrift soll sich heute im Staatsarchiv Magdeburg befinden, ebenso ein Register des Nikolausspitals von 1562.

Magdeburg[1] hatte 1406 eine „bruderscap der elenden to Vrose". Sie stiftete damals mit Zustimmung des Dompropstes und der Abtissin des Agnesklosters in der Neustadt Magdeburg einen St. Nikolaus- und aller Heiligen Altar „in der kerken sunt Merten to Vrose in der nyenstadt to Meideborch". Die Präsentation des Altarlehns wurde der Brüderschaft zugesprochen. Nur ein um das andre Mal wurde dem Kloster das Petitionsrecht vorbehalten. Von dem Elendenlehn in der Martinikirche ist noch bei der Visitation im Jahre 1564 die Rede. Die Einkünfte wurden damals zur Predigerbesoldung benutzt. Dabei sollte es auch in Zukunft bleiben. Die Gilde war offenbar längst aufgelöst.

---

[1]) Urkundenbuch der Stadt Magdeburg, bearbeitet von Hertel II (1403—64), 1894 (= Geschichtsquellen der Provinz Sachsen XXVII) p. 20f. nr. 29. p. 719f. nr. 747, III (= Gesch.-Q. XXVIII), 1896 p. 456 nr. 808. Danneil, Prot. I p. 31f. — Vgl. Magdeburger Schöffensprüche hrsg. v. Friese u. Liesegang I, 1901 p. 59, wo von irgendeinem Hospital zum heil. Geist und der Elenden und Vorstehern der Elenden die Rede ist.

Zwei Urkunden des Staatsarchivs Magdeburg, von denen gedruckt nur Regesten vorliegen, sprechen bei den Jahren 1458 und 1492 von einer Altarstiftung in der Peterskirche durch die Brüderschaft der Elenden, fraternitas exulum, und geradezu von einer Elenden-Brüderschaft in der Kirche S. Petri. Es stände so gut wie völlig vereinzelt da, wenn eine und dieselbe Brüderschaft in verschiedenen Kirchen Altäre gestiftet haben sollte. Wahrscheinlicher ist, daß in Magdeburg zeitweise zwei Elendengilden bestanden, eine an der Martins-, eine an der Peterskirche.

Angern wird von Mülverstedt[1] als Sitz einer Elenden-Seelen-Brüderschaft genannt. Die Fraternitas exulum animarum wurde 1519 vom Halberstädter Administrator Kardinal Albrecht bestätigt.

Alvensleben hatte nach dem Zeugnis des Visitationsprotokolls von 1564 eine Elendenbrüderschaft in früherer Zeit gehabt. Damals hatte sich die Gemeinde des Einkommens bemächtigt und davon alljährlich ein Freudenfest veranstaltet[2].

Oebisfelde besaß 1507 eine fraternitas exulum. In diesem Jahre erteilte der Vikar des Magdeburger Erzbischofs ein Ablaßprivileg „ad Ecclesiam S. Caterine in Osfelt ad fraternitatem exulum et ad quemlibet patronum ecclesie et altarium". Samuel Walther, der die Urkunde teilweise wiedergibt, erklärt originell: der Ablaß sei denen erteilt, die „zur Katharinenkirche exulieren oder beten kommen" würden. So völlig waren schon im achtzehnten Jahrhundert die Elendsgilden in Vergessenheit geraten[3].

In Schönebeck erwähnen die Visitatoren 1562 „die Elende Brüderschafft der kirchen S. Jacobi". Auch hier war eine Elendenspende üblich. Die Brüderschaft bestand nur noch

---

[1]) Geschichts-Blätter für Stadt und Land Magdeburg I, 1866 p. 12 ff.: v. Mülverstedt, Verzeichnis der im Kreise Wolmirstedt bestehenden Stifter etc. p. 15. VII, 1872 p. 413 ff.: Danneil, Von der Brüderschaft der Ackerknechte auf den Magdeburgischen Dörfern p. 417.

[2]) Danneil, Prot. II: Die Flecken und Dörfer im Holzkreise, 1864 p. 100 f. 103. Magdeb. Geschichts-Blätter VII p. 417. XXXVI, 1901 p. 1 ff.: Riemer, Die Einführung der Reformation in den Dörfern des Holzkreises p. 31.

[3]) Samuel Walther, Singularia Magdeburgica, Teil VI, 1736 p. 149 f. § 35. Ledebur, Märk. Forsch. IV, 1850 p. 33 f. Danneil, Prot. I p. 46 ff.

dem Namen nach. Sie wurde unter den geistlichen Lehen und Stiftungen aufgeführt [1].

Groß-Salze hatte 1562 „ein geistlich Lehen zu der Elenden fraternitet der Scheppenn alhier gestiftet". Die Hälfte des Einkommens bestritt der Rat. Offenbar war schon die Stiftung der Gilde unter wesentlicher Mitwirkung der Schöffen zustande gekommen. So erklärt sich der auffällige Name. Die Einkünfte waren schon vor 1562 zur Schule gelegt und zur Besoldung des Kantors verwendet worden [2].

In Biere fanden die Visitatoren am 16. April 1562 eine „Elende Brüderschafft". Ihr Besitz bestand aus $3\frac{1}{4}$ Hufen, deren jede 16 Scheffel trug, und aus 39 eisernen Schafen, deren jedes einen Groschen zinste. Die Vorsteher hatten die jährlichen Einkünfte zu erheben und davon eine Spende zu verteilen. Was übrig blieb, wurde an Arme und Kranke verteilt. „Weil bericht einkommen, das sie vorhin den Rest der Brüderschafft versoffen, soll solche hinfürder bey einer ernsten straffe verbotten werden" [3].

Über die Elendenbrüderschaft zu Kalbe an der Saale hat Hävecker 1721 eine Urkunde von 1393 veröffentlicht. Darin ist abwechselnd von „den Elenden", von der „Brüderschaft des Elendes", von „Vorratsleuten und Brüder-Gemeinde des Elendes" in Kalbe die Rede. Die Gilde bekundete, von Hans Luß und Frau 43 M. bekommen zu haben und stiftete dafür jährliche Seelmessen mit nachfolgender Spende. Vom 21. Dezember desselben Jahres wird im Staatsarchiv Magdeburg eine Wiederkaufsverschreibung der „bruderschaft des elends" in Kalbe aufbewahrt. Am Ende des Mittelalters bestand daselbst auch ein Elendenstift oder Hospital der Elenden mit eigenem Siegel, das Zuschüsse aus Aken erhielt. Nach Einführung der Reformation wurde der Betrag jener Stiftung von 1393 für Prediger- und Lehrer-Gehälter verwendet. Aber noch im 18. Jahrhundert wurden die 1393 für die Armenspende bestimmten wollenen Kleider an Kurrendschüler verteilt [4].

---

[1]) Danneil, Prot. I p. 29 f.   [2]) Danneil, Prot. I p. 1 ff. 4.
[3]) Danneil, Prot. II p. 3 f.
[4]) Hävecker, Chronica und Beschreibung der Städte Calbe, Aken und Wantzleben. Fasciculus opusculorum historicorum selectus. Halberstadt 1721, fol. p. 62 ff. Ledebur, Märk. Forsch. IV p. 37.

Aus Barby liegt keine Nachricht über eine Elendengilde vor. Aber im Vorübergehen ist hier auf eine Urkunde vom 1. Juli 1279 zu verweisen, in der der Edle Albert von Barby die Rechtsverhältnisse der dortigen Schloß- und Stadt-Parochie ordnet. Er bestimmt darin: „Cognati quoque burgensium, sacerdotes et scolares plebanorum, quamvis serviant, hospites advenientes, pueri burgensium in civitate nutriti et quicumque infra urbis muros manserint, de parochia castri erunt et ibidem si mortui fuerint, recipient sepulturam". Von einer Elendenbrüderschaft ist in dieser Urkunde des dreizehnten Jahrhunderts mit keinem Worte die Rede. Aber man sieht doch, daß es schon damals strittig sein konnte, wie es mit dem Begräbnis der „hospites advenientes" oder der „scolares plebanorum" gehalten werden sollte. Der Edle Albert spricht von der „discordia inter plebanos"; man war offenbar uneins teils wegen der Mühe, teils wegen der Gebühren, je nachdem es sich um das Begräbnis eines Reichen oder Armen handelte[1].

Aken hat möglicherweise eine Elendengilde gehabt. 1393 wird ein „provisor advenarum, einheimisch der Elenden" genannt. Zweifellos bestand ein Elendenaltar in der Marienkirche: 1432 wurde ihm eine Schenkung zugewendet. Später hat dieser Altar exulum in Aken seine Einkünfte dem Elendenstift in Kalbe geschickt. 1528 wurden durch Vermittlung des Magistrats in Aken 15 Schock, 2 Mariengroschen, 2 Pfennig, 1530 4 Gulden und 1534 1 Gulden übermittelt. Dabei scheint es sich jedoch nur um einen Teil der Einkünfte gehandelt zu haben. Denn besondere Altaristen werden noch in der Reformationszeit erwähnt[2].

Für Kroppenstedt nennt Mülverstedt ohne Jahresangabe: „Exulum s. Corporis Christi, Elenden oder Fronleichnams-Brüderschaft". In den Visitationsakten ist nur noch von einem Hospital die Rede, das für arme Einheimische und Fremde zu freier Herberge bestimmt war[3].

---

[1]) Magdeb. Gesch.-Blätter IX, 1874 p. 83 ff.
[2]) Magdeb. Gesch.-Blätter XIX p. 69 XXXV p. 288 ff.: Neubauer. Die Schöffenbücher der Stadt Aken p. 331.   cker p. 63.
[3]) Zeitschrift des Harzvereins für Geschichte III, 1870 p. 159 ff.: v. Mülverstedt, Hierographia Halberstadensis. Kreis Oschersleben p. 175. — Geschichtsquellen der Provinz Sachsen XII: Die Kirchenvisitationen des

Bei Gröningen wird in den Visitationsakten Stadt und Kloster unterschieden. Weder hier noch dort ist mit Sicherheit eine Elendengilde bezeugt. In der Stadt Gröningen werden nur ein Elendenamt, ein Elendenregister und Elendsherren genannt. Es handelt sich um eine Stiftung zum Besten der Elenden mit eigenen Einkünften und eigenen Verwaltern, aber um keine Gilde. Die Elendsherren sollten arme, fremde Kranke aufnehmen, hausen und hegen und ihnen Handreichung tun. Wie anderwärts wurden von den Zinsen statt dessen auch hier gelegentlich fröhliche Feste veranstaltet, zu denen der Rat, der Pfarrer, der Kaplan und der Küster mit ihren Frauen eingeladen wurden. Dies wurde von den Visitatoren verboten. In dem Kloster Gröningen wird 1589 nur ein „Lehen der Elenden" angeführt, von dem sich gleichfalls nicht ohne weiteres auf eine Gilde schließen läßt. Die Zinsen dieses Lehns wurden von zwei Männern erhoben, die offenbar den Elendsherren in der Stadt Gröningen entsprechen. Sie unterstützten damit fremde Leute, die sich als Dienstboten dort aufhielten, wenn sie siech und krank wurden[1].

In Schwanebeck befand sich 1564 bei der Kirche St. Johann eine Klauß, in der ein oder zwei arme Personen verpflegt wurden und arme, elende, fremde Personen Aufnahme fanden. Den Gröninger Elendsherren entsprechend hatte auch die Schwanebecker Klauß zwei Vorsteher, welche 3 fl. jährlichen Einkommens hatten. Bei der Visitation von 1589 bestand „die Klauß oder das Elendenhaus" noch. Der Rat wollte das Haus damals reparieren lassen, da es sehr baufällig war und man kaum „dröge darin sitzen" konnte[2].

In Osterwieck wurde eine Elendenbrüderschaft am 7. Dezember 1477 von Bischof Gebhard von Halberstadt bestätigt. Sie hatte sich der Pfarrkirche angeschlossen. Die Bestätigungsurkunde, die gleichzeitig Ablaßprivileg war, wird im Staatsarchiv Magdeburg aufbewahrt. Auf der Rückseite steht ein Vergleich des Rats zwischen den Älterleuten der Brüderschaft und dem Pfarrer von 1509[3].

Bistums Halberstadt in den Jahren 1564 und 1589, bearbeitet von Gustav Nebe. 1880, p. 171.
[1] Nebe p. 160f. 165f.   [2] Nebe p. 180f.
[3] Zeitschrift des Harzvereins f. Gesch. XXX, 1897 p. 494f.

Wernigerode hatte 1490 Elendenlichte mit eigenen Vorstehern[1]. Sie waren in der Nikolaipfarrkirche aufgestellt. Von einer Elendengilde verlautet nichts. Das Gräflich-Stolberg-Wernigeröder Archiv teilte auf eine Anfrage mit, daß dort keinerlei Urkunden und Nachrichten über Elendenbrüderschaften vorlägen.

In Ilsenburg ist nur ein „hospitale peregrinorum" nachzuweisen. In der Nähe des alten Ilsenburger Klostergartens hieß in östlicher Richtung eine Stelle der Elendsgarten. Quellen des fünfzehnten Jahrhunderts reden ferner von einem Elendshof im Eckerthal westlich von Ilsenburg. Der Hof muß schon am Ende des Mittelalters wüst geworden sein. Denn in einem Heberegister des Klosters Ilsenburg von 1496 wird „de elendes houe" als ein Gehölz erwähnt, das die Grafen von Stolberg an sich gezogen hatten. In der Folge ist dann auf diesem Wege der Forstname Elendshäu am rechten Ufer der Ecker oberhalb des Eckerkrugs entstanden. Unterhalb jenes „Hofes" befand sich auch ein Elendsbronn oder -born [2].

In Quedlinburg war ein „ewiges Licht aller elenden Seelen" bei dem Nikolaus-Altar in der St. Blasius-Kirche gestiftet. Vom Weihbischof Johann wurde es mit einem Ablaß begnadet[3].

In Hadersleben fand sich bei der Visitation von 1589 ein Elendenlehen[4].

Auf dem Neumarkt vor Halle hat nach Angabe Dreyhaupts[5] eine Brüderschaft der Elenden bestanden. Sie war anscheinend mit der dortigen Pfarre St. Laurentii verbunden. Dreyhaupt erzählt, daß noch im sechzehnten Jahrhundert von jener Zeit her ein Pfund Wachs jährlichen Zinses von einem Hause an die Kirche zu entrichten gewesen sei.

[1]) Zeitschrift des Harzvereins XII, 1879 p. 169.
[2]) Zeitschrift des Harzvereins III, 1870 p. 12 f. XII, 1879 p. 187; XXX, 1897 p. 492 ff. F. Günther, Der Harz in Geschichts-, Kultur- und Landschaftsbildern, 1888 p. 135.
[3]) Uhlhorn, Die christliche Liebesthätigkeit II: Mittelalter, 1884 p. 496 not. 28. — Geschichtsquellen der Provinz Sachsen II: Urkundenbuch der Stadt Quedlinburg bearb. v. K. Janicke. Zweite Abteil., 1882 p. 382.
[4]) Nebe p. 185.
[5]) Beschreibung des Saal-Creyses I, 1749 p. 39. 959. Magdeb. Gesch.-Blätter II, 1867 p. 479.

Sangerhausen hatte keine Elendengilde, wie Ledebur behauptet, sondern lediglich zwei Elendenlichter in der St. Jakobs-Pfarre und der Neuendorfer Kirche[1].

In Kemberg wurde 1391 von einer Bürgersfrau ein Elendenaltar gebaut und gestiftet. Patron wurde der Rat. Auch von einer „Gulde" ist in der Urkunde die Rede, aber nur im Sinne von Einkünften und Rechten, die zur Ausstattung des Altarlehns bestimmt wurden[2].

In Herzberg an der Elster wird in einer Urkunde von 1380 und ebenso in einer Matrikel des Bistums Meißen ein von Kaspar Kune dotierter Elendenaltar erwähnt. Ferner werden 1435 „provisi exulum" genannt; sie errichten damals zusammen mit Hermann von Nauen einen Nikolaus-Altar in der Nikolaikirche, dessen Patronat der Rat erhielt. Mit voller Sicherheit ergibt sich die Existenz einer „Brüderschaft der Elenden" erst aus den Visitationsakten von 1529. Sie war damals aufgelöst und ihr Einkommen in den gemeinen Kasten getan[3].

In Liebenwerda kommt nur ein Elendenaltar in der Pfarrkirche vor. Er war 1402 bestätigt und bestand noch 1504[4].

In Erfurt stand am Ende des Mittelalters ein Elendhaus. Als die Erfurter 1479/80 in Streit mit dem Kurfürsten von Mainz lebten und eine Festung auf dem Cyriaxberg bauen wollten, quartierten sie die oben lebenden Nonnen aus und setzten sie interimistisch in das Elendhaus in der Brühler Vorstadt, bis ein neues Kloster für sie gebaut wäre[5].

Der Flurname Elendrod findet sich bei der Schmücke in Thüringen, dicht an der Gothaischen Grenze.

Endlich ist noch das Dorf Elende in der früheren Grafschaft Hohenstein zu nennen. Hier befand sich von 1414 bis 1519 ein wundertätiges Marienbild, dessen Mirakel, 465 an Zahl, in einem Codex gebucht wurden. Das Bild wurde 1626 aus der Sakristei von Elende, wo es seit der Reformation

---

[1]) Märk. Forschungen IV p. 36 f. Sam. Müller, Chronicka der uralten Bergstadt Sangerhausen p. 34 ff.
[2]) Märk. Forsch. IV p. 41. Schöttgen und Kreysig, Diplomataria et scriptores historiae germanicae medii aevi III, 1760 p. 454.
[3]) Pallas, Geschichte der Stadt Herzberg im Schweinitzer Kreise, 1901 p. 58. 260. 262. 270. 274.
[4]) Pallas p. 260. Schöttgen u. Kreysig, Dipl. Nachlese IX p. 36.
[5]) Joh. Heinr. v. Falckenstein, Historie von Erffurth, 1739 p. 387 f.

unbeachtet gestanden hatte, durch den kaiserlichen Oberst Fabre du Four nach Heiligenstadt gebracht. Hier wird es noch heute in der Haupt- und Propsteikirche Beatae Mariae Virginis auf dem Altar der Marianischen Sodalität verehrt. Die Maria zum Elend wurde auch „Beata Maria virgo in exilio" oder „Jungfrouwe Maria czu dem Enelende" genannt. Die Kirche soll 1419 gebaut sein, eine Herberge bestand schon früher dort. 1845 fand man eine Inschrift mit der Jahreszahl 1355. In einer Urkunde des Hohensteiner Kopialbuchs von 1420 wird ein „formund czu dem enelende" erwähnt. Die deutsche Ortsbezeichnung „zum Elende" oder Elende wird in lateinischen Quellen vielfach durch „in miseriis" wiedergegeben. Von einer Gilde, die dort ihren Sitz gehabt hätte, ist nicht das mindeste zu finden[1].

Im Bereich der Provinz Sachsen haben sich zahlreiche Elendenbrüderschaften nachweisen lassen. Aber die Verteilung ist eine völlig ungleichmäßige. Weitaus die meisten gehören dem nördlichen Teil des Regierungsbezirks Magdeburg an. Im Merseburger und Erfurter Bezirk waren nur wenige vorhanden.

Auch im Gebiet des heutigen Königreichs Sachsen sind die Elendenbrüderschaften selten gewesen.

In Dresden fand sich in der Liebfrauen-Kirche ein Altar der elenden Maria und 1470 in der Pfarrkirche ein Elenden-Altar, ein altare exulum. Ein Elendenhaus in Poppelwitz vor Dresden wurde 1459 gestiftet[2].

In Freiberg scheinen zwei Elenden-Seelen-Brüderschaften bestanden zu haben: eine in der Peters-, eine in der Jakobskirche. In der Peterskirche ergibt sich die Existenz einer Elendengilde aus einer Urkunde des Hauptstaatsarchivs in Dresden vom Jahre 1534, in welcher Herzog Heinrich von

---

[1] Zeitschr. d. Harzvereins f. Gesch. XXI, 1888 p. 190 ff.: Jul. Schmidt, Das Gnadenbild zu Elende. — Beschreibende Darstellung der älteren Bau- und Kunst-Denkmäler der Provinz Sachsen, herausgeg. von der Histor. Commission der Provinz Sachsen. Heft XII: Der Kreis Grafschaft Hohenstein, bearbeitet v. Julius Schmidt, 1889 p. 47 ff. Herm. Gebhardt, Thüringische Kirchengeschichte I, 1880 p. 353. Mithoff, Kunstdenkmale und Altertümer im Hannoverschen II, 1873 p. 55 not. 3. Sonne, Beschreibung des Kgrs. Hannover V, 1834 p. 187.

[2] Codex diplomaticus Saxoniae regiae. Zweiter Hauptteil, Band V: Urkundenbuch der Städte Dresden und Pirna, 1875 p. 251 nr. 346. — Sachsen-Chronik I, 1854 p. 382f. 388 not. 23.

Sachsen dem Altar „der elenden seelen brüderschaft zw S. Peter in unser stadt Freybergk" Zinsen vereignet. Ein St. Annen- und elenden Seelen-Altar wird mehrfach daselbst genannt. Und am Andreas-Altar derselben Peterspfarrkirche wurde 1477 „eyne selmesse zu troste allen gläubigen enelenden vergessen selen" und „eyne collect vor dy liben selen" gestiftet. In einem Verzeichnis der Einkünfte der Peterskirche von 1542 begegnet bei den „Bergteilen" ein „Kux in den elenden sselenn".

Die zweite Brüderschaft läßt sich aus dem Testament der Burggräfin Johanna von Leisnig vom 14. Mai 1513 nachweisen. Sie vermacht darin sechs Gulden „der brüderschafft der elenden selen in sancti Jacob kyrchen zcu Freybergk"[1].

In Rochlitz gab es eine „Brüderschaft exulum" oder „der elenden Seelen Brüderschaft". Samuel Gottlieb Heine, Prediger an der dortigen Peterskirche, hat 1719 einiges über sie mitgeteilt. Wunderlicherweise schrieb er der „Brüderschaft exulum" die Absicht zu, die armen Gefangenen in der Türkei zu erlösen, und kam so dazu, aus dem doppelten Namen zwei Brüderschaften zu konstruieren. Im Jahre 1530 verkaufte der Ratsherr Clemens Grafe die Hälfte des Hauses der elenden Seelen-Brüderschaft an den Kirchendiener zu St. Peter mit Zustimmung des Amtmanns und Pfarrers; 1536 verkaufte der „oberste Vorsteher" ihm auch die andere Hälfte. Heine beruft sich dafür auf ein altes Kauf- und Handelsbuch des Rochlitzer Amts. Ferner ist 1548 von der Brüderschaft exulum in einem Vergleich die Rede, den der Superintendent Johann Sagittarius und der Magistrat von Rochlitz vor dem Merseburger Konsistorium abschlossen. Daraus ergibt sich, daß die Fürstliche Kammer zu Leipzig der Brüderschaft einen Jahresbeitrag gezahlt hatte. In Zukunft sollten die Einkünfte zur Besoldung eines Stifts-Predigers und des Küsters verwendet werden[2].

---

[1] Codex dipl. Sax. reg., Zweiter Hauptteil, Band XII: Urkundenbuch der Stadt Freiberg in Sachsen, hrsg. v. Ermisch I, 1883 p. 294. 318. 392. 630. 632. 467. — Wilisch, Kirchen-Historie der Stadt Freyberg, Lpz. 1737, I p. 36. — Benseler, Geschichte Freibergs und seines Bergbaues, 1843 p. 549. — Mitteilung des Hauptstaatsarchivs in Dresden v. 8. Nov. 1905.

[2] S. G. Heine, Historische Beschreibung der alten Stadt und Grafschaft Rochlitz in Meissen, 1719 p. 156f. 165f. — Friedr. Bode, Chronik der Stadt Rochlitz und Umgegend, 1865 p. 69. — Beiträge zur Sächsischen

Schon 1524 hatte der Herzog Georg dem Amtmann und Rat in Rochlitz gedroht, die Brüderschaften aufzuheben und ihre Quassereien und Zusammenkünfte nicht mehr zu gestatten, weil sie dabei das Geld verzehrten, das sie untereinander gesammelt und in Vorrat hätten, und weil die göttlichen Ämter und Dienste, so dem Allmächtigen zu Lob und den armen Verstorbenen zu Heil und Trost gestiftet, nachließen.

In dem Dorfe Seelitz soll ein Elendenaltar 1517 errichtet worden sein[1]. Ebenso läßt sich in Oschatz nur ein Elendenaltar, aber keine Elendengilde nachweisen[2].

In Grimma dagegen ist am Ende des fünfzehnten Jahrhunderts eine Elendenbrüderschaft gebildet worden. 1489 erhielt sie die landesherrliche Bestätigung. Sie stiftete alsbald ein Spital, eine Elendenherberge und eine Kapelle, verschwand aber bereits nach wenigen Jahrzehnten infolge der Reformation wieder von der Bildfläche[3].

In Leipzig wurden nach dem Kopialbuch des Thomasklosters 1494 fünf rheinische Gulden für zwei Jahresbegängnisse für alle elenden und gläubigen Seelen bestimmt[4].

Die Umgegend von Ehrenfriedersdorf, nordwestlich von Annaberg, führt heute den Namen Elend. Die Bezeichnung wird damit erklärt, daß zwischen Thum und Ehrenfriedersdorf das letzte sehr blutige Gefecht im Dreißigjährigen Krieg auf sächsischem Boden stattfand, an das noch ein Gedenkstein erinnert. Die Erklärung ist zweifelhaft. Vielleicht läßt sich feststellen, daß der Name älter ist als das Gefecht[5].

Kirchengeschichte, hrsg. v. Dibelius und Brieger, Heft XVII. Jahresheft für 1903: Planitz, Zur Einführung der Reformation in den Ämtern Rochlitz und Kriebstein, Lpz. 1904 p. 49. 56f.

[1]) Einzelheiten aus dem Gebiet der Rochlitzer Geschichte, Lieferung II: Pfau, Grundzüge der älteren Geschichte des Dorfes Seelitz und seiner Kirche, 1902 p. 41.

[2]) Carl Samuel Hoffmann, Historische Beschreibung der Stadt, des Amtes und der Diöces Oschatz I, 1815 p. 99 f. 495 f. 536 f. 549. 631 f.

[3]) Christian Gottlob Lorenz, Die Stadt Grimma im Königreich Sachsen, historisch beschrieben. Lpz. 1856 [— 1870] p. 1491 ff.

[4]) Gretschel, Kirchliche Zustände Leipzigs vor und während der Reformation i. J. 1539. Lpz. 1839 p. 114.

[5]) Brockhaus, Conversations-Lexikon V¹³, 1883 p. 792.

Ein Dorf Elend liegt in der Amtshauptmannschaft Dippoldiswalde südlich von Dresden[1].
Im ganzen Königreich Sachsen haben wir also nur vier Elendsgilden ermittelt.

Im Herzogtum Anhalt hat eine Elendsgilde in Zerbst bestanden. Im Jahre 1377 werden hier zwei Vorsteher der Elenden genannt. „Vorstender der elenden Brüderschaft" oder „provisores fraternitatis exulum" begegnen in Urkunden des Fürsten Magnus von Anhalt von 1483 und des Bischofs Arnold von Brandenburg von 1484. Ob die Brüderschaft schon 1377 bestand, ist ungewiss[2].

Wenn Beckmann in der Überschrift vor dem Abschnitt, der diese Angaben enthält, von der „Brüderschaft der Elenden, Fraternitas exulum zu Zerbst und Dessau" spricht, so scheint das für Dessau ein Irrtum zu sein.

In Sachsen-Weimar hat Jena eine Elendenbrüderschaft besessen. Sie wird erst im sechzehnten Jahrhundert in einer Urkunde von 1509 genannt und als „Elendenbrüderschafft fur dem Lobder thore" bezeichnet. Es wurde damals eine Messe zum Seelenheil aller verstorbenen Mitglieder der Brüderschaft im Kloster zum heiligen Kreuz gestiftet. Es handelt sich um das Karmeliterkloster Unser lieben Frau vor dem Löbder Thor, zu dessen Klosterkirche die 1408 hierher verlegte Kapelle zum heiligen Kreuz erhoben worden war[3].

Die Direktion des Großherzoglich Sächsischen Staatsarchivs in Weimar teilte auf eine Anfrage mit, daß „manches über die Elenden-Brüderschaften im Bereich des Sächsisch-Ernestinischen Gesamt-Archivs zu finden" sei[4]. Leider fehlte jeder nähere Hinweis. Im allgemeinen scheinen, nach der Literatur zu schließen, die Elendenbrüderschaften in Thüringen sehr schwach vertreten gewesen zu sein.

---

[1] Brunckow, Wohnplätze des Deutschen Reiches II, 1³, 1897 p. 173. Mitteilungen vom Freiburger Altertums-Verein, Heft XXXVI, 1899 Freiberg i/S., 1900 p. 76.
[2] Codex diplomaticus Anhaltinus IV p. 510. VI p. 53. Beckmann, Historie des Fürstentums Anhalt 1710/16 Teil VI, Kap. IV p. 18. 27 ff.
[3] Thüringische Geschichtsquellen, Neue Folge III (= Ganze Folge VI). Zweiter Teil: Urkundenbuch der Stadt Jena und ihrer geistlichen Anstalten, Bd II (1406—1525) p. XLI. XLIV. 425f. nr. 1127.
[4] Mitteilung vom 11. Okt. 1905.

Aus Sachsen-Altenburg läßt sich keine einzige nachweisen. Nur von Elenden-Kerzen ist hier wiederholt am Ende des fünfzehnten und am Anfang des sechzehnten Jahrhunderts die Rede.

Ein Pfrunnenregister von Klosterlausnitz schreibt 1485 vor, daß man von den Wachsgefällen aus der Kapelle St. Gangloff ein Pfund „zu den Elenden Kertzen" geben soll[1].

In Tegkwitz wurden 1494 vierzig Groschen für „elende Kerzen" bezahlt. 1503 wurden Beiträge dazu von auswärts erbeten[2].

Bei der Kirche in Saara führen die Visitationsakten von 1528 ein besonderes „Einkommen der Elenden Kertzen" auf[3]. Es bestand aus wenigem baaren und ausgeliehenen Geld, zehn Kühen, 27 Pfund Wachs Kuhzins und 3½ neuen Schock Bescheidegeld, so daß also das Vermögen zugleich angegeben ist.

In Niederwiera werden 1528 „5 Kue zu den Elenden Kertzen" genannt, von denen 34½ Pfund Wachszinsen ausstanden. Solche Kühe, wie sie hier häufig vorkommen, hießen auch heilige Kühe. Sie gehörten teils der Kirche, teils kirchlichen Stiftungen und wurden gegen Wachszins ausgeliehen[4].

In Treben kommt in einer Kirchenrechnung von 1551 „eine Ausgabepost von den Elenden Kerzen" vor. Nach dem Visitationsprotokoll von 1528 gab es hier hundert Kirchkühe, für die 483 Pfund Wachs nicht bezahlt waren[5].

Auch in Karlsdorf gab es elende Lichte. In einem Verzeichnis des Kirchenguts von 1529 heißt es: „16 Groschen jährlich von einer Hofstatt des Namens zu den elenden Lichten". Hier ist entweder der Text verstümmelt oder den Visitatoren ein Irrtum untergelaufen. Zweifellos sollte der Jahreszins den elenden Lichten zugute kommen[6].

Diese elenden Kerzen, die uns bereits hier und da in Sachsen begegnet sind, werden in Löbes Darstellung ganz verschieden erklärt. Bald heißt es, das sei ein Fonds, aus dem die Begräbniskosten armer oder fremder hier verstorbener Leute gedeckt wurden. Bald sind es Kerzen, die beim Begräbnis

---

[1]) J. u. E. Löbe, Geschichte der Kirchen und Schulen des Herzogtums Sachsen-Altenburg III, 1891 p. 412.
[2]) Löbe I 1886 p. 508.   [3]) Löbe I p. 482.   [4]) Löbe I p. 401.
[5]) Löbe I p. 528.   [6]) Löbe III p. 290.

fremder mittelloser Leute gebrannt wurden. Bald sind es testamentarische Stiftungen von Kerzen zum Begräbnis Elender. Diese verschiedenen Erklärungen nehmen sich gegenseitig ihren Glauben. Es genügt hier darauf hinzuweisen, daß das alles nur moderne Vermutungen sind. Im ganzen haben wir in dem durchwanderten Gebiet außerhalb des Regierungsbezirks Magdeburg. auf den rund zwanzig Elendengilden entfallen, nur acht Elendengilden festgestellt.

V.
Braunschweig, Hannover, Westfalen, Waldeck, Hessen-Nassau und Rheinprovinz.

In der Stadt Braunschweig hat nach einer Urkunde von 1422 eine Elendsgilde zu St. Johannes bestanden. Dürre[1] erzählt. ein Hospital sei ohne Zweifel schon 1224 auf dem Hofe der Johanniter vorhanden und zur Pflege armer alter Frauen bestimmt gewesen. Später wurde es seiner Angabe nach „zu einem Beguinenhause, in welchem eine Elendsgilde sich mit der Pflege der Hülfsbedürftigen befaßte". Das sind keine Tatsachen, sondern Dürre'sche Phantasien, soweit es die Elendsgilde angeht. Man wird fragen dürfen, womit sich die Beguinen inzwischen die Zeit vertrieben haben. Wenn der Zusatz „zu St. Johannes" überhaupt in jener Urkunde stand, hat er sich entweder auf eine Kirche oder Kapelle bezogen, in der die Gilde ihre Gottesdienste feierte, oder ausdrücken sollen, daß die Gilde Johannes als besonderen Patron verehrte.

In der ganzen Provinz Hannover hat nachweislich nur Lüchow, dicht bei Salzwedel, eine Elendengilde gehabt. Sie wird in einem Bericht des Amtmanns Brauns in Schnackenburg über den dortigen Kaland vom Jahre 1735 erwähnt. Bestanden hat sie damals nicht mehr[2].

In Duderstadt unterhielt eine St. Jakobsbrüderschaft ein Pilgerhaus mit elf Betten für Wallfahrer nach Compostella. Aber darum ist sie noch lange keine Elendsgilde[3].

---

[1] Geschichte der Stadt Braunschweig im Mittelalter, 1875 p. 535 not. 41 p. 580. Er verweist auf Sack, Altertümer p. 109.

[2] Zeitschrift des historischen Vereins für Niedersachsen, 1900 p. 344 ff.: St. Arch. Hannover, Man. J. 35.

[3] Uhlhorn, Christl. Liebesth. II p. 280.

Das Staatsarchiv in Hannover erwiderte auf eine Anfrage, daß dort über Elendsgilden außer Dürres Angaben für Braunschweig nichts bekannt sei. Es hob hervor, daß auch Becker[1] in seiner „Geschichte der Medizin in Hildesheim" und Uhlhorn in seiner „christlichen Liebestätigkeit" keine Elendsgilden aus der dortigen Gegend erwähnten. Das Staatsarchiv Osnabrück teilte am 19. Oktober 1905 mit, daß sich unter den in den dortigen Akten und Urkunden nachweisbaren Brüderschaften keine Elendsgilden befänden. Und ebenso negativ lautete die Antwort des Staatsarchivs in Aurich; danach sind bisher in Ostfriesland lediglich sogenannte Gasthäuser zur Aufnahme von Kranken und Fremden im späteren Mittelalter nachzuweisen. Diese Mitteilungen der Archivverwaltungen decken sich hier ebenso genau mit dem Ergebnis der Nachforschungen in der gedruckten Literatur wie etwa in Posen oder Schlesien.

Auf Elend im Harz ist noch aufmerksam zu machen. Der Ort ist heute allbekannt durch Goethes Faust und die Nähe von Schierke. Mithoff[2] führt die Meinung an, daß hier einst ein Hospital einer Elendenbrüderschaft vorhanden gewesen sei. Aber das ist ohne Zweifel nur eine an den Namen geknüpfte Vermutung ohne jede weitere Unterlage. Manche Elendsgilden haben Hospitäler angelegt, aber dann regelmäßig da, wo sie ihren Sitz hatten, und nicht fern irgendwo im Gebirge. In Elend selbst aber eine Elendsgilde anzunehmen, ist dadurch ausgeschlossen, daß noch im sechzehnten Jahrhundert hier bloß eine Mühle vorhanden war. Erst im Lauf der letzten Generationen ist das jetzige Dorf entstanden.

Sehr viel wahrscheinlicher ist es, daß hier im Mittelalter eine Elendenherberge ohne Elendengilde gestanden hat. Dicht oberhalb von dem Dorf liegt eine kleine Erhebung im Bodethal, die sogenannte Elendsburg. Auf ihrer Höhe hat eine Burg niemals Platz gehabt. Aber ein Gebäude scheint dort allerdings früher gestanden zu haben. Dorther sollen z. B. Granitsteine stammen, die zum Bau des Hochofens in Elend am Ende des achtzehnten Jahrhunderts verwendet worden sind; Granit

---

[1] Zeitschrift für klinische Medizin XXXVIII, Heft 4—6.
[2] Kunstdenkmäler und Altertümer im Hannoverschen II: Fürstentümer Göttingen und Grubenhagen nebst dem hannoverschen Teile des Harzes und der Grafschaft Hohenstein, 1873 p. 55.

steht dort nicht an. Auf diese Elendsburg bezieht Jacobs[1] eine Stelle einer Elbingeröder Amtsrechnung aus der Zeit um 1520, welche von dem damals bereits wüsten „alen elende" „vorm Quernberge" spricht[2]. Er versteht darunter ein „altes Elend", die verfallene Elendenherberge, und konstruiert am Platz des jetzigen Dorfes ein „neues Elend", einen Hof, von dem er weiter behaupten muß, daß er am Anfang des sechzehnten Jahrhunderts gleichfalls wüst gewesen sei; denn die Vogteirechnung des Amts Elbingerode von 1506 kennt dort nur eine Sägemühle, die damals jährlich zwölf Mark an die Herrschaft Stolberg zu zahlen hatte. Diese Ausführung ist nicht überzeugend. Es geht nicht an, „alen" für identisch mit alt zu erklären; um so weniger, als ein neues Elend hier urkundlich gar nicht bezeugt ist. Da statt „elende" im Mittelalter häufig die Form „enelende" vorkommt, ist das möglicherweise auch hier der Fall; die Buchstaben „al" müssen dann anders gelautet haben. Diese Frage läßt sich nur nach Prüfung des Originals entscheiden. Aber das jetzige Dorf mag immerhin seinen Namen von einer Elendenherberge bekommen haben.

Jacobs hat dies Elend an der Bode ferner in Verbindung mit jenem Elendshof, Elendsbronn, Elendsgarten und Elendshäu bei Ilsenburg gebracht und auf das Vorhandensein einer ganzen Elendstraße geschlossen, die er vom Bodethal aus weiter über den Kapellenfleck und Hohegeiß bis nach jenem Dorf Elende bei Bleicherode verfolgen wollte. Auch dieser Nachweis geht über das Ziel hinaus und erscheint allzu kühn. Daß auf einem so unbequemen Harzwege jemals im Mittelalter ein lebhafter Verkehr von Pilgern oder Kaufleuten oder sonstigen Reisenden stattgefunden haben sollte, läßt sich nicht beweisen. Und nur dann wäre eine solche planmäßige Herstellung einer ganzen Elendstraße denkbar. Der Versuch, den die Sachsen 1755 im Kampf mit Friedrichs des Großen Zollpolitik machten, ihren Verkehr mit Hamburg über den Harz zu lenken, hat alsbald als unmöglich aufgegeben werden müssen[3]. Im Mittelalter

---

[1] Zeitschrift des Harzvereins für Geschichte III, 1870 p. 1 ff. XXX, 1897 p. 492 ff.
[2] Zeitschrift des Harzvereins III p. 13: Gräfl. Stolberg. Archiv zu Wernigerode, A. 33, 1.
[3] Koser, König Friedrich der Große I², 1901 p. 444.

waren die Verkehrsschwierigkeiten im Gebirge noch unendlich viel größer. Nur so viel kann als erwiesen gelten, daß wie in andern deutschen und nichtdeutschen Gebirgen, so auch im Harz an verschiedenen Punkten Elendenherbergen vorhanden waren. Hohegeiß hatte früher eine „capella peregrinorum ad S. Spiritum", bei der natürlich auch Fremde beherbergt wurden. Auf dem Kapellenfleck ist durch eine Ausgrabung vor wenigen Jahren der Grundriß der einst dort stehenden Gebäude freigelegt worden. Aber muß man denn überall, wo der Name Elend vorkommt, auch gleich Elendenherbergen annehmen?

Auf diese Frage ist der Gesamtverein der deutschen Geschichts- und Altertums-Vereine[1] in seiner Sitzung vom 9. September 1896 in Blankenburg a/H. eingegangen. Jacobs hatte unter Hinweis auf seine Untersuchungen dazu die Frage gestellt, wo es noch dergleichen fromme mittelalterliche Einrichtungen in deutschen Gebirgen gebe und ob die Literatur unmittelbaren Anhalt für eine solche planmäßige Sorge für Wanderer in der Gebirgswildnis biete. Die Debatte war weit davon entfernt, eine völlige Klärung der Frage herbeizuführen. Es wurde deshalb sofort angeregt, das Thema bei der nächsten Generalversammlung in Süddeutschland wieder zu besprechen. Ob das geschehen ist, scheint zweifelhaft. Eins aber hat sich schon jetzt bei allen diesen Untersuchungen mit vollster Deutlichkeit herausgestellt, daß die Elendsgilden mit solchen fürsorglichen Einrichtungen für die Elenden auf ihren Reisen im Gebirge nichts zu tun haben.

Ein Wohnplatz Elend findet sich in der Provinz Hannover noch in der Gemeinde Neuenkirchen, Kreis Melle[2].

In ganz Westfalen läßt sich wiederum nur eine einzige Elendenbrüderschaft nachweisen: in Paderborn[3]. Sie besteht noch heute und hat im Jahre 1849 auf gut Glück ihr fünfhundertjähriges Jubiläum mit großem Glanze gefeiert, weil

---

[1] Korrespondenzblatt XLIV, 1896 p. 95. 107. XLV, 1897 p. 1 ff. 10.
[2] Brunckow I³ p. 211.
[3] Zeitschrift für vaterländische Geschichte und Altertumskunde [Westfalens] XXXV, 2. Abteilung, 1877 p. 153 ff.: Giefers, Die „Ellenden-Brüderschaft" zu Paderborn. LXI, 2. Abteil., 1903 p. 202 ff.: Stolte, Der Abdruck der Bestätigungsurkunde der Elenden-Brüderschaft in Paderborn. — Wilh. Richter, Geschichte der Stadt Paderborn I, 1899 p. 178. Uhlhorn, Christl. Liebesthätigkeit II, 1884 p. 284.

man ihre Entstehung irrig alter Tradition zufolge in die Zeit des schwarzen Todes verlegte. Jetzt hat sich das längst als falsch herausgestellt. Sie ist erst im fünfzehnten Jahrhundert, wahrscheinlich zwischen 1416 und 1463, also relativ spät entstanden und 1492 vom Bischof Simon III. von Paderborn bestätigt worden. Dieser Bestätigungsbrief ist das älteste sichere urkundliche Zeugnis. Im Besitz der Brüderschaft hat sich ein deutsches, aber sehr miserabel aus dem Lateinischen übersetztes Original erhalten, daß von Giefers 1877 und neuerdings ziemlich willkürlich von Stolte abgedruckt worden ist. Die Vereinigung wird als „Bruderschaft genannt die elende" bezeichnet. Die Stiftung ist von der Paderborner Geistlichkeit, von Propst, Dekan und Kapitel ausgegangen. Als Zweck wird angegeben: „armen ellenden luden, de nicht enhebben, tom kerkhove tho helpende, up formen, wu de hillige patriarche vader Abraham acker koffte, pelegrymme up tho gravende". Der Bischof deutet die Entstehungszeit nur mit der Wendung an, daß damals kein Bischof in Paderborn gewesen sei. Dies bezieht Giefers mit Recht auf die Zeit 1416—63, wo der Erzbischof Theoderich von Köln zugleich Administrator des Bistums Paderborn war. Sonst ist noch aus dem Jahre 1495 eine Fundations-Urkunde über zwölf zu lesende Messen vorhanden. Wie aus alter, so scheint sich auch aus neuerer Zeit sehr wenig authentisches Material erhalten zu haben. Auf eine Bitte, die ich an den Vorstand der Brüderschaft gerichtet hatte, ist mir nur ein dünnes Aktenheft zugesandt worden, welches die Bezeichnung trägt: „Elende Brüderschaft zu Paderborn. Acta generalia den Ursprung und Endzweck der Brüderschaft betreffend". In dem Hefte finden sich abgesehen von jenen Urkunden von 1492 und 1495, welche zurückbehalten waren, nur wenige Drucksachen und Schriftstücke aus dem neunzehnten Jahrhundert. Sie betreffen größtenteils jenes famose Jubiläum von 1849, so namentlich ein damals neu erteilter Bestätigungsbrief des Bischofs Franz von Paderborn vom 8. Dezember 1849, ein zwölf Seiten langer Druck „Gesänge und Gebete bei Begehung der Stiftungsfeier der Elenden Brüderschaft zu Paderborn 1848", ein Hymnus in Prosa und Noten, ein Festgedicht u. dergl. Gleich am Anfang steht ein handschriftlicher Aufsatz des Kanonikus S. Meyer „zur Geschichte der Elenden-Brüderschaft" vom

17. November 1824 mit einer Übersetzung der alten Bestätigungsurkunde von 1492. Dann folgt ein gedruckter Aufsatz von F. J. Brand über die Brüderschaft von 1849, in dem der Verfasser das Andenken der fünfhundertjährigen Stiftung feiert. Giefers' Aufsatz aus der Westfälischen Zeitschrift von 1877 ist auch mit aufgenommen; daneben ein besonderer Separatdruck von Giefers über die Brüderschaft, der von 1872 stammen soll. Weiter findet sich ein nachlässig geführtes Namenverzeichnis, eine Liste von 142 Männernamen mit Angabe des Standes; häufig steht vor dem Namen eine Zahl von 0—9, die sich vielleicht auf den Jahresbeitrag bezieht. Ob es etwa eine Totenliste ist, läßt sich nicht erkennen.

In der Bestätigungsurkunde von 1849 sagt der Bischof Franz mit Rücksicht auf die damals drohende Cholera, die Brüderschaft widme sich den christlichen Liebeswerken: er nennt neben dem Beten das Beerdigen der Toten. Dadurch sei sie besonders zur Zeit großer Sterblichkeit geeignet, Hülfe und Trost zu gewähren. Aber es ist zweifelhaft, ob die Brüderschaft damals überhaupt noch praktische Liebeswerke vollführte. Giefers sagt 1877 ausdrücklich: infolge der neuen Zeit- und Lebensverhältnisse habe die Brüderschaft den materiellen Teil ihres ursprünglichen Zweckes, nämlich die Sorge für die Bestattung armer Fremdlinge ganz außer acht gelassen. „Dagegen ist der Hauptteil des .. Zweckes, der geistige, bis heute festgehalten." Er meint die Vigilien und Seelmessen für die Brüder und Schwestern und alle elenden Seelen. Das Festmahl übrigens, das alle zwei Jahre den Mitgliedern aus der Brüderschaftskasse gegeben wurde, bestand 1877 und ohne Zweifel auch heute noch fort. So verfliegt der alte Geist überlieferter Institutionen und halbtote Formen bleiben übrig.

F. J. Brand[1] behauptet, daß an mehreren anderen Orten z. B. zu Warburg ähnliche Brüderschaften errichtet worden seien. Der Beweis dafür fehlt. Bloße Ähnlichkeit würde uns ja auch gar nichts angehen.

Im Unterschiede zu den Elendsgilden und völlig unabhängig von ihnen kommen in westfälischen Städten häufig so-

---

[1]) p. 5.

genannte „Elenden" als Stifte vor. Darüber hat das Staatsarchiv Münster sehr genaue Mitteilungen gemacht[1]. In Münster[2] bestanden vier Elenden, zu St. Martini, St. Lamberti, St. Aegidii und zu Überwasser. Fast alle stammen aus dem sechzehnten Jahrhundert. Die St. Lamberti-Elende wurde 1529 „to behoef der armen elenden knechte, scholerm und andere frombde armen elende lude in dem vorgerorten kerspel" gestiftet; sie sollten „in der pestilentien und andere beklivende suike" „toflucht, herberge und warunge darinnen hebben". Eine andere Elende wurde 1573 „zu behoif unser burger und burgerschen kinder und dinstvolk und sunst zu armer elendiger knechte, megede, scholers und anderer fremden armen elenden luden" errichtet. Sprachlich auffällig ist die Benennung des Spitalmeisters oder der Meisterin als „der elender", „die elendersche". Am 17. September 1593 wurde „den Elenden" im Kirchspiel Aegidii eine Summe überwiesen; gemeint ist hier mit den „exules" natürlich nur die eine dort liegende Elende. Im Jahre 1682 fanden Verhandlungen wegen der Prüfung der Rechnungen der vier Elenden statt. Außerdem liegen im Staatsarchiv Notizen über ihre finanzielle Lage für die zweite Hälfte des achtzehnten Jahrhunderts vor. Alle vier wurden damals zu einer einzigen Armenstiftung vereinigt, deren Zweck Krankenpflege der Stadtarmen war. Die Anstalt hatte 1866 Grundstücke und ein Kapital von 109 000 Thlr. Aus ihren Einkünften gab sie 1500 Thaler an das Klemens-Hospital und einen anderen Betrag an den Generalarmenfonds ab[3].

---

[1]) Mitteilung vom 14. Okt. 1905.

[2]) Tibus, Die Stadt Münster, 1882 p. 317ff. vgl. 184. 336f. 349. — Ztschr. f. vaterl. Gesch. u. Alt. XXVII (= 3. Folge VII), 1867 p. 360ff.: Hechelmann, Die Elenden (Elendae) der Stadt Münster LXI, 1908. Abteil. 1 p. 95ff.: Hüsing, Die alten Brüderschaften in der Stadt Münster p. 133 not. 1. — Beilage zum 49. Jahresbericht über das Realgymnasium zu Münster i. W., 1901: Huyskens, Zeiten der Pest in Münster während der zweiten Hälfte des 16. Jahrhunderts. — Die in diesen Arbeiten benutzten Archivalien gehören der städtischen Armenkommission, dem bischöflichen Generalvikariat und der Bibliothek des Westf. Geschichtsvereins.

[3]) Rauer, Preußisches Landbuch. Hand-Notizen über die im Lande bestehenden Wohlthätigkeitsanstalten, milden und gemeinnützigen Stiftungen, Institute, Gesellschaften, Vereine etc., 1866 p. 146.

Bei Werl[1] findet sich ein 1330 gegründetes „Hospitale pro commodo infirmorum et peregrinorum extra muros oppidi nostri".

Das Gasthaus in Warendorf soll ursprünglich 1434 als Gertrudhaus bezeichnet worden sein. Es diente dazu, armen Reisenden und Pilgern ein Unterkommen zu geben. Eine besondere Elende entstand durch Schenkungen verschiedener Personen. Das Vermögen der Antonius-Brüderschaft, welche angeblich denselben Zwecken gedient hat wie die Elende, soll auf sie übergegangen sein. Eine Elendsgilde hat auch hier nie bestanden[2].

In Bochum stiftet 1438 ein Ritter Johann van der Dorneborg genannt Aschebroick mit Frau und Sohn ein Hospital und gemeines Gasthaus, „also dat men van dem vurgenomten gude dey ellenden armen und kranken broider in dem vurscrevenen hospitale spysen und laven sal to ewigen dagen". Die Übergabe des Stiftungsgutes fand gegen eine „bescheidene Summe" statt. Die Elendenbrüder aber, die hier genannt werden, haben keine Elendenbrüderschaft gebildet[3].

Aus Dortmund berichten Dethmar Mülher und Cornelius Mewe[4] 1616, „die Armen sein alhie aussbündigh woll besorget". Ein Gasthaus sei von weiland Herrn Hilbranden Kayser zu Nutz und Unterhaltung der armen Pilgrum und Reisenden mit überaus großem Vorrat versehen. Dazu sei eine sonderliche Kapelle verordnet, darin die Wegreisenden in ihrem Abscheide den Gottesdienst verrichten und ihr Gebet tun möchten und sich Gott dem Allmächtigen wohl befohlen auf die Reise machen.

Das Gasthaus in Recklinghausen wird als ein Armenhaus uralter Stiftung bezeichnet. Auch Vreden bei Ahaus hatte ein Gasthaus[5] und ohne Zweifel noch mehr als ein Ort in Westfalen. Für uns genügt es völlig, auf diese Einrichtungen hingewiesen zu haben und durch diese Feststellungen den Nach-

---

[1]) Mehler, Geschichte der Stadt Werl, 1891 p. 72.
[2]) Ztschr. f. vaterl. Gesch. u. Altert. LIV, 1, 1896 p. 30 ff.: Zuhorn, Geschichte der Wohlthätigkeits-Anstalten der Stadt Warendorf p. 45 f. 49 f. XXVII, 1867 p. 361 not. 2.   [3]) Darpe, Bochum I, 1888 p. 57.
[4]) Seibertz, Quellen I p. 281 ff. 339.   [5]) Rauer p. 214.

weis zu erbringen, daß in Westfalen für die Elenden zwar viel geschah, aber nicht durch die Elendsgilden. Elend heißen Häuser in der Stadtgemeinde Lüdenscheid, Kreis Altena. Elendsburg ist eine Kolonie in der Gemeinde Bühne im Kreise Warburg[1]. Elende Äcker gibt es bei Altenberge und Buldern; daß es Ackerstücke sind, welche zu Krankenhäusern, Elenden gehört haben, ist wohl nur eine Vermutung Hechelmanns[2]. In Oldenburg, Schaumburg-Lippe und Lippe-Detmold lassen sich vorläufig keine Elendenbrüderschaften nachweisen. Aus Lippe-Detmold ist nur auf den Abbau Elend in der Gemeinde Bavenhausen hinzuweisen[3]. Dagegen findet sich in Waldeck und zwar in Korbach eine Elendenbrüderschaft in höchst eigenartiger Ausgestaltung[4]. Im Jahre 1443 wurde hier von mehreren Handwerkern und ihren Frauen ein „Ellenden-Licht" gestiftet. Man würde dabei natürlich zunächst nur, wie es uns in Altenburg wiederholt begegnet ist und auch anderwärts vorkommt, an eine Elendenkerze denken. Und auch für Korbach trifft das zu, sofern hier auf verschiedenen Altären und sonst an heiligen Orten Lichter aufgestellt waren. Aber das Korbacher Elenden-Licht hat Brüder und Schwestern, so daß hier der Ausdruck die übertragene Bedeutung von Elendenbrüderschaft gewinnt. So heißt es z. B., daß die Mitglieder jährlich zwei aus ihrer Mitte wählen sollen, welche dem Lichte vorstehen und sein Bestes ohne Widerrede besorgen. Es ist zweifelhaft, ob daneben die Bezeichnung Brüderschaft überhaupt offiziell gebraucht worden ist. Besonderheiten finden sich auch im einzelnen mannigfach. Die Vorsteher heißen Dekane wie bei einem Kaland. Von einer Fürsorge für die Beherbergung oder das Begräbnis Fremder ist nicht die Rede. Die Fürsorge beschränkt sich abgesehen von den zum Heil der Elenden brennenden Kerzen offenbar auf den Kreis der Mitglieder. Nur heißt es nicht ganz deutlich: wer des Lichtes bedürfe, ohne Mit-

---

[1]) Brunckow, Wohnplätze I, 1², 1897 p. 211.
[2]) Zeitschr. f. vaterl. Gesch. u. Altert. XXVII, 1867 p. 361 not. 2.
[3]) Brunckow II, 1², 1897 p. 178.
[4]) Curtze und v. Rheins, Geschichte und Beschreibung der Kirche St. Kilian zu Corbach, 1843 p. 100ff. Victor Schultze, Waldeckische Reformationsgeschichte, 1903 p. 51 f.

glied zu sein, solle sich an die Dekane wenden und keinem solle es versagt werden. Die Brüderschaft wird noch im sechzehnten Jahrhundert erwähnt. 1537 verkauft Gerlach Wendel den Dekanen zu ihren Lichtern zwei Pfennige Korbacher Währung für drei Mark. Bei der Einführung der Reformation in Korbach im Jahre 1543 erlosch aber auch dieses elende Licht der alten Kirche. Das Kapital von 31 Mark mit einem Zins von 21 Schillingen und 1 Pfund Wachs fiel in den Almosenkasten. Die Statuten des Korbacher Elenden-Lichts sind im dortigen Stadtarchiv vorhanden. Auf eine Bitte um leihweise Übersendung hat der Magistrat nicht geantwortet; vermutlich hat er sie nicht gefunden. Infolgedessen kann hier nur auf den Auszug bei Curtze und von Rheins hingewiesen werden.

In der Provinz Hessen-Nassau[1] sind vier Elenden-Brüderschaften zu nennen. Alle liegen dicht beieinander, in Frankfurt a. M. und in der nächsten Umgebung.

Über die Frankfurter Elendenbrüderschaft hat Kriegk[2] einige Mitteilungen auf Grund der Akten des dortigen Stadtarchivs gemacht. Danach gab es dort 1474 eine „Elenden-Brüderschaft zu den Karmelitern". Ein Schreiben des Speierer Rats an den von Frankfurt vom 27. Juni 1481 erwähnt, daß „die arme vnd ellende bruderschafft by uch zu denn messen gehalten wird". Und ebenso nimmt der Speierer Rat in einem Schreiben vom 7. August desselben Jahres Bezug auf „die bruderschafft zu den Frauwenbrudern genant die elend bruderschafft". Daneben gab es in Frankfurt mehrere Elendenherbergen, von denen die älteste 1315 gestiftet war.

Daß in Wiesbaden eine Elendenbrüderschaft bestand, hat das dortige Staatsarchiv ermittelt. Zwei Urkunden von 1388 und 1528 geben darüber nähere Auskunft. Am 13. April 1388 stifteten die Brüder der elendigen Brüderschaft zu Wiesbaden dem Nikolausaltar in der Pfarrkirche eine Rente von zwanzig Gulden für eine ewige Messe und einigten sich mit dem Bischof Nikolaus von Speier und der Katharina aus Wiesbaden,

---

[1] Im folgenden sind Mitteilungen des Staatsarchivs Wiesbaden vom 19. Oktober und 6. November 1905 benutzt.
[2] Deutsches Bürgertum im Mittelalter mit besonderer Beziehung auf Frankfurt a. M., 1868 p. 153. 185. 541. Nach Auskunft des Stadtarchivs liegen dort nur verstreute Notizen über die Elendenbrüderschaft vor.

einer Tochter der Schwester des Bischofs, welche ebenfalls den Altar dotiert hatten, über die Kollatur des Altars. Im Jahre 1528 verkaufte ferner der Ziegler Marx dem Ziegler Hans Hierdt von Mainz für fünfzig Gulden eine Ziegelhütte zu Wiesbaden vor der Sonnenberger Pforte mit einem darauf haftenden Zins von $3^{1}/_{2}$ Albus für die elende Brüderschaft zu Wiesbaden.

In Rauenthal wurde 1472 eine Elendenbrüderschaft errichtet. 1482 schloß sie mit dem Pfarrer einen Vertrag wegen des Lesens bestimmter Messen. 1532 wurden vom Rat und Pfarrer die Zinsregister und sonstigen Vermögensverhältnisse der Brüderschaft neu geordnet[1].

In Kiedrich[2] wurde gleichfalls erst im fünfzehnten Jahrhundert und nicht viel früher als in Rauenthal eine Elendenbrüderschaft gestiftet: eine confraternitas fratrum et sororum B. Mariae Virginis exulum. Schon im Jahre 1417 war hier eine Elendenherberge gegründet worden. 1445 wird die elende Brüderschaft in der Dotationsurkunde des Michaelsbeneficiums zuerst erwähnt. 1450 wurde sie vom Weihbischof des Erzbischofs von Mainz bestätigt. 1493 kaufte sie von einem Kiedricher Einwohner zehn Schilling Heller jährlicher Rente. Die Brüderschaft benutzte für ihre Gottesdienste den Muttergottesaltar, der schon 1390 bestand. Wann die Brüderschaft eingegangen ist, bleibt ungewiß. 1682 scheint sie bestimmt nicht mehr existiert zu haben. Im Jahre 1803 ist in Kiedrich eine Armeseelenbrüderschaft gestiftet worden. Zaun erzählt 1879, sie sei vor einigen Jahren wieder erneuert. Die 1417 gestiftete Elendenherberge hieß der Heiligenhof. Dazu gehörte ein Heiligenacker und eine Heiligenwiese. Kiedrich war seit

---

[1] J. Zaun, Beiträge zur Geschichte des Landcapitels Rheingau und seiner vierundzwanzig Pfarreien. Wiesbaden 1879 p. 114 f.

[2] Würdtwein, Dioecesis Moguntina in archidiaconatus distincta II, 1772 p. 313 f. 329 f. 331 f. Zaun, Die St. Michaels-Kapelle zu Kiedrich im Rheingau (Sep.-Abdr. aus den Annalen des Vereins für Nassauische Altertumskunde und Geschichtsforschung Bd. XIV), 1876 p. 4. Derselbe, Geschichte des Ortes und der Pfarrei Kiedrich. Wiesbaden 1879 p. 150 f. 178. 184 f. Derselbe, Beiträge z. Gesch. d. Landc. Rheingau, 1879 p. 121 f. 133 f. Uhlhorn, Christl. Liebesthätigkeit II p. 283 f. Val. Alois Franz Falk, Heiliges Mainz oder die Heiligen und Heiligtümer in Stadt und Bistum Mainz, 1877 p. 188.

alter Zeit ein berühmter Wallfahrtsort und ist es noch heute. Die Kirche rühmt sich Reliquien des heiligen Valentin zu besitzen; seine Hilfe wurde besonders von Epileptikern in Anspruch genommen. Noch am Ende der siebziger Jahre sollen sich Ende August jährlich 6—12000 Wallfahrer in Kiedrich eingefunden haben. Das Staatsarchiv Marburg konnte aus seinem Gebiet keine Elendenbrüderschaft nachweisen.

Es ist hier nur noch zu erwähnen, daß ein Elendenkirchhof in einem Nekrolog der Deutschordensballei Hessen zum Jahre 1292 genannt wird. Syfridus de Wydenhusen stiftete damals aus seinen Gütern in Marburg eine Summe, „ut lampas in cymeterio peregrinorum perpetuis noctibus ardeat"[1]. Das ist offenbar Fürsorge für die elenden Seelen mit einem elenden Licht.

Unter den Ortsnamen der Provinz kommt nur die Elendsmühle in der Gemeinde Heinzenberg, Kreis Usingen, in Betracht[2].

In der Rheinprovinz[3] lassen sich nur zwei Elendenbrüderschaften feststellen: in Koblenz und in Reil an der Mosel.

In Koblenz wurde bereits 1398 eine Elendenstiftung errichtet, von deren Zinsen die armen Reisenden, die die Moselbrücke passierten, jährlich ein Ohm guten Weines ausgeteilt bekamen[4]. Die Brüderschaft hat sich erst 1441 gebildet. Sie schloß sich der Liebfrauenpfarrkirche an. 1445 wurde sie vom Erzbischof Jakob von Trier bestätigt[5]. Die Urkunde enthält gleichzeitig, wenn nicht die Statuten selbst, so doch einen

---

[1]) Publikationen der Preußischen Staatsarchive LXXIII, 1899: Hessisches Urkundenbuch, Erste Abteilung: Urkundenbuch der Deutsch-Ordens-Ballei Hessen, v. Arth. Wyss. III p. 263.

[2]) Brunckow, Wohnplätze I, 1², 1897 p. 211. Preuß. Gemeinde-Lex. General-Register I, 1898 p. 224.

[3]) Im folgenden ist eine Mitteilung des Staatsarchivs Koblenz vom 13. Oktober 1905 benutzt.

[4]) Mone, Zeitschrift für die Geschichte des Oberrheins XII, 1861 p. 34.

[5]) Wilh. Günther, Topographische Geschichte der Stadt Coblenz, 1815 p. 136. Derselbe, Codex diplomaticus Rheno-Mosellanus, Urkunden-Sammlung zur Geschichte der Rhein- und Mosellande, der Nahe- und Ahr-Gegend und des Hundsrückens, des Meinfeldes und der Eifel IV, 1825 p. 439 ff.

Auszug daraus. Es ist beachtenswert, daß dieser Abschnitt mit den Worten beginnt: „quod eadem fraternitas (exulum) in antea quatuor candelas cereas habere debeat". Das erinnert offenbar an die Elendenkerzenstiftungen und das Korbacher Elendenlicht. Im übrigen tritt hier die Aufgabe, die Fremden zu beerdigen, besonders deutlich hervor. In Koblenz, sagt der Erzbischof, kommen und gehen unaufhörlich Pilger und Fremde in großer Zahl. Oft erliegen sie den Anstrengungen der Reise oder Krankheiten. Und ehe die Brüderschaft entstand, kümmerte sich dann niemand um ihr Begräbnis und um ihr Seelenheil.

Günther teilt mit, daß die Brüderschaft in neueren Zeiten die elende Brüderschaft genannt wurde, also in neueren Zeiten noch bestand; den Namen hat sie jedenfalls von Anfang an geführt. Ihre Renten wurden 1805 dem Koblenzer Hospital einverleibt. Offenbar hat sie, wenn vielleicht auch in stark reduzierter Form, bis dahin existiert. Nach Clemens Brentanos Angabe war der Fonds der Brüderschaft infolge erweiterter Schenkungen und Vermächtnisse bedeutend; er sagt 1856, jetzt sei das Kapital mit dem Armenfonds vereinigt[1].

Über die Elendenbrüderschaft in Reil gibt näheren Aufschluss ein Aktenheft des Koblenzer Staatsarchivs[2], welches mir durch Übersendung nach Berlin zugänglich gemacht worden ist. Die Mitteilungen darin reichen nur bis 1686 zurück und betreffen hauptsächlich eine Revision, die 1728 im Auftrage des Erzbischofs von Trier an Ort und Stelle wegen zahlreicher Unregelmäßigkeiten in der Verwaltung des Brüderschafts-Vermögens vorgenommen wurde. Eine Anfrage bei dem Pfarrarchiv in Reil ergab, daß auch dort nur Akten wegen derselben Streitigkeiten aus der Zeit von 1699 bis 1724 vorhanden sind[3]. Über die Gründung, über die ursprünglichen Statuten und über

---

[1] Clemens Brentano, Die barmherzigen Schwestern in Bezug auf Armen- und Krankenpflege 3. Aufl., 1856 p. 111. 120. 153. Lamprecht, Deutsches Wirtschaftsleben im Mittelalter II, 1885 p. 253 not. 5. Heuser, Elend in: Wetzer und Weltes Kirchenlexikon IV[2], 1886 Sp. 358.

[2] Dem ich den Hinweis auf diese Brüderschaft danke. Die Signatur lautet: „Kurtrier. Akten. 14. Milde Sachen. Nr. 88: Acta betr. die Elenden-Brüderschaft zu Reil. 1710—29".

[3] Mitteilung vom 29. November 1905.

die Auflösung liegen keine Nachrichten vor. Aber trotzdem steht völlig fest, daß auch diese Reiler Elendenbrüderschaft sehr viel älter gewesen sein muß. Denn in den jetzt noch vorhandenen Akten des achtzehnten Jahrhunderts hat sie bereits ein greisenhaftes Gesicht. Ein Brudermeister, alljährlich neu gewählt, ist noch vorhanden. Aber nach Brüdern und Schwestern sieht man sich vergeblich um. Und so ist damals überhaupt die ganze Brüderschaft zu einer Wohltätigkeitsanstalt zusammengeschrumpft, bei der nur noch der Name und einzelne Reste der ursprünglichen Einrichtung an die alte Zeit erinnern. Nach Mitteilung des Reiler Pfarrers besteht dort noch heute eine sogenannte Armenspende mit einem Kapitalvermögen von ca. 3500 M., dessen Zinsen jährlich unter die Reiler Armen verteilt werden. Er meint jedenfalls mit Recht, daß diese Spende aus dem Vermögen der einstigen Elendenbrüderschaft stammen werde. So hat sich der Auflösungsprozeß in den letzten zwei Jahrhunderten weiter fortgesetzt.

Wenn die vorliegenden Nachrichten demnach durchweg aus einem späten und kurzen Zeitraum stammen, so geben sie doch sehr wertvolle und deutliche Einblicke. Über die Einkünfte der Brüderschaft, die gelegentlich als elendige Brüderschaft, als confraternitas miserabilium, als Hospital und Almosenei bezeichnet wird, über ihre Lehnleute, über ihr altes und neues Dingbuch, über ihre Armen- und Fremdenfürsorge erhalten wir Mitteilungen der mannigfachsten Art; daneben sind besonders wichtig die neuen Statuten von 1700.

In Burg an der Mosel bestand eine ähnliche Stiftung; aber es liegt keine Angabe vor, daß sie sich etwa auch aus einer Elendenbrüderschaft entwickelt hätte.

In Köln lassen sich nur Elendenherbergen, eine Elendkirche und ein alter und ein neuer Elendenkirchhof nachweisen. Die Herbergen sind nachweislich nicht von Elendsgilden, sondern von einzelnen Privatleuten gestiftet. Um 1325 ließ der Kölner Bürger Albrecht von Celle ein Haus zimmern, „um darin gemeine Pilger und andere arme Leute eine Nacht zu beherbergen". Nach seinem Tode fiel das Haus an seinen Bruder Johann und dieser übertrug es 1334 der Stadt mit der Bestimmung, daß für alle Zeiten bedürftige Pilger und sonstige Arme darin beherbergt werden sollten. Um 1399 stiftete ferner

Peter von der Hellen ein Haus in der Breitstraße „zu einem Hospital für arme, elende Pilger, kommend aus fremden Landen und suchend die Gnade der himmlischen Königin zu Aachen". Eine Elendkirche steht noch heute in Köln an der Spulmanngasse. Der alte „ellendige" Kirchhof wird zuerst 1335 erwähnt[1]. Am Niederrhein lassen sich noch im neunzehnten Jahrhundert „Gasthäuser" und Gasthaus-Fonds feststellen, z. B. in Duisburg, Orsoy, Rheinberg und Emmerich[2]. Der Gasthaus-Fonds in Duisburg war nach Rauers Angaben von 1866 ein städtischer Fonds von etwa 90000 Tlr. zur Unterstützung der Armen und zur Unterhaltung des städtischen Krankenhauses. Die Gasthaus-Armen-Stiftung in Emmerich hatte den Zweck, Arme und Reisende, besonders Geistliche zu bewirten. Das weist deutlich auf eine Verwandtschaft mit den alten Elendenherbergen zurück. Das Vermögen wird auf 22500 Tlr. in Grundstücken und 12500 Tlr. in Geld angegeben. 1861 wurden Unterstützungen in Höhe von 1250 Tlr. geleistet. Die Überschüsse flossen zur allgemeinen Armenkasse. Im Gasthaus in Rheinberg wurden täglich vierzehn Personen verpflegt. Von den Einkünften kamen jährlich 700 Tlr. an die Stadtarmenverwaltung. Das Gasthaus in Orsoy war gleichfalls zu einer allgemeinen Armenanstalt geworden.

Diese Gasthäuser entsprechen aufs genaueste den Einrichtungen, wie sie uns allenthalben in Norddeutschland unter denselben Namen oder unter der Bezeichnung Elend begegnet sind. Aber von Elendenbrüderschaften ist am Niederrhein nichts zu entdecken. Auch im Staatsarchiv Düsseldorf[3] hat sich keine Nachricht ermitteln lassen.

Aus den Niederlanden kann nur „die broderscap van die ellendigen zielen te Buerkerck" angeführt werden[4]. Ihr Name ist genau derselbe wie bei unsern deutschen Elendenseelenbrüderschaften. Nähere Angaben fehlen; nicht einmal

---

[1] Matthias Clasen, Erste Gründe der Kölnischen Schreinspraxis mit Muster und einer Untersuchung über das Alter der Kölnischen Schreinen. Köln 1782 p. 68. Ennen, Geschichte der Stadt Köln III, 1869 p. 811f. 1001. Wilda, Gildenwesen, 1831 p. 350.
[2] Rauer, Preuß. Landbuch p. 214.
[3] Mitteilung vom 27. Oktober 1905.
[4] Verwijs en Verdam, Middelnederlandsch Woordenboek II, 1889 Sp. 618: Rek. d. Buurk. 196.

die Zeit, in der sie existierte, ist bekannt. In Amsterdam und Keulen gab es „ellendige" Kirchhöfe [1]. Daneben sind die Fremdenhospitäler zu nennen. Auch in den Niederlanden wurden vielfach bei der Wohltätigkeit die „vreemden armen" von den „armen huyssittenden luden" unterschieden. Der Name Gasthaus ist allgemein üblich gewesen. Für uns ist dabei besonders interessant, daß solche niederländischen Gasthäuser zuweilen nachweislich von Gilden gestiftet sind. So hat z. B. eine „gasthuisgild" in Amsterdam um die Mitte des vierzehnten Jahrhunderts „het oude Gasthuis" errichtet; wahrscheinlich hieß sie Elisabethgilde. Um dieselbe Zeit erbaute die Liebfrauengilde in Amsterdam eine Kapelle und später gegenüber ein Gasthaus. Ebenso stiftete daselbst die St. Antoniusgilde ein kleines Gasthaus „op den Outewaler zeedijk"; — alles in der einen Stadt Amsterdam [2]. Leider fehlen genauere Angaben über diese Gilden. Allem Anschein nach sind sie mit den deutschen Elendsgilden zwar nicht identisch, aber doch verwandt gewesen.

In England haben wir nur auf Norwich zu verweisen. Karl Hegel [3] hat behauptet, daß es hier im Mittelalter eine Elendsgilde gegeben habe. Unter den dortigen Gilden nennt er „auch eine der armen Leute (poorman's Gild), Elendengilde genannt in Deutschland". Toulmin Smith [4], auf den er sich beruft, spricht nun allerdings von einer 1380 gegründeten Gilde unter der Bezeichnung „The Poor Men's Gild" in Norwich. Aber die von ihm mitgeteilten Statuten bestätigen nicht im mindesten, dass es sich um eine Elendsgilde nach deutscher Art handelt. Denn die „poor men" sind nicht Fremde, für deren Beherbergung oder Begräbnis die Gilde sorgt, sondern es sind arme Schlucker, die sich selbst zu der Gilde zusammengetan haben und in ihrer Armut begreiflicherweise nur Zeit haben, an sich selbst zu denken. Sie verabreden gemeinsame Gottesdienste und stiften auch eine Kerze dafür. Sie setzen Unterstützungen für den Fall fest, dass eins

---

[1]) Verwijs en Verdam, Middelnederlandsch Woordenboek II, 1889 Sp. 618: Rek. d. Buurk. 196.
[2]) Ter Gouw, Geschiedenis van Amsterdam III, 1881 p. 230f. 281 f.
[3]) Städte und Gilden I, 1891 p. 103.
[4]) English gilds, 1870 p. 40f. nr. 14.

der Mitglieder in dringende Not gerät. Sie versprechen allseitige Teilnahme am Begräbnis jedes Mitglieds. Aber über den Kreis der Gilde hinaus weist nichts als die billige Klausel, daß nach einem solchen Trauerakt Messen „for þe soule, and for alle cristen soules" gelesen werden sollen. Das reicht nicht aus, um die Gilde für eine Elendengilde zu erklären. Übrigens lautete ihr Name auch „Societas sancti Augustini"; sie hatte sich in der Augustins-Pfarrkirche etabliert.

In den durchwanderten Gebieten zusammen haben wir diesmal nur elf Brüderschaften ermittelt. Besonders verdient dabei beachtet zu werden, dass es sich gerade hier vielfach um Länder handelt, in denen es ungezählte Kalande gegeben hat.

VI.
Süddeutschland.

Im Großherzogtum Hessen sind Worms und Ober-Flörsheim zu nennen.

In Worms wird in einer Urkunde von 1331 eine fraternitas advenarum genannt[1]. Außer ihrem Namen erfahren wir daraus nicht viel über sie. Der Dekan und das Kapitel der Wormser Andreaskirche geben den Besitz an, mit dem der Nikolaus- und Agnesaltar in der Katharinenkapelle ausgestattet war. Bei der Aufzählung heißt es: „Sunt autem bona huiusmodi in hiis locis sita, videlicet 1 iornalis vinearum in langewisen, consulcanea fraternitas aduenarum". Also besaß die Elendenbrüderschaft ein Grundstück, vermutlich ein Weingut in Langewisen, das jenem „iornalis vinearum" benachbart war. Dass die Brüderschaft ihren Sitz in Langewisen statt in Worms gehabt hätte, wird daraus schwerlich zu folgern sein.

In einer anderen Wormser Urkunde von 1390 wird eine Brüderschaft genannt unter der Bezeichnung: „Der elenden schullere bruderschaff zu s. Endree"[2]. Es handelt sich um ein Testament. Frau Else Mor geb. Baltzen vermacht der Brüderschaft „1 malder korngeltis". Nähere Angaben fehlen auch hier. Identität mit der Fraternitas advenarum von 1331 anzunehmen, sind wir in keiner Weise berechtigt. Vielmehr

---

[1]) Baur, Hessische Urkunden III, 1863 p. 73f. nr. 1006. Mones Zeitschrift für die Geschichte des Oberrheins XVII, 1865 p. 30f.
[2]) Baur III p. 568 nr. 1488.

werden wir hier an die 1385 bestätigte Hamburger Fraternitas pauperum scholarium erinnern dürfen.

Auch ein Elendenhaus[1] läßt sich in Worms nachweisen. Nach einer Urkunde vom Ende des fünfzehnten Jahrhunderts konnte man sich beim Rat eine Pfründe dafür kaufen. Das Haus war also, wie es ähnlich auch in Norddeutschland so oft vorkommt, nicht ausschließlich für fremde Arme eingerichtet.

In Ober-Flörsheim, nordwestlich bei Worms gelegen, soll ebenfalls eine Elendenbrüderschaft bestanden haben. Wenigstens behauptet dies eine handschriftliche Notiz auf der zweiten Seite des Umschlages jener „Acta generalia" über Ursprung und Endzweck der Paderborner Elendenbrüderschaft. Die Behauptung stützt sich auf das Wormser Synodale von 1496 und zitiert zum Beweise die historisch-politischen Blätter „28 b. 11. Heft. S. 862". Das Zitat stimmt nicht. Aber an der Richtigkeit der Angabe selbst wird sich nicht zweifeln lassen.

In Mainz gibt es nur Elendenkerzen. In einem Testament von 1324 stiftet ein Mainzer Bürger „redditus 1. solidi colon. parrochie s. Heymerani ad candelas aduenarum ibidem sepeliendarum"[2].

In Baden soll Neuenheim bei Heidelberg eine Elendenbrüderschaft gehabt haben. Beweis ist dieselbe Notiz in den Paderborner Akten, die soeben bei Ober-Flörsheim angeführt wurde.

Das General-Landesarchiv in Karlsruhe erwiderte auf eine Anfrage, daß es keine Archivalien über Elenden-Brüderschaften besitze[3].

In Freiburg im Breisgau ist auf den Verband der Tuchmacher- und Wollenschlägergesellen zu verweisen, der sich dort 1365 mit besonderer Büchse, Büchsenmeister und Kerze auftat[4]. Als die Zunftmeister sich darüber beim Rat beschwerten,

---

[1] Boos, Geschichte der rheinischen Städtekultur von ihren Anfängen bis zur Gegenwart mit besonderer Berücksichtigung der Stadt Worms III, 2. Ausg. 1899 p. 197.
[2] Baur V, 1873 p. 243 f. nr. 270.
[3] Mitteilung vom 14. Oktober 1905.
[4] Gothein, Wirtschaftsgeschichte des Schwarzwaldes und der angrenzenden Landschaften p. 368.

verteidigten sich die Knechte und sagten: „Sie sammelten das Geld nur um armer Knechte, fremder oder heimischer willen in ihrem Handwerk, um diesen zu statten zu kommen, so sie es bedurften, ihre Leichen zu begraben oder sonst". Eine Elendsgilde ist das natürlich nicht. Aber die Tatsache zeigt, wie nah die verschiedensten Arten der Brüderschaften sich gelegentlich berühren können.

In Villingen bestand seit 1256 eine Stiftung unter dem Namen Seelenjahrzeit. 1354 wurde sie infolge des großen Sterbens vom Rat erneuert, damit die Seelen der vielen „elenden menschen", die da stürben, nicht vergessen würden und elend blieben[1].

Konstanz[2] hatte 1437 eine Elendenherberge, Bruchsal[3] seit 1501. Die Ordnung der Bruchsaler Herberge ist von Mone publiziert; sie beginnt mit den Worten: „Dieses hauses rechter name ist der ellenden herberig".

In der Gemeinde Obermünsterthal führt Brunckow[4] vier Wohnplätze an, deren Name mit Elend zusammengesetzt ist: Vorder-Elend, Hinter-Elend, Elendgasse und Elend-Stampfe.

In Württemberg kommt Ravensburg vor allem in Betracht. Nach Angabe von Mone[5] gründete hier der Pfarrer zu St. Jost, Dr. Joh. Gosseler, eine Brüderschaft für sterbende Pilger, die er an den Gottesdienst der Pfarrkirche anschloß. Mone fand diese Notiz in einer Lichtenthaler Handschrift, die um das Jahr 1500 geschrieben war. Er vermutete, „daß dieser Wohlthäter derselbe sei, der im Nekrolog von Weissenau zum 5. April 1499 als verstorbener Abt des Klosters eingetragen ist". Sein Name soll eigentlich Gäßler gelautet haben, er selbst soll auch geistlicher Dichter gewesen sein[6]. Wenn wir weiter nichts über diese Brüderschaft wüßten, so würden wir

---

[1] Mones Zeitschrift für d. Geschichte des Oberrheins VIII, 1857 p. 470 f.
[2] Marmor, Geschichtliche Topographie der Stadt Konstanz, 1860 p. 85.
[3] Mones Ztschr. I, 1850 p. 161 f. Stocker, Der großherzoglich badische Amtsbezirk Bruchsal, 1883 p. 35 f.
[4] Wohnplätze II, 1², 1897 p. 173.
[5] Mones Ztschr. XII, 1861 p. 34.
[6] Mone zitiert Ztschr. f. d. Gesch. d. Oberrheins VIII p. 320 und seine Lateinischen Hymnen III p: 527.

sie selbstverständlich für eine völlig normale Elendenbrüderschaft halten. In Wahrheit scheint es sich um eine der wunderlichsten Verirrungen zu handeln, in die die Kirche am Ausgang des Mittelalters hineingeraten war.

Unter den Inkunabeln der Königlichen Bibliothek [1] zu Berlin findet sich ein Druck mit der modernen Bezeichnung "Die Brúderschaft der sterbenden Pilger zum Trost in Sterbensnöthen". Auf dem Exemplar steht die gleichfalls moderne Notiz: "wahrscheinlich Memmingen, Kunne von Duderstadt, um 1480" [2]. Ein Titelblatt fehlt, war vielleicht auch nie vorhanden. Im Text, der nur fünfzehn Seiten umfaßt, fehlt jeglicher Bezug auf eine bestimmte Örtlichkeit, obwohl wir daraus [3] erfahren, daß "der sterbende bilgery brůderschafft" von etlichen Priestern mit ihrem Pfarrer aus brüderlicher Treu und Liebe und aus "mitliden der sterbenden menschen" angefangen worden ist.

Die Ausführungen sind für das unreformierte Christentum des fünfzehnten Jahrhunderts unglaublich charakteristisch. Die Versicherung auf Gegenseitigkeit, der Tauschhandel mit Paternostern, Wallfahrten und andern guten Werken feiert wahre Triumphe. Und doch läßt sich eine leise religiöse Grundstimmung nicht leugnen, wenn sie auch völlig im Finstern tappt.

Fragen wir, wer auf den traurigen Ruhm Anspruch machen kann, Urheber dieser Brüderschaft zu sein, so kann die Antwort nur lauten: Herr Dr. Johann Gäßler in Ravensburg. Keine Elendenbrüderschaft außer der Ravensburger führt den Namen: Brüderschaft für sterbende Pilger. Und Memmingen, der mutmaßliche Druckort dieses Traktats über "der sterbende bilgery brůderschafft" liegt wenige Meilen von Ravensburg entfernt. Ebenso stimmen die Zeitangaben aufs beste, wenn Gäßler 1499 als Abt in Weissenau gestorben und der Druck um 1480 hergestellt ist.

Johann Gäßler und seine Genossen fanden es unbequem und doch sehr nützlich, weite Pilgerfahrten zu unternehmen. Sie haben darum "gaistlich kirchferten angefangen durch gon mitt dem mund". Diese geistlichen Reisen mit dem Munde gehen nach Jerusalem, dem Berge Sinai, Rom, St. Jacob di Compostella. Andere Ziele sind St. Michael, St. Joseph, Maria,

---

[1] Ch 13850.   [2] Vgl. Panzer, Annalen II p. 106 ff.   [3] p. 2.

die heiligen Drei Könige, die 11000 Jungfrauen, Sacrament, Maria Einsiedel, St. Wolfgang, St. Ottilie, St. Lienhard, St. Thomas in Indien. Alle diese Reisen haben ihren festen Tarif: Die „mündliche" Wallfahrt nach dem heiligen Grab absolviert man durch das Abschnurren von 12000 Paternostern und ebensovielen Avemaria und so geht es fort:

1. Jerusalem . . . . . . 12000 Paternoster und Avemaria
2. Abstecher zum Sinai . . 5000 „ „
3. Rom . . . . 8000 „ „
4. St. Jacob zu dem Finstern Stern . . . . 8000 „ „
5. St. Michael . . . . . 8000 „ „
6. St. Joseph . . . . . . 6000 „ „
7. ULFrau in Aachen . . 5000 „ „
8. Köln . . . . 4000 „ „
9. Sacrament . . . . . . 4000 „ „
10. Maria Einsiedel . . . . 3000 „ „
11. St. Wolfgang . . . . . 3000 „ „
12. St. Ottilie . . . . . . 2000 „ „
13. St. Lienhard . . . . . 1000 „ „
14. St. Thomas in India . . 30 „ „
15. Unser Frauen Mantel . . . . 30000 „

Dieser Tarif wird dann weiter durch neue Bequemlichkeits-Konzessionen erleichtert. An Stelle des Plapperns von so und soviel Paternostern und Avemaria darf man gewisse nützliche Werke verrichten. Lesen oder Lesenlassen einer Messe darf man sich für 200 Paternoster und Avemaria anrechnen, für den Psalter 600 Paternoster und Avemaria, für Betrachtung des Lebens und Leidens Christi à halbe Stunde 100 Paternoster und Avemaria, für Betrachtung des Leidens Christi allein nur 50, für Unser Frauen Kurs 150, für einen Fasttag 300 Paternoster und Avemaria usw. „Item", heißt es in diesem Abschnitt, „wölcher vnd alss offt ainer ain pilgerin herberget vber nacht vnd jm essen vnnd trincken gibt alss oft für zwayhundert pater noster vnd aue maria". Praktische Liebestätigkeit an wirklichen leiblichen Pilgern geübt, ist also eine Aufgabe, die die Brüderschaft wenn auch nur indirekt fördern will. Aber der Hauptsache nach handelt es sich hier doch zweifellos um eine durchaus andere Tendenz als bei den regulären Elendengilden. Denn die Mitglieder selbst sind die Pilger, um deren Versorgung in Sterbensnöten sich in erster Reihe hier alles dreht. Auch wenn von Übernahme einer Kirchfahrt „ainer sel zetrost, die in liden ist des fegfür" und von der Fürbitte der Brüderschaft für solche elenden Seelen gesprochen wird, so hat das hier nur sekundäre Bedeutung. Der bereits vorhandene Besitz der Brüderschaft wird abgesehen von Unser Frauen Mantel auf 99 000 Paternoster und Avemaria angegeben; offenbar sollte die Zahl 100 000 als gar zu rund und unglaubwürdig vermieden werden. Dazu kommen zahllose gute Werke, die in die Brüderschaft wie in eine Sparkasse „eingelegt" sind. Darum soll jeder neue Mitglieder werben. Die Zulassung von Laien wird ausdrücklich erwähnt. Gegen die Mißstände, die mit den Wallfahrten verbunden waren, konnte man in der Tat nicht radikaler vorgehen, als es hier geschah, solange man nicht die Wallfahrten überhaupt abschaffte. Der Gedanke, Pilgerfahrten mit dem Mund zu besorgen, ist so raffiniert und entspricht dem Tauschsystem der mittelalterlichen Kirche so genau, daß er höchstwahrscheinlich auch anderwärts als in Ravensburg nachzuweisen sein wird.

Sonst ist aus Württemberg fast nichts anzuführen. In Ulm hieß noch 1831 ein Garten beim Hospital Elend[1]. Birlinger spricht 1864 von Elendshäusern[2]. Auf der Schwäbischen Alb soll es eine Wallfahrt zum ellenden Herrgott geben[3].

In Elsaß-Lothringen ist nur auf die Straßburger Elendenherberge zu verweisen[4].

Auch in Bayern scheinen die Elendenbrüderschaften überaus spärlich vertreten gewesen zu sein. In München hat eine bestanden. Schmeller erwähnt sie in seinem Wörterbuch[5]. Einzelheiten aus dem sechzehnten und achtzehnten Jahrhundert ergeben die von ihm angeführten Arbeiten von Kohlbrenner[6],

---

[1]) Carl Jäger, Schwäbisches Städtewesen des Mittelalters I, 1831 p. 460 not. 86 b.
[2]) Birlinger, Schwäbisch-Augsburgisches Wörterbuch, 1864 p. 142.
[3]) Birlinger p. 143.
[4]) Alw. Schultz, Deutsches Leben im 14. u. 15. Jahrhundert. Große Ausgabe I, 1892 p. 34. [5]) I^2, 1872 Sp. 59.
[6]) Materialien für die Sittenlehre, Litteratur, Landwirthschaft, zur Kenntnis der Producte, und für die Geschichte alt- und neuer Zeiten, mit

Bucher[1] und Westenrieder[2]. Zur Ergänzung konnten hier Mitteilungen des Allgemeinen Reichsarchivs in München[3] und Akten des Münchener Stadtarchivs benutzt werden. Das älteste Zeugnis ist das im achtzehnten Jahrhundert von der Bruderschaft geführte Siegel mit der Jahreszahl 1468: in diesem Jahre wird die Brüderschaft begründet oder bestätigt worden sein. Aus dem sechzehnten Jahrhundert kommt die Beschreibung der Fronleichnamsprozession von Ludwig Müller in Betracht. Der Verfasser erzählt, daß er, unwürdiger Rat und Diener, von der fürstlichen Durchlaucht für einen generalen Direktoren dieses Werks erkiest worden sei; er mußte also wohl genau Bescheid wissen. Auf einer fast zweihundert Jahre später gedruckten anderen Darstellung einer solchen Münchener Prozession beruhen die Angaben, die Kohlbrenner 1773 in seinen Materialien macht. Und Anton Bucher (1746—1817) vergißt in seiner Verspottung dieser Prozession 1782 nicht, auch die Elendenbrüderschaft zu verspotten, die damals in der Tat nur noch ein sehr klägliches Dasein führte. Von praktischer Liebestätigkeit ist damals keine Rede mehr. Es ist höchst zweifelhaft, ob die Brüderschaft damals außer dem Brüderschaftsverweser noch Brüder hatte. Eintrittsformulare sind noch jetzt vorhanden. Aber bei den Prozessionen mußte man sich mit gemieteten Stellvertretern behelfen. Die Brüderschaft stand in Verbindung mit der Frauenkirche in München. Die Rechnungen, die sehr schön geschrieben und sehr liederlich geführt sind, wurden vom Münchener Magistrat kontrolliert, unter dessen Schutze die Brüderschaft stand. Zuletzt wird sie 1833 erwähnt. Damals wurden noch bestimmte Messen aus dem Fonds der Elend-Brüderschaft von der magistratischen Verwaltung bezahlt.

Churfürstl. gnädigster Bewilligung als ein Beytrag herausgegeben von dem gnädigst privileg. Intelligenz- und Address-Comtoir, München 1773 p. 36 ff.

[1]) Entwurf einer ländlichen Charfreytagsprocession sammt einem gar lustigen und geistlichen Vorspiel zur Passionsaction. Herausgegeben von einem Ordenspater, 1782 p. 74 f.

[2]) Beyträge zur vaterländischen Historie, Geographie, Statistik und Landwirthschaft etc. V, 1794 p. 76 ff. 153. 161. 179.

[3]) Vom 5. November 1905.

Neben der Elendenbrüderschaft gab es im achtzehnten Jahrhundert in München noch mehrere andere Brüderschaften, die sich mit den Fraternitates exulum mehr oder weniger ihrem Zwecke nach berühren. Kohlbrenner nennt z. B. eine Hof- und Erzbrüderschaft der armen Seelen zu Altenhof, für die Verstorbenen Gott zu bitten; sie bestand schon 1587 und wurde 1615 von Paul V. bestätigt. Eine Brüderschaft des Grabes Christi hatte sich zur Aufgabe gestellt, Arme, Kranke und Notleidende, wenn sie sterben, nach christlichem Gebrauche zur Erde zu bestatten und für solche brüderlich zu beten; sie wurde 1759 von Klemens XIII. bestätigt. Eine Brüderschaft der heiligen Elisabeth verfolgte den Zweck, den armen, kranken, bettlägerigen Dienstboten brüderliche Hilfe zu verschaffen; sie war 1684 von Innocenz XI. bestätigt. In den Prozessionen sind diese Brüderschaften selbstverständlich vollzählig vertreten, wenn auch nur Strohmänner mitmarschieren. Ob es aber mit der Liebestätigkeit hier besser bestellt war als bei den Elendenbrüdern, muß dahin gestellt bleiben. Jedenfalls haben wir es hier wiederum mit verwandten, aber jüngeren Nebenformen zu tun.

In Nürnberg waren die Deutschherren verpflichtet, auch für die vergessenen Seelen Messen zu lesen[1].

Jn Augsburg gab es eine „Ellend Herberg". Im Jahre 1864 war noch ein Stein davon in dem gegenüberliegenden Hause „Baurentanz" eingebaut mit der Inschrift: „das hûs ist ain ellend herberg, und sol zu êwigkeit beleyben"[2].

Auch in Donauwörth gab es eine Elendenherberge[3].

Elendenkerzen werden erwähnt in Ebern 1403, in Ochsenfurt 1405, in Mariaburghausen 1478, in Schwarzach 1493 und in Gerolzhofen 1501[4].

In Oberbayern gehört ein Weiler Elend zur Gemeinde Attel (Wasserburg), eine Einöde Elend zur Gemeinde Grießstätt

---

[1] Uhlhorn, Liebesthätigkeit II p. 146f.
[2] Birlinger, Wörterbuch p. 142.
[3] Steichele, Das Bistum Augsburg III, 1872 p. 820ff. — Chroniken der deutschen Städte XXII (= Augsburg III), 1892 p. 390f. 534.
[4] Forschungen zur Geschichte Bayerns XIV, 1906 p. 60 not. 2: Mitterwieser, Geschichte der Stiftungen und des Stiftungsrechts in Bayern.

(Wasserburg)[1]. Eine Wallfahrtskapelle Maria Elend liegt bei Dietramszell, nördlich von Tölz; eine Elendalpe und ein Elendgraben auf dem Wege von Vallepp nach der Rotwand[2]. Das Kirchdorf Elendkirchen gehört zur Gemeinde Höhenrain (Rosenheim).

In Niederbayern findet sich eine Einöde Elend in der Gemeinde Perasdorf (Bogen) und eine zweite Einöde Elend in der Gemeinde Zinzenzell (Bogen). Ein Weiler Elend bildet einen Teil der Gemeinde Offenberg (Deggendorf).

In der Oberpfalz gibt es drei Einöden Elend, eine in der Gemeinde Schorndorf (Cham), eine zweite in der Gemeinde Michlsneukirchen (Roding) und eine dritte in der Gemeinde Obertrübenbach (Roding). Die Einöde Elendbaumgarten gehört zur Gemeinde Kürn (Stadtamhof), ebenso die Einöde Elendbleschen. Eine Einöde Elendhalbstraße liegt in der Gemeinde Schneitweg (Stadtamhof). Endlich hat die Gemeinde Arrach (Roding) und die Gemeinde Untermainsbach (Roding) je eine Einöde Elendhof[2].

Zu beachten ist, daß Bogen, Deggendorf, Cham, Roding und Stadtamhof ganz nahe bei einander liegen.

In nächster Nähe von Würzburg finden sich die Flurnamen: Elend, Ellend, am Ellend, Oberes, Unteres Elend, Elendgraben und Elendried[3].

In Österreich-Ungarn hat Wien[4] eine Elendenbrüderschaft gehabt. Die früheste, aber leider zugleich auch die letzte urkundliche Erwähnung stammt aus dem Jahre 1310, vom 1. Mai: Agnes von Tallesbrunn bestimmte an diesem Tage in ihrem Testament: „Darnach so schaffe ich in der Ellenden Ceche, di man in dem vorgenanten Chloster ze den Schotten beget, vnd darin ich mich gephlichtet han, zwei phunt phenninge geltes miner Sel vnd aller miner vordern Sel ze heil vnd ze trost, daz wir tailhaftich sein aller der guettaet, di von der-

---

[1] Brunckow, Wohnplätze II, 1² p. 173.
[2] Höfler, Führer von Tölz und Umgebung, 6. Aufl., 1891 p. 60f. 88. Baedeker, Tirol¹⁴, 1890 p. 67 f.
[3] Korrespondenzblatt des Gesamtvereins der deutschen Geschichts- und Altertumsvereine LIII, 1905. Sp. 365 ff.: Schmidkontz, Beiträge zur Flurnamenforschung, Sp. 369. 371.
[4] Im folgenden sind Mitteilungen des Stadtarchivs und des Archivs des Schottenstifts in Wien vom 22. November und 1. Dezember 1905 benutzt.

selben Ceche begangen werden, doch also, ob dieselbe Ceche villeihte abgienge oder vielleiht auf ein ander Goteshaus geleget wurde, so soln doch diese zwei phunt geltes bei dem Chloster ewichlichen beleiben"[1]. Über die Entstehung, über den Zweck, über die Auflösung dieser Elendenzeche liegen keinerlei weitere Nachrichten vor. Aber dem Namen gemäß haben wir unter ihr nichts anderes als eine normale Elendengilde zu vermuten. Es wäre zweifellos falsch, daran zu erinnern, daß die Schotten selbst in Wien ursprünglich Fremde waren und darum z. B. in einer Urkunde von 1161 als exules et simplices Scoti bezeichnet werden, was einige deutsche Chronisten mit „arme ellendigiste und einfältigiste Münnich" wiedergegeben haben[2]. Es wäre völlig falsch, die Schotten daraufhin als die Elenden der Elendenzeche zu erklären. Denn Agnes Tallesbrunner ist ja Mitglied der Zeche und spricht außerdem von der Möglichkeit, daß die Elendenzeche einmal die Verbindung mit dem Schottenkloster lösen und an ein anderes Gotteshaus übergehen könnte; — ein Satz nebenbei bemerkt, der nicht so klingt, als ob die Zeche schon sehr lange an dem Kloster bestanden hätte. Auch die Angliederung an ein Kloster hat weiter nichts auffälliges. Sie ist zwar nicht die Regel, ist uns aber auch bei norddeutschen Elendengilden, z. B. in Bergen auf Rügen und in Magdeburg begegnet. Daß die Elendenzeche sich dem Schottenkloster angeschlossen hatte, wird sich daraus erklären, daß die Schotten eine Elendenherberge unterhielten[3], in der wohl kaum, wie Bermann behauptet, nur schottische und irische Reisende Aufnahme fanden. An einer in jenem Stadtteil befindlichen Straße und Bastei ist von daher der Name „Elend, im Elend, Elendbastei" bis in die neueste Zeit hängen geblieben. Ein anderes Haus „zum Elend" in Wien leitet da-

---

[1] Fontes rerum Austriacarum, Zweite Abteilung Bd. XVIII, 1859: Urkunden der Benedictiner-Abtei Unserer Lieben Frau zu den Schotten in Wien v. J. 1158 bis 1418, hrsg. von dem Capitularpriester und Archivar Hauswirth p. 182 nr. CXII. — Regest in: Quellen zur Geschichte der Stadt Wien, hrsg. vom Altertumsverein zu Wien, redigiert von Anton Mayer I, 1895 p. 55 nr. 291. — Bermann, Alt- und Neu-Wien, Geschichte der Kaiserstadt und ihrer Umgebungen, 1880 p. 162.

[2] Hormayr, Wiens Geschichte und seine Denkwürdigkeiten II. Jahrgang, Bd. II, 1825 p. 127. 130.

[3] Geschichte der Stadt Wien, hrsg. v. Altertumsverein II, 2 p. 942.

gegen angeblich seinen Namen von einer Familie Elend her. Der Stammvater soll ein fremder Waisenknabe gewesen sein. Seine Nachkommen aber stifteten auf dem Dreikönigsaltar im Stephansdom eine Messe, „also daß man damit alle Tage warten soll der Elenden Leich", was unter diesen Umständen recht doppelsinnig klingt[1].

Wie in München kommen auch in Wien eine Reihe anderer Brüderschaften neben der Elendenzeche in Betracht. Eine Brüderschaft des Begräbnisses, deren Mitglieder die Pflicht hatten, die Leichen auf den Kirchhof zu begleiten, wurde 1410 bestätigt[2]. Verschieden von der Elendenzeche ist ferner die in Wiener-Neustadt 1478 zum Schutz gegen fremde arbeitsscheue Müßiggänger begründete „Zeche der armen Leut"[3]. Die armen Leute waren dabei Fürsorgeobjekt, Mitglieder wohlsituierte Bürger. Ein Zechmeister und ein Bettelrichter wurde eingesetzt. Aber die Einrichtung scheint sich auf die Dauer nicht bewährt zu haben; sie soll schon 1528 wieder verschwunden sein. Eine Totenbrüderschaft wurde im siebzehnten Jahrhundert in Wien errichtet. 1638 wurde sie von Papst Urban VIII. bestätigt. Von Kaiser Ferdinand III. erhielt sie zahlreiche Privilegien. Ihr Hauptzweck war Bestattung Verstorbener, am liebsten Hingerichteter. Für sie hatte die Brüderschaft einen eigenen Armensündergottesacker. Sie hat bis 1782 bestanden. An ihre Stelle trat später ein St. Joseph-Arimathia-Verein[4].

Noch im achtzehnten Jahrhundert waren die Brüderschaften in Wien außerordentlich zahlreich, so daß auch damals noch vielfache Anklänge an die alten Elendengilden sich ergeben. 1783 gab es im ganzen in Wien 116. Weiß[5] teilt sie in vier Gruppen ein und bezeichnet davon eine als Armenseelenbrüderschaften, die den armen Seelen im Fegfeuer zu Hilfe kommen wollten. Im einzelnen bestand z. B. bei St. Peter eine Liebesversammlung der armen Seelen, in St. Stephan eine Liebesversammlung der Sterbenden unter dem Schutze Unserer lieben Frau und eine Hilfsversammlung der armen Seelen, bei den Karmelitern in der

---

[1] Bermann p. 511.
[2] Geschichte der Stadt Wien, hrsg. vom Altertumsverein II. 2, 1905 p. 923.   [3] Bermann p. 568.   [4] Bermann p. 878. 906.
[5] Karl Weiß, Geschichte der öffentlichen Anstalten, Fonds und Stiftungen für die Armenversorgung in Wien, 1867 p. 75 ff.

Leopoldstadt eine Liebesversammlung unter dem Schutze unser lieben Frau um ein glückliches Ende usw. Durch Dekret vom 5. Mai 1783 sind alle diese Brüderschaften aufgehoben und in eine einzige zusammengezogen worden.

Neben Wien sind Prag und Kommotau zu nennen. Samuel Gottlieb Heine [1] nannte, wie wir oben sahen, für Rochlitz eine Brüderschaft exulum und eine Elendeseelen-Brüderschaft, die er für verschieden ansah. Dabei bemerkt er: „Was die beyden vorgenannten Brüderschafften unseres Orts betrifft, so befinden sich dergleichen noch zu Prage und anderer Orten mehr." Eine Bestätigung dieser Angabe hat sich in Prag nicht ausfindig machen lassen. Vielleicht handelt es sich dabei nur um eine moderne Armeseelenbrüderschaft.

Für Kommotau sind wir bis auf weiteres gleichfalls ausschließlich auf Heines Zeugnis angewiesen. Aber hier teilt er wenigstens ein paar nähere Angaben mit. Er erzählt, er habe selbst einmal ein Diplom in der Hand gehabt, das ein neu eingetretenes Mitglied der Elenden-Seelen-Brüderschaft in Kommotau bekommen hatte, dazu ein mit dem Diplom übergebenes Kupferplättchen mit wunderlichen Abbildungen, die einem Fegfeuer-Schutzverein alle Ehre machten.

Das k. k. Haus-, Hof- und Staatsarchiv in Wien teilte am 13. Oktober 1905 mit, daß „trotz sorgfältiger und eingehender Nachsuchung" in den dortigen Beständen keine Nachrichten über Elendenbrüderschaften gefunden worden seien. Auch eine Anfrage bei dem Landesarchiv in Hermannstadt hatte ein negatives Ergebnis.

Ein Dorf Elend liegt in Mähren, im Kreise Olmütz [2]. Bekannt sind aus Kärnthen am Ankogl, südöstlich von Gastein, der große und der kleine Elendferner, der große und der kleine Elendbach, das große und das kleine Elendtal, die große und die kleine Elendscharte, die Elendhütte und das kleine Elendkees [3].

---

[1]) Beschreibung der alten Stadt und Grafschaft Rochlitz in Meissen, 1719 p. 157.
[2]) Ritter, Geographisch-statistisches Lexikon I², 1874 p. 439.
[3]) Bädeker, Tirol ¹⁴, 1890 p. 410 und Karte bei p. 136.

In Tirol lassen sich Elendenherbergen nachweisen[1], ebenso in großer Zahl in der Schweiz, z. B. in Basel[2], Bern, Zürich, Altdorf und Winterthur. In Zürich hieß noch bis auf die neueste Zeit ein Wirtshaus die elend Herberig. In Winterthur heißt ein Haus Elend. In der Schlachtkapelle zu Dorneck hat man eine Wallfahrt zum elenden Bein[3]. Elendenbrüderschaften dagegen scheinen völlig zu fehlen. Auch in den romanischen Ländern sucht man sie vergeblich. Nur verwandte Erscheinungen lassen sich in Frankreich etwa in Limoges[4] oder in Spanien in der Hermandad del Refugio[5] nachweisen. In Rom gab es eine Confraternita della s. Trinità de' pellegrini e convalescenti, gegründet von St. Philipp, bestätigt 1560 von Pius IV. Im Jahre 1821 wurden in Rom gedruckt: Statuti della ven. archiconfraternita de' pellegrini e convalescenti di Roma accresciuti e riformati.[6] In Rom hatte vermutlich gleichfalls ihren Sitz eine Brüderschaft, die in neuerer Zeit tätig war, um einsam Gestorbene christlich zu bestatten[7]. Noch heute sieht man bekanntlich in Rom Brüderschaften, die den Leichen das Geleit geben[8]. In Neapel wurde 1579 das Pilgerhaus S. Trinità de' Pellegrini von einer Brüderschaft gestiftet, welche daselbst für Beherbergung, Bewirtung und wahrscheinlich auch im Notfall für das Begräbnis der Pilger sorgte und noch 1834 aus 900 Mitgliedern aus allen Ständen bestanden haben soll[9]. In Florenz gab es schon seit 1244 eine Brüderschaft der Barmherzigkeit. Die Mitglieder widmeten sich den verschiedensten Liebeswerken; darunter wird auch das Bestatten Fremder genannt. 1489 wurde sie

---

[1]) Schöpf und Hofer, Tirolisches Idiotikon, 1866 p. 104. 260.
[2]) Fechter, Beiträge zur vaterländischen Geschichte IV, 1850 p. 370 f. 395 f. Ochs, Geschichte der Stadt Basel VI, 1821 p. 450.
[3]) Staub und Tobler, Schweizerisches Idiotikon I, 1881 Sp. 176 ff.
[4]) Le Cabinet historique, Moniteur des Bibliothèques et des Archives XXIX, 1883 p. 617 ff. p. 621. 625 ff.
[5]) Moreau-Christophe, Du probleme de la misère et de sa solution chez les peuples anciens et modernes III, 1851 p. 107.
[6]) Morighini, Degl' istituti di pubblica carità ed istruzione primaria e della prigioni in Roma. Nuova edizione I, 1842 p. 102 ff.
[7]) Moreau-Christophe III p. 6.
[8]) Vgl. z. B. Hohenlohe-Ingelfingen, Aus meinem Leben II[2], 1906 p. 170.
[9]) Ersch und Gruber, Encyclopädie II, 11 1834 v. Hospital p. 120.

neu bestätigt und scheint sich ähnlich wie die Archiconfraternita di S. Giovanni decollato in neuerer Zeit besonders der Schaffotkanditaten und -Opfer angenommen zu haben[1]. Eine gleiche Brüderschaft der Barmherzigkeit soll auch in Livorno existiert haben[2].

Blicken wir auf die durchforschten Länder zurück, so ergibt sich, daß sich die Verbreitung der Elendenbrüderschaften fast ausschließlich auf Deutschland beschränkt. „Dat elende lag" in Odense, die Elendigkeit der Rigaer Schuh- und Bäckergesellen und die elende Seelenbrüderschaft in Buerkerck sind spärliche Ausläufer deutscher Entwickelungen.

Innerhalb Deutschlands aber zeigt sich weiter ein ganz überraschender Gegensatz zwischen den einzelnen deutschen Gebieten. Nicht die Spur von Berechtigung hat die törichte Behauptung, die sogar von Uhlhorn aufgestellt worden ist, als hätte es im Mittelalter in allen Städten Elendengilden gegeben. Trotz aller Mühe haben wir doch im ganzen kaum hundert nachweisen können. Von so häufigem Vorkommen wie beim Kaland ist hier gar nicht die Rede.

Ein starker Unterschied besteht zunächst zwischen Nord- und Süddeutschland. Im Süden haben wir mit Einrechnung der zweifelhaften Fälle nur acht Elendenbrüderschaften ermittelt. Aber auch innerhalb Norddeutschlands ist es höchst auffällig, wie sich stellenweise die Elendengilden auf engem Raume aneinander reihen, während andererseits große Gebiete nur spärliche oder gar keine Beispiele aufweisen.

Im allgemeinen können wir offenbar zwei Verbreitungsgebiete in Deutschland unterscheiden, ein östliches und ein westliches. Das erste ist das weitaus größere. Es läßt sich ungefähr durch Hamburg, Braunschweig, Jena, Prag, Soldin, Altenkirchen und Odense abgrenzen. Das zweite, sehr viel kleinere hat den Rheingau zum Mittelpunkt und liegt innerhalb des Vierecks Koblenz, Reil an der Mosel, Neuenheim bei Heidelberg und Frankfurt a. M. Außerhalb dieser beiden Gebiete sind die Elendenbrüderschaften z. B. in Paderborn,

---

[1]) Morighini II, 1842 p. 265 f. Hefele, Conciliengeschichte VIII, 1887 p. 599. Moreau-Christophe III p. 87 f.
[2]) Moreau-Christophe III p. 89 not. 2.

Korbach, München und Wien nach den hier benutzten Quellen als Seltenheit anzusehen. Von den nachgewiesenen Elendengilden entfällt beinahe die Hälfte auf die beiden Regierungsbezirke Magdeburg und Potsdam. Hier haben wir es zweifellos mit sächsichem Gebiet zu tun. Aber andererseits gehört das kleinere Verbreitungszentrum am Rhein durchaus fränkischem Gebiet an. Und große altsächsische und später von sächsischen Kolonisten besiedelte Länder haben gar keine oder nur sehr wenige Elendengilden. Wenn man also die Elendengilden wie die Kalande für eine sächsische Spezialität hat erklären wollen, so ist das in doppeltem Sinne falsch. Und richtig bleibt nur, daß sie sich in der Mitte Norddeutschlands am reichsten entfaltet und ausgebreitet haben.

Den Stammesunterschieden kann demgemäß für die Verbreitung nur in sehr eingeschränkter Form Einfluß zugeschrieben werden. Dagegen scheint die Zugehörigkeit zu dieser oder jener Diözese von größerer Bedeutung gewesen zu sein. Das Erzbistum Magdeburg und das Bistum Brandenburg kommen dabei an erster Stelle in Betracht. Daneben wäre etwa das Bistum Schwerin zu nennen. Freilich sind auch innerhalb dieser Grenzen die Elendenbrüderschaften sehr ungleichmäßig verteilt.

Immerhin drängt sich der Gedanke an diese katholischkirchlichen Gliederungen um so mehr auf, wenn man neben dem Verbreitungsgebiet auch die Verbreitungszeit ins Auge faßt. Keine einzige der vorliegenden Nachrichten geht in das dreizehnte Jahrhundert zurück, dem doch die Anfänge der Kalande angehören. Aber plötzlich wie mit einem Schlage tauchen kurz nach Beginn des vierzehnten Jahrhunderts an den verschiedensten Ecken Deutschlands die ersten Nachrichten über Elendenbrüderschaften auf. Aus Wien stammt die älteste Angabe überhaupt, aus dem Testament von 1310, in dem damals die Elendenzeche im Schottenstift bedacht wurde. In das Jahr 1310 oder wahrscheinlicher 1315 gehört andererseits jene Brandenburger Urkunde von den Fratres kalendarum exilii, die ersichtlich der Entstehungszeit der Elendsgilden angehört.

Lange hat die mit dem vierzehnten Jahrhundert beginnende Blüte der Elendenbrüderschaften nicht gewährt. Mit dem sechzehnten Jahrhundert verschwinden sie fast ausnahmslos aus den protestantisch werdenden Ländern. Und in den katholischen Gebieten werden sie gleichfalls vielfach aufgelöst oder verknöchern und verdorren bei lebendigem Leib. Wie bei allen Brüderschaften, so ist auch bei diesen unstreitig das vierzehnte und fünfzehnte Jahrhundert die eigentliche Blütezeit gewesen. In dem Deutschland dieser beiden letzten vorreformatorischen Jahrhunderte war die Kirche der ausschlaggebende Faktor. Und darum eben haben wir allen Grund, zur Erklärung der auffällig wechselnden Verbreitung der Elendsgilden auf die kirchlichen Organisationsformen an erster Stelle zu verweisen. Sie sind in dieser Hinsicht wichtiger als die Stammesgegensätze gewesen. Offenbar haben Kirche und Klerus in einigen Gegenden bestimmend auf die Entstehung dieser Gilden eingewirkt. Die Richtigkeit derartiger Vermutungen wird noch einleuchtender, wenn wir uns die Orte vergegenwärtigen, welche Elendsgilden gehabt haben. Es sind in nicht geringer Zahl Wallfahrtsorte oder Knotenpunkte des Pilgerverkehrs gewesen, z. B. Kiedrich, Koblenz, Brandenburg, Nauen, Klipleff usw. Und versteht sich nicht kirchlicher Einfluß bei dem Brüderschaftswesen des späteren Mittelalters von selbst? Wie jede Brüderschaft, so hat auch jede Elendsgilde ihre Kirche oder ihr Kloster, mit denen sie in dauernder Beziehung steht. Doppelt kommt die Kirche hier in Frage, wo es sich um christliche Liebestätigkeit, um Herbergen und Begraben armer, verlassener, fremder Leute handelt. Aber freilich war auch die Kirche nicht allmächtig. Aufzwingen lassen sich derartige Wohltätigkeitseinrichtungen nicht. Und außerdem hatte auch die Kirche da kein Interesse, Elendengilden ins Leben zu rufen, wo bereits der gewünschte Zweck auf andere Weise erreicht wurde. Hier macht sich ganz besonders der Unterschied in der Verbreitung der Elendenbrüderschaften und Elendenherbergen geltend. Wo gute Herbergen, eventuell mit Kapellen und Kirchhöfen, Priestern und Totengräbern bestanden, da war keine Elendsgilde weiter nötig.

Zweiter Teil.
Die Organisation, die Zwecke und der Ursprung der Elendenbrüderschaften.

I.
Die Organisation.

Wir haben von der Gründung auszugehen und dann weiter die Mitgliedschaft und die Stellung der Vorsteher zu besprechen. Erste Voraussetzung der Entstehung einer Elendenbrüderschaft ist der freiwillige Zusammenschluß mehrerer Personen zu einer Brüderschaft mit dem Willen, sich in dieser oder jener Weise der Fürsorge für die Elenden zu widmen. Bestimmte Formen für den Abschluß des Vertrages sind von der Bestätigung abgesehen, soweit die Quellen Auskunft geben, niemals als notwendig angesehen worden. Der öffentlich erklärte oder sichtbar gewordene Wille der beteiligten Gründer reicht aus. Zwang zur Errichtung einer Elendenbrüderschaft von seiten des Staates oder der Gemeinde oder der Kirche findet in keinem Falle statt.

Zur öffentlichen Bezeugung der Gründung der Elendenbrüderschaft allein scheinen selten oder fast nie feierliche Urkunden aufgenommen worden zu sein. Aber leicht verbindet sich mit der Errichtung irgendein besonderer Anlaß, der schriftliche Fixierung nahelegt: es werden nähere Abreden unter den Mitgliedern über ihre Pflichten und Rechte getroffen, Vorsteher und Altaristen eingesetzt oder Altäre gestiftet, Vermögenszuwendungen geleistet und angenommen, es wird mit dem Rate der Stadt über das Patronat des Altarlehns oder mit der Kirche über die Feier der Brüderschaftsgottesdienste verhandelt. Bei allen solchen Gelegenheiten kommt sowieso jede Brüderschaft schnell genug in die Lage, nicht nur ihre Existenz, sondern zugleich Rechte, die sie erwirbt, oder Pflichten, die sie übernimmt, öffentlich beurkunden zu lassen.

Das Wichtigste für jede neu entstehende Elendenbrüderschaft ist ohne Zweifel die Errichtung der Statuten gewesen. Schriftlichkeit ist auch dabei nicht wesentlich. Es genügt, wenn die Abreden über Mitgliedschaft, Vermögensverwaltung und

Elendenfürsorge mündlich getroffen werden. Aber da die
Elendenbrüderschaft für die Dauer bestehen soll, so schreitet
man namentlich in größeren Orten bei zahlreicher Beteiligung und
erheblichem Besitz in der Regel zur Niederschrift der getroffenen Abmachungen. In allen diesen Fragen hat das Belieben
der Gründer weitesten Spielraum. Die heute noch vorliegenden
Quellen zeigen, daß im einzelnen sehr verschieden verfahren
wurde. Zuweilen stammen die Statuten aus dem Jahre der
Gründung, z. B. in Soldin 1326. Zuweilen sind sie erst viele
Jahre später errichtet, wobei auch wieder die doppelte Möglichkeit erstmaliger Fixierung der bisher beobachteten Gewohnheit oder bloßer Erneuerung älterer schriftlicher Statuten vorliegt. Mitunter erfahren wir die näheren Bedingungen des Zusammentritts aus dem Gesuch um Bestätigung oder Ablaßerteilung
oder aus den Bestätigungsurkunden oder Ablaßprivilegien selbst.
Dabei bleibt mehrfach zweifelhaft, ob wir es mit den Statuten
selbst oder nur mit einem Auszug zu tun haben.

Beispiele vollständiger Statuten von Elendenbrüderschaften
sind nicht sehr häufig. Zu den ältesten gehören die Statuten
der Soldiner Fraternitas advenarum von 1326. Sie sind vom
Magistrat aufgestellt, der an der Gründung beteiligt war. Von
1346 datiert das Bruchstück der Stendaler Statuten. In Odense
wurden die Statuten 1435 bei der Gründung aufgestellt. Ebenso
geschah es 1443 in Korbach. Dagegen lernen wir die Statuten
von Koblenz, das seit 1441 eine Elendenbrüderschaft hatte, erst
aus dem Bestätigungsbrief des Trierer Erzbischofs von 1445
kennen. Ganz ähnlich steht es mit Kiedrich und Paderborn.
Auch in diesen Fällen erhalten wir heute wenigstens Kenntnis
von den Statuten ausschließlich durch die Bestätigungsurkunden,
während die Kiedrich-Brüderschaft schon 1445 bestand und die
Paderborner zwischen 1415 und 1463 gegründet war. In
manchen anderen Fällen werden die Statuten heute noch
irgendwo versteckt liegen. Aber andererseits sind zweifellos
durchaus nicht überall besondere schriftliche Statuten vorhanden
gewesen. Dies ergibt sich mit voller Sicherheit aus den zahlreichen sehr genauen Angaben über die Auflösung von Elendenbrüderschaften, namentlich aus der Reformationszeit. Wenn
dabei gar nicht selten ausdrücklich betont wird, daß etwa
außer einem Einkommenregister und ein paar Rentenbriefen

keine Urkunden vorhanden seien oder jede Nachricht über das Alter der Gilde wegen des Mangels alter Dokumente als unmöglich bezeichnet wird, so läßt das nicht bloß auf das Verlorengehen, sondern auch auf das Nichtvorhandensein schriftlicher Statuten bei manchen Elendenbrüderschaften schließen. Und sicherlich konnte man bei einfachen Verhältnissen auf dem Lande von besonderer feierlicher Statutenerrichtung absehen. Für die Elendsgilden hatte sich je länger je mehr ein fester Typus ausgebildet. Dieser wurde akzeptiert. Und damit kam man aus. Die paar notwendigen Regeln ließen sich auswendig behalten. An die Schmausereien und Gelage dachte jeder von selbst, wenn der freudige Tag näher rückte. Und an die Innehaltung der Messen und andern kirchlichen Feiern erinnerte im Notfall der Pfarrer oder Altarist.

Der Formalismus des germanischen Obligationenrechts war am Ausgang des Mittelalters in allmählicher Abschwächung begriffen. Das Prinzip der Formlosigkeit des Vertragsabschlusses warf bereits seine Schatten voraus. In Verhältnissen wie hier, die zu Prozessen selten Anlaß gaben, hat man auf Geltendmachung und Anwendung der strengeren Formen des älteren Rechts am frühesten verzichtet.

Auch hinsichtlich der Bestätigung war das Verfahren bei den Elendenbrüderschaften sehr lax. Zu unterscheiden ist die Bestätigung durch die weltliche und durch die geistliche Obrigkeit.

Weltliche Landesherren haben Elendsgilden zuweilen bestätigt, wenn sie darum gebeten wurden. Aber ein Erfordernis für den rechtsgültigen Bestand der Gilden haben sie wohl nie daraus gemacht. Sie haben sich zwar schon vor der Reformation gelegentlich Eingriffe in die Entwicklung des Brüderschaftswesens gestattet, wie wir das etwa in Mecklenburg gesehen haben. Aber mindestens dem Mittelalter ist die Auffassung fremd, daß der Staat die Aufgabe habe, Elendengilden zu konzessionieren und Gilden, die nicht um die Konzession bei ihm eingekommen sind, nicht anzuerkennen oder aufzuheben. Ein Beispiel für eine landesherrliche Bestätigung aus dem fünfzehnten Jahrhundert bietet die Urkunde Herzog Wartislavs IX. zugunsten der Dreifaltigkeitsgilde auf Rügen. Ein Beispiel aus der Neuzeit findet sich in den Akten des Münchener Kreisarchivs; der Vorsteher der dortigen Elendenbrüderschaft richtete 1769 ein Bittgesuch an den Kurfürsten, er möchte die Bestätigung erteilen. Am häufigsten werden solche landesherrlichen Konzessionen nebenher in Urkunden erteilt, die der Hauptsache nach einen ganz anderen Zweck verfolgen, z. B. die Übertragung einer Rente seitens des Landesherren an die Gilde betreffen.

Bei den Stadtobrigkeiten liegt die Sache ähnlich. Auch hier läßt sich kein allgemeiner Bestätigungszwang nachweisen. Aber oft sind Bestätigungen vorgekommen. Doch gerade an den nachweisbaren Fällen erkennt man, wie dafür regelmäßig besondere Gründe maßgebend gewesen sind. Der Rat erklärt etwa seine Zustimmung zur Aufrichtung einer Elendsgilde, wenn er selber oder einzelne seiner Mitglieder den Anstoß zu der Gründung gegeben haben oder wenn ihm auf Geld- und Rentenstiftungen hin, die er geleistet hat, Patronatsrechte am Altarlehn zugesprochen werden. Wirtschaftliche Verbände, Zünfte, Handwerker- und Gesellenvereine, die ihre Kraft zum Kampf mit den Geschlechtern durch Zusammenschluß verstärken wollen, bedürfen häufig ausdrücklicher Anerkennung. Aber diesen harmlosen Brüderschaften gegenüber mit ihren religiösen und wohltätigen Zwecken haben die städtischen Behörden offenbar vielfach auf jede Bestätigungspflicht verzichtet.

Anders steht es mit der Frage der Bestätigung durch die kirchlichen Oberen. Sie findet sich nicht bloß tatsächlich sehr viel häufiger erteilt, sondern zuweilen wird es geradezu als zwingende Rechtsvorschrift hingestellt, diese Bestätigung nachzusuchen. Aus dem vierzehnten Jahrhundert liegen spezielle Nachrichten in diesem Sinne nicht vor. Der enorme Aufschwung, den das Brüderschaftswesen damals nahm, war der Kirche höchst willkommen. Sie dachte nicht daran, diese Entwicklung durch lästige Kontrollmaßregeln hemmend zu stören und zu unterbinden. Sie begnügte sich mit der durch Vermittlung der Ortspfarrer überall leicht durchführbaren Beaufsichtigung. Aber als im Laufe des fünfzehnten Jahrhunderts die Schattenseiten mehr und mehr hervortraten, als die Vernachlässigung der religiösen Zwecke vielfach zur Verschwendung der Einkünfte und roher Schwelgerei und hier und da zur Begünstigung politischer oder kirchlicher Opposition führte, da tauchten sehr bald allenthalben in der abendländischen Kirche Repressivvorschriften auf. Seit dieser Zeit findet sich nicht selten die Bestätigung zur Bedingung gemacht. In Deutschland sprach sich schon das Mainzer Provinzialkonzil von 1451 gegen die Zulassung neuer Brüderschaften aus[1]. Der Kardinallegat Nikolaus von Kues soll damals hauptsächlich diesen Standpunkt vertreten haben[2]. Auch das Kölner Provinzialkonzil von 1452 verbot die Errichtung neuer Brüderschaften, „durch welche die Religion und die Rechte der Kirche Nachteil erleiden könnten"[3]. Die Klausel hat deutlich die Bestätigungspflicht zur Voraussetzung. Auf der Synode von Basel wurde 1503 beschlossen, daß Brüderschaften nicht ohne bischöfliche Genehmigung errichtet werden dürften[4]. Die Pariser Synode von 1522 setzte sogar die Strafe des Bannes auf die Errichtung von Brüderschaften, wenn nicht dazu die ausdrückliche Zustimmung und die Approbation des Bischofs erlangt sei[5]. Das Pariser Konzil von 1528 wiederholte das Verbot und schrieb sogar bei allen bestehenden Brüderschaften Einreichung der Statuten binnen sechs Monaten vor. Gleichzeitig wurde bestimmt, daß den Brüderschaften nur vom Bischof bestellte Priester dienen dürften und daß die Vorsteher vor dem Bischof oder dem Offizial vereidigt werden sollten[6]. In demselben Jahre wurde auf dem Konzil von Bourges der Satz aufgestellt, daß ohne Befragung des Ordinarius keine Brüderschaften zu errichten seien[7]. Zum Teil sind diese schroffen Bestimmungen der nervösen Angst entsprungen, in die die Kirche durch den Ausbruch der Reformation geraten war. Die Anfänge dieser Gegenströmung reichen sehr viel weiter zurück.

Bei den Elendengilden kommen geistliche Bestätigungen schon im vierzehnten Jahrhundert vor. Aber die Praxis war sehr milde. Noch im fünfzehnten Jahrhundert begegnen uns gar nicht selten Beispiele, wo die Bitte um Bestätigung erst viele Jahre und Jahrzehnte nach der Errichtung ausgesprochen wird. Dagegen läßt sich nicht einwenden, es handle sich nur um Erneuerung älterer Bestätigungen. Denn die Erneuerungen

---

[1] Hefele, Conciliengeschichte. VIII p. 51. [2] VIII p. 49.
[3] VIII p. 54. [4] VIII p. 373. [5] IX p. 323. [6] IX p. 644.
[7] IX p. 630.

nehmen stets nicht nur auf die erste Bestätigung Bezug, sondern wiederholen sie sogar wörtlich. In der Kiedricher Urkunde von 1445 oder der Paderborner von 1492 ist von dergleichen keine Rede. Und doch sind beide nachweislich nicht in diesen Jahren erst gegründet. Auf die veränderte Haltung der Kirche wird es zum Teil zurückzuführen sein, daß vom Ende des fünfzehnten und vom Anfang des sechzehnten Jahrhunderts besonders zahlreiche Bestätigungen vorliegen. Mit der Neuregelung hängt es ferner zusammen, wenn es in Krone an der Brahe 1596 übel vermerkt wurde, daß die Fraternitas pauperum nur von Abt und Konvent, aber nicht vom Ordinarius loci bestätigt war, und der Abt im Visitationsdekret einen Verweis erhielt, weil er sich herausgenommen habe, die Brüderschaften jener Stadt eigenmächtig zu bestätigen. Noch nach geltendem Recht stehen die Brüderschaften unter der Aufsicht des Ordinarius.

Häufig ist ferner von der Bestätigung oder wenigstens von der Zustimmung des Pfarrers die Rede. Auch wenn er nicht zu den Gründern der Brüderschaft gehörte oder bald als Mitglied beitrat, war er die gegebene Persönlichkeit für die Vermittlung des Verkehrs zwischen ihr und dem Bischof. Und auch zahlreiche eigene Interessen der Seelsorge und des Geldbeutels lagen für ihn selbst vor, sofern es sich um Abhaltung der Brüderschaftsgottesdienste in seiner Kirche, um Bau und Ausstattung eines Elendenaltars, um Förderung kirchlichen Lebens und christlicher Wohltätigkeit oder um Anstellung eines Altaristen handelte. Die Opfergaben auf den Brüderschaftsaltären fielen bei manchen Kirchen dem Pfarrer zu. In anderen Fällen, wie in Krone, hatte die Brüderschaft dem Pfarrer jährlich eine bestimmte Steuer zu zahlen. Aus allen solchen Rücksichten ergibt sich, daß der Pfarrer und die Brüderschaft allen Anlaß zu dem Wunsche hatten, ihre rechtlichen Beziehungen genau zu regeln. Hat man sich geeinigt, so wird eine Urkunde aufgesetzt, und gelegentlich erteilt dann der Pfarrer eine feierliche Bestätigung oder er erklärt wenigstens, die gute Absicht der Stifter der Gilde durchaus zu billigen. Solche Abmachungen wurden oft getroffen. Bald bedingt sich gleichzeitig der Pastor das Patronatsrecht am Elendenaltar auf Lebzeiten oder auch zugunsten seiner Nachfolger aus. Bald zählt die Brüderschaft ihrerseits ganz genau alle Pflichten auf, die sie dem Pfarrer gegenüber übernimmt. Aber mehr noch als in den höheren Regionen der Geistlichkeit hat in diesen Beziehungen zum Ortspfarrer weitgehende Verkehrsfreiheit gegolten. Wenn dort wenigstens in späterer Zeit die strikte Forderung geltend gemacht wurde, die bischöfliche Bestätigung einzuholen, so ist hier davon niemals die Rede gewesen. Der neu sich bildenden Brüderschaft war es sowieso erwünscht, mit dem Pfarrer auf gutem Fuß zu stehen. Es war natürlich für sie von Vorteil, wenn sie sich bei der Bitte um Erteilung einer bischöflichen Bestätigung oder Privilegierung auf den Konsens des Pfarrers berufen konnte. Aber so oft erklärlicherweise unter diesen Umständen der Pfarrer seine Bestätigung erteilt hat, bleibt doch der Satz bestehen, daß ein Zwangserfordernis nicht vorlag und seiner Zustimmung mehr tatsächlich als rechtlich Bedeutung zukam.

Mit der Bestätigung seitens des Bischofs wird sehr häufig von der Gilde auch die Erteilung des Ablasses erbeten. Ohne Zweifel war das bei solchen Doppelgesuchen der Hauptzweck. Daneben kommen natürlich auch Ablaßprivilegien vor, die dies und weiter nichts sind. Jede Brüderschaft hat den Wunsch, wenigstens eine derartige Begnadung zu besitzen. Bekommt sie im Lauf der Zeit mehrere, so ist es ihr um so lieber. Die Modalitäten entsprechen sich dabei in gleichmäßig wiederkehrender Form.

Das Maß des Ablasses beträgt regelmäßig vierzig Tage. Dazu kommt oft Befreiung von vierzigtägigem Fasten. Aussteller des Privilegs ist in den meisten Fällen der Diözesanbischof. Aber zuweilen genügt der Brüderschaft ein Ablaßbrief von diesem allein noch nicht. Sie wendet sich noch an einen oder mehrere andere Bischöfe. Und schließlich ist man auf diesem Wege dahin gekommen, sich Ablässe von einem Dutzend und mehr Bischöfen auf einmal erteilen zu lassen. Die Elendenbrüderschaft zum Heiligen Geist in Hamburg erhielt 1434 gleichzeitig von zwei Erzbischöfen und dreizehn Bischöfen ein solches Kollektivprivileg. Die Absicht der Aussteller und die Ansicht der Empfänger wird dabei nur auf verstärkte Garantie des vierzigtägigen Ablasses gerichtet gewesen sein. Aber lag für weitere Kreise, auf die das Privileg wirken sollte, der

Glaube so fern, die vierzig Tage mit fünfzehn multiplizieren zu dürfen? Schwerlich war Kumulation vollständig ausgeschlossen. Nur aus dieser Vorstellung erklärt sich, daß zu verschiedenen Zeiten immer wieder neue Privilegien von diesem und von jenem Bischof erbeten wurden. Mißbräuche blieben nicht aus. Manche Ablaßbriefe mögen erschlichen sein. Und fremde Bischöfe brauchen mitunter die Vorsicht, den Ablaß nur unter Vorbehalt der Zustimmung des Diözesanbischofs zu erteilen. Übereinstimmung herrscht vor allem in der Frage, wer den Ablaß bekommt. Nicht etwa die Elenden, für die die Brüderschaft sorgen will. Denn hier und überall geht der mittelalterliche Glaube der römischen Kirche von dem kräftigsten Egoismus aus. Die Wohltaten, die den Elenden erwiesen werden, sind nur Sprossen an der Leiter, auf der man selbst in den Himmel klettert. Für andere sorgt und betet man, um selber dabei Verdienst herauszuschlagen. Und solange man den erhofften Gewinn nicht sicher in der Tasche hat, ist es peinlich, wenn für den andern zu früh etwas erkleckliches abfällt. Von diesem Standpunkt ist es der mittelalterlichen Auffassung selbstverständlich gewesen, daß die herrliche Gnade des Ablasses der Brüderschaft und nicht ihren Schützlingen zufloß. Außer den Mitgliedern werden ständig nur noch diejenigen genannt, welche der Brüderschaft hülfreiche Hand bieten, sie fördern und unterstützen. Mitunter werden die Mitglieder unter dieser Formel gleichzeitig einfach mitverstanden. Ohne Zweifel lag nach dieser Richtung der Hauptzweck, der mit den Ablaßprivilegien verfolgt wurde. Die Bereitwilligkeit, als Mitglied einzutreten und namentlich Stiftungen zu machen zugunsten der Brüderschaft und ihres Altars und Altarlehns, sollte geweckt werden, indem himmlischer Lohn nicht in unbestimmter Allgemeinheit, sondern zu fester Taxe in Aussicht gestellt wurde. Und bei dem kaufmännisch-rechnerischen Sinn der damaligen Kirchlichkeit schlug das Mittel gut an, wie hunderte von Urkunden auch bei den Elendsgilden zeigen. Außer den Gildebrüdern und ihren Gönnern werden in einem Ablaßprivileg des Bischofs von Schwerin für eine der Salzwedeler Gilden sogar die bloßen Teilnehmer an den „divina et kalendae" an den Brüderschaftsgottesdiensten und Zusammenkünften als privilegiert bezeichnet. Aber das ist eine vereinzelte Ausnahme.

Die Ablaßpraxis bestand bekanntlich in den katholischen Ländern auch nach der Reformation weiter. Man begnügte sich damals, einige der schlimmsten Mißbräuche, die eingerissen waren, zu beseitigen. So kommt es, daß z. B. noch 1769 die Münchener Elendenbrüderschaft in ihrem Gesuch um landesherrliche Bestätigung darauf hinweisen konnte, „mit was für Heiligen Ablässen sie begnadigt und bis anhero bestätigt sei".

Über die heutige Handhabung des Ablasses in der katholischen Kirche orientiert das Buch von Beringer[1]. Der Verfasser stellt darin auch ein Verzeichnis der Brüderschaften, Kongregationen und frommen Vereine auf[2]. Die Elendenbrüderschaften hat er dabei vergessen, obwohl die Paderborner sich zweifellos noch heute ihres 1492 erworbenen und 1849 bekräftigten Ablasses erfreut.

Von selbst versteht sich für jede Brüderschaft und daher auch für jede Elendsgilde bei ihrer Gründung der Anschluß an eine bestimmte Kirche. Mit Vorliebe wurden die Pfarrkirchen dazu gewählt. Anschluß an Klosterkirchen, wie in Wien 1310 bei der Elendenzeche im Schottenstift oder 1418 in Bergen bei der Dreifaltigkeitsgilde im Nonnenkloster, kommt selten vor.

Eine Ausnahme ist es auch, wenn die Brüderschaft einen besonderen irdischen Patron erhält. Sehr häufig werden Dritten Patronatsrechte am Lehn des Elendenaltars zugesprochen. Und ebenso oft werden die Heiligen, denen die Elendenaltäre geweiht waren, als Patrone der Brüderschaft bezeichnet. Aber nur ganz vereinzelt steht es da, wenn die Elendengilde in Bergen unter dem Patronat des Nonnenklosters lebte. Alle öffentlichen Beurkundungen der Gilde mußten von der Äbtissin untersiegelt werden, die also zweifellos Einspruchsrechte geltend machen konnte. Von den Schmausereien, an denen teilzunehmen für die Nonnen wohl nicht schicklich war, mußten Rekognitionsgebühren in natura in die Klosterküche geschickt werden: „von den Hauptgerichten eine gewisse Spende, nebst Weißbrot und Bier". Ein ähnliches Patronatsverhältnis hat vielleicht hier und da zwischen Elendengilde und Magistrat bestanden. Die Münchener Elendenbrüderschaft stand mindestens seit dem achtzehnten Jahrhundert „unter magistratischem Schutz". Gehor-

---

[1]) Die Ablässe, ihr Wesen und ihr Gebrauch. 12. Aufl. 1900.
[2]) p. 497 ff.

sam gegenüber dem Rat wird auch in den Stendaler Statuten den Elenden zur Pflicht gemacht. Der Erwerb der Mitgliedschaft steht prinzipiell jedem Erwachsenen frei, gleichviel ob er Mann oder Frau, Geistlicher oder Laie ist. Ein gewisses Alter, ein Mündigkeitstermin, der erreicht sein müßte, wird nie erwähnt. Nur herkömmlich bestanden, wie es scheint, auf dieser Grundlage in der Regel einige Schranken. Die Mitglieder sind meist Gemeindeangehörige oder wohnen doch in der Nachbarschaft in einem Dorf oder auf ihrem Gut. Die Frauen sind wahrscheinlich ebenso regelmäßig Ehefrauen von Mitgliedern gewesen. Daher wird die Zahl der Mitglieder nicht selten nach Paaren angegeben. Und daher hat umgekehrt die wohltätige alte Jungfer als soziale Vereinstante in den Urkunden der Elendenbrüderschaften keinen Platz gefunden. Auch in den Statuten werden zuweilen kleine Beschränkungen aufgestellt. Die Zahl der Mitglieder soll etwa die Zahl von 30 Paaren nicht überschreiten. So in Odense. In Dömitz war wenigstens 1514 die Mitgliederzahl genau so hoch. Oft steigen die Zahlen viel weiter in die Höhe. Die Teterower Elendengilde hatte „merklich viel Volk aus der Stadt und dem Lande", die Boitzenburger zählte „ungefährlich hundert Personen". In andern Fällen wird die Zustimmung der Vorsteher oder der ganzen Brüderschaft zur Bedingung der Aufnahme neuer Mitglieder gemacht. So heißt es in den Kiedricher Statuten: die Kerzenmeister sollen die sich zum Beitritt Meldenden annehmen, „doch mit rade und verhengnisse der gebrüder". Ähnlich war in Odense Genehmigung der „Olderlude" und außerdem von sechs Brüdern notwendig. Bei der nahen persönlichen Berührung, in die die Brüderschaftsmitglieder vielfach kamen, mußte Wert darauf gelegt werden, unliebsame Elemente fernzuhalten. Auch wo die Statuten keine derartigen Klauseln enthalten, wird demgemäß verfahren worden sein.

Von solchen kleinen Ausnahmen abgesehen herrscht völlige Freiheit des Beitritts. Gegenüber manchen Orden und gegenüber den schroffen Gegensätzen des mittelalterlichen Ständerechts macht sich darin der demokratische Grundzug des Brüderschaftswesens geltend. Der Grundsatz der Rechtsgleichheit ist hier als Konsequenz der neutestamentlichen Lehre von der

Bedeutungslosigkeit solcher Unterscheidungen vor dem himmlischen Forum durchgeführt. König und Edelmann, Bürger und Bauer finden sich hier brüderlich zusammen, um das Los des fremden Bettelmanns zu bessern. Und wiederum sind es rein tatsächliche Gründe, die trotzdem zu einer oft sehr verschiedenartigen Zusammensetzung der Elendsgilden geführt haben. Zuweilen ist der Adel stark vertreten, Könige und Bischöfe sind Mitglieder, die Gilde hat einen vornehmen Zuschnitt, ist reich und gesucht. Ein andermal sind es wieder durchweg oder überwiegend kleine Bauern und Handwerker, die die Gilde mehr sich als andern Elenden zum Amüsement gestiftet haben. „Sint armhe lude, die denn hebbenn" heißt es von 1514 von dem Sternberger Verein. Solche Unterschiede finden sich oft auf engem Raume dicht nebeneinander. Die Regel aber ist offenbar die gleichzeitige Vertretung verschiedener Stände in den Elendsgilden gewesen.

Anschluß an eine bestimmte Handwerkergilde findet sich so gut wie niemals. Die Elendigkeiten der Schuster- und Bäckerknechte in Riga klingen nur mit ihrem Namen an unsere deutschen Elendsgilden an. Und in Deutschland selbst ist es eine Ausnahme, wenn in Neuruppin eine eingeschlafene Elendsgilde von den Knochenhauern wieder aufgenommen wird oder wenn sich in Teltow die Schuster und Schneider, die gar nicht unter sich allein waren, neben den übrigen Mitgliedern besonders breit machen. Die Zusammensetzung ist also regelmäßig selbst dann, wenn es sich ausschließlich um kleine Leute handelt, ungleichartig, indem auch abgesehen von den Frauen und Geistlichen, die dazu gehören, verschiedene Berufe vertreten sind.

Verzeichnisse der Mitglieder von Elendenbrüderschaften haben sich in verschiedener Weise erhalten. Wir erfahren entweder die Namen derer, die in einem bestimmten Zeitpunkt zusammen die Gilde gebildet haben, oder die Namen aller, die überhaupt Mitglieder gewesen sind. Ein Spezialregister der ersten Art steht z. B. am Schluß der Gründungsstatuten der Gilde von Odense; es sind damals 1435 fünfundzwanzig Namen, zu denen die Frauen hinzuzudenken sind, die Maximalgrenze von dreißig Paaren war also noch nicht erreicht. Für gewöhnlich werden in Deutschland sehr viel niedrigere Zahlen und

Namen bei der Gründung aufgeführt: ein paar Geistliche, ein paar Ratsherren etwa und eine Anzahl von Bürgern. Interessanter als solche Listen, die wir gelegentlich in Statuten und andern für die Brüderschaft besonders wichtigen Urkunden finden, sind die vollständigen Mitgliederverzeichnisse, die von Brüderschafts wegen dauernd geführt werden. Sie sind wohl fast nie sofort bei der Errichtung der Gilde angelegt und dann genau Jahr für Jahr fortgesetzt worden, indem pünktlich alle Neueintretenden gebucht worden wären. Sondern in der Regel sind es Totenbücher, libri mortuorum, die oft lange nach der Entstehung der Brüderschaft begonnen worden sind. Die Vornehmsten, wenn die Gilde es sich leisten kann, ein König oder Fürst oder ein Bischof oder ein Adliger, kommt an die Spitze und der Rest folgt hinterdrein, ohne daß auch nur Jahresangaben über die Zeit des Beitritts oder des Todes gemacht würden. Die Aufzeichnung sollte eben lediglich für die Seelmessen dienen, bei denen die Namen der verstorbenen Mitglieder abgelesen wurden. Die hochklingenden Anfänge solcher Listen sind übrigens schwerlich immer so zu verstehen, daß die dabei genannten Könige und Fürsten und Edelleute Mitglieder der Elendsgilden im gewöhnlichen Sinne waren. Zuweilen sind ihre Registerehrenplätze nachweislich nur deshalb für sie reserviert, weil sie bei Zuwendung von Renten oder Privilegien die Bedingung gestellt hatten, daß ihrer selbst und womöglich aller ihrer Vorfahren und Nachkommen in den Brüderschaftsmessen gedacht werden sollte. Sie sind gleichsam Ehrenförderer und Ehrenmitglieder der Elendsgilden. Was übrigens das Maß der Freigebigkeit in diesen Kreisen anlangt, so ist es zwar bei den Elendsgilden erheblich, aber nicht annähernd so groß, wie vielfach in den Städtechroniken behauptet wird. Bei näherem Zusehen stellt sich sehr häufig heraus, daß eine irrige Interpretation der Worte „donare, appropriare, schenken, Eigentum" usw. vorliegt. Oft kauft sich z. B. eine Elendengilde Renten für schweres Geld von einem Vasallen des Landesherren aus einem Lehen. Wenn dann hinterher der Landesherr sein Ja und Amen dazu sagt, so ist das zwar technisch eine Übertragung zu Eigentum, aber eine Schenkung der Rente von seiten des Landesherren an die Gilde ist es nach unseren heutigen landläufigen Begriffen nicht. Aber schon in solchen Fällen kommt nicht selten die Klausel der Fürbitte für den Landesherren in den Brüderschaftsmessen vor. Beispiele von Totenbüchern liefern Salzwedel, Möckern und Odense. Im Stadtarchiv von Salzwedel befindet sich ein „Liber mortuorum ghilde exulum in antiquo opido Soltwedel". Ziemlich am Anfang werden hier zwei Wittelsbacher Markgrafen genannt: „Margreue lodewich der romer und margreue lodewich". Voraus gehen zwei Pröpste. Es folgen andere Geistliche und Mitglieder altmärkischer Adelsgeschlechter. Riedel hat nur die ersten fünfzehn Namen mitgeteilt. In dem Totenbuch von Möckern, das 1429 angelegt ist, heißt es zunächst: „Der erste arme broder ist gewesen Her Albrecht van Zerbst, cuius anima in pace." Dann werden seine beiden Frauen Ilse und Jutta genannt. Das eigentliche Mitgliederregister dagegen stellt nur Geistliche an die Spitze, den Priester Herrn Heise von Königsborn, dann noch einen Priester, mehrere Pfarrer und Altaristen. Der Klerus nahm wie im spätern Mittelalter überhaupt so auch hier bei den für Seelmessen bestimmten Aufzeichnungen den Vortritt für sich in Anspruch. Auch in der Liste von Odense sind die Namen nach dem Rang, nicht nach der Zeit geordnet. Die Überschrift lautet: „Nomina fratrum defunctorum de convivio alienigenarum discedentium." Den Reigen eröffnet hier ausnahmsweise nicht die Geistlichkeit, sondern König Hans und Königin Christina. Von Bedeutung ist in diesem Zusammenhang auch das Personenregister der oben erwähnten Flensburger Gertrudsgilde. Die Berufsarten sind hier regelmäßig angegeben. Nyrop hat danach die einzelnen Kategorien zusammengestellt. Das Ergebnis zeigt überraschend, wie bunt die namentlich aus Handwerkerschichten aller Art zusammengesetzte Gesellschaft gemischt war. Auch an das Paderborner Verzeichnis ist hier zu erinnern.

Ablegung irgendwelcher Gelübde oder Verpflichtung zu gemeinsamem Leben wird niemals von den neuen Mitgliedern verlangt. Wohl aber ist häufig eine kleine Abgabe in Geld oder Wachs zu entrichten. Die Höhe der Gebühren ist zuweilen mit Rücksicht auf die Verwandtschaft oder die Gemeindeangehörigkeit abgestuft. Genaue Angaben macht darüber Monnich 1514, der bei seiner Reise durch Mecklenburg die Anweisung erhalten hatte, zu fragen, „wat men für den ingang der gilden geuen mothe". In Teterow zahlte damals „ein paar Leute", also Mann und Frau zusammen, wenn sie aus der Stadt waren, eine halbe Mark; dagegen mußten die Dorfbewohner aus der Umgegend eine ganze Mark und dazu ein halbes Pfund Wachs entrichten. In Waren betrug das Eintrittsgeld sechs gute Schillinge, in Plau anscheinend nur die Hälfte. In der Stadt Grabow war ein Pfund Wachs zu Lichten zu liefern. In Dömitz gaben Mann und Frau zusammen fünf Schillinge und ein Pfund Wachs. In Boitzenburg mußten pro Kopf zwei Schillinge gezahlt werden. Und aus Wittenburg berichtet Monnich: „Vor den ingangh gifft menn $1/2$ punt wass vnd I blaffert tidtgeld." Bei den übrigen Elendsgilden in Mecklenburg hat Monnich vergessen, die Höhe der Gebühren zu notieren. Ganz ähnliche Angaben finden sich auch in andern Gebieten. Die Soldiner Statuten von 1326 verlangen zwei Scheffel Getreide, halb Weizen, halb Gerste, zwei Schillinge Brandenburgischer Denare und ein Talent Wachs. In Odense hatte nach den Statuten von 1435 jedes Paar um seiner Seelen Seeligkeit willen zur Verbesserung der Brüderschaftsmessen fünf Mark Lübisch und vier Mark in Wachs zu entrichten. Das Elende Licht von Korbach war bescheidener: es forderte von Neueintretenden nur drei Pfennige und zwar lediglich „zur Urkunde", wie bezeichnenderweise hinzugefügt wird. In Kiedrich genügte nach der Bestätigungsurkunde von 1450 für den Eintritt ein Pfund Wachs.

Neben diesen Eintrittsgebühren mußte häufig die Verpflichtung zur Zahlung von Jahresbeiträgen übernommen werden. Die Kiedricher Elenden mußten „alle fronen fasten" „eynen engelssen" zahlen, die Boitzenburger jährlich vier Pfennige. Und auch aus besonderen Anlässen, wie Beerdigungen, Messen, auch zur Unterstützung fremder Pilgerfahrten, waren zuweilen besondere Beiträge zu leisten.

Bequemer hatten es die Mitglieder der Ravensburger Brüderschaft für sterbende Pilger. Hier brauchte der Neueintretende nur das Abplappern einer jener vierzehn „Wallfahrten mit dem Mund" zu übernehmen. Niemand brauchte Eintritts-, Jahres- oder sonstige Gebühren zu entrichten. Niemand brauchte sich auch nur einschreiben oder seinen Namen verkünden zu lassen. Denn „die brüderschaft ist frey vnd ain willige auffnemung ainer kirchfart, sy sei gaistlich oder liplich, macht ainss tailhafftig der brůderschafft".

Die Münchener Elendenbrüderschaft hatte im achtzehnten Jahrhundert Aufnahmeformulare, in denen von den erteilten Ablässen die Rede war und auf denen auch das Brüderschaftssiegel nicht fehlte. Ein Exemplar befindet sich noch jetzt im Kreisarchiv München. In Kommotau erhielten die neuen Mitglieder Diplome und Kupferplättchen, wie Heine in seiner Rochlitzer Chronik erzählt.

Der Verlust der Mitgliederschaft tritt in der Regel durch den Tod ein. Wie das bei anderen Brüderschaften auch vorkommt, wurden die Elendsgilden von vielen zu dem ausgesprochenen Zweck gesucht, um durch sie Kerzen und Bahrtuch beim eigenen Begräbnis zu gewinnen. „Darinne", berichtet Monnich 1514 von der Elendengilde in Waren, „sint vele lude, die sie gewynnenn vmb der lichte vnnd boldecke wyllenn". Aber unter Umständen erfolgt der Austritt, sei es freiwillig oder gezwungen, auch bei Lebzeiten. Hartnäckiger Ungehorsam gegen die Ordnungen der Brüderschaft ist der Hauptfall des erzwungenen Austritts. Auch die Statuten regeln den Fall mitunter von vornherein. So heißt es in Stendal 1346: Wer drei Morgensprachen nach einander heimlich und freventlich versäumt, „deme scalme de bruderscap vntdeylen". Ganz allgemein brauchen die Statuten des Lichts von Korbach von 1443 nach dem vorliegenden Auszug zum Schluß die Wendung: „Alle vorgeschriebenen Punkte soll jeder stets und fest halten; wenn dies aber jemand nicht thun will, so soll man mit ihm verfahren, wie mit einem, der nicht in die Brüderschaft aufgenommen worden ist, bis daß er alles gebüßt hat." Hier tritt also zunächst Suspension der Mitgliedschaftsrechte ein, die sich bei dauernder Renitenz in ihren Verlust umwandelt. In den Statuten von Odense wird wiederholt ganz ähnlich bei Aufstellung von Strafvorschriften eventuell mit Ausschluß aus der Brüderschaft gedroht. Wenn ein Bruder den andern prügelt, so soll er beßern ein Pfund Wachs „edder bluen vth vnsem samfunde"; womit offenbar nicht nur das Hinauswerfen aus einer einzelnen Versammlung gemeint ist. Und an einer anderen Stelle, im Artikel 19 wird ganz allgemein bei Streitigkeiten verordnet: „Welker . . wel nicht plegen mynne effte recht cdder ok nemen, de schal beteren 1 punt wasses edder bliuen vth vnser broderscap." Freiwilliger Austritt aus der Elendsgilde war selbstverständlich jedem Mitglied jederzeit gestattet.

Die Gesamtheit der Mitglieder bildet in der Brüderschaft ein eigenes Rechtssubjekt mit eigenem Namen, eigenem Vermögen, eigenen Beamten, eigenem Recht und eigenem Siegel. Beispiele von Brüderschaftssiegeln haben sich mehrfach in Abdrücken erhalten. In anderen Fällen liegen Erwähnungen vor. Der Gebrauch scheint allgemein gewesen zu sein. Nach Angabe von Danneil stellt das Siegel der Altstädter Elendengilde in Salzwedel einen nackten Toten mit geschmücktem Haupte an einer Rückwand geradeauf stehend vor, zur· Seite einen Spaten und eine Schaufel. Das Siegel des Elenden-Kalands in Rostock ist kreisrund und stellt unter einem spätgothischen Baldachin die Jungfrau Maria dar, die auf dem linken Arme Jesus trägt uud in der rechten Hand eine Monstranz hält. Das Siegel auf den Formularen der Münchener Elendenbrüderschaft ist langoval und zeigt gleichfalls die bekrönte Jungfrau Maria, unter deren beschützend ausgebreiteten Armen je sechs Elende knien; die Umschrift lautet: „S. Öllend Bruderschaft. 1468". Ein „Brüderschafft-Insiegel" wird ferner in einer Urkunde der Elendsgilde von Kalbe a. S. von 1393 erwähnt. Das Siegel des dortigen Elendenstifts scheint davon verschieden gewesen zu sein, hätte aber auch für die Gilde gepaßt; denn in ihm war nach Häveckers Bericht ein Mann zu sehen, „so einen Spaden in der Hand hat".

Die Vollversammlungen der Mitglieder haben in allen wichtigen Fragen, die die Brüderschaft angehen, die Entscheidung in der Hand. Aber für die Leitung dieser Versammlungen und für die Führung der laufenden Geschäfte hat jede Elendengilde einen und in der Regel mehrere Vorsteher. Außer ihnen und den Altaristen kommen nur selten besondere Angestellte der Brüderschaft vor, am ersten noch Knechte und Mägde, die dann natürlich nicht Mitglieder der Gilde sind.

Die Vorsteher erscheinen unter sehr verschiedenen Namen. Vorsteher und Vorstender wird technisch gebraucht. Sehr verbreitet ist die Bezeichnung Gildemeister. Daneben ist die Rede von Vorratsleuten, Vormündern, Kerzenmeistern, Olderluden. Die lateinischen Quellen sprechen von procuratores, magistri gildae s. fraternitatis, provisores, provisi, tutores, seniores magistri und dergleichen. Aber so sehr diese Titulaturen wechseln, von Dekanen ist fast nichts zu entdecken. Nur bei der Elendenbrüderschaft in Paderborn und bei dem Elenden Licht in Korbach läßt sich dieser Name nachweisen, der beim Kaland stehend gebraucht wurde. In der Paderborner Bestätigungsurkunde von 1492 heißt es: „proueste vnnd dekene, de der Broderschapp vor sin, tho kesende". Für Korbach liegt nur ein Auszug aus den Statuten vor. Aber es scheint ausgeschlossen, daß das Wort Dekan auf diesem Wege fälschlich hineingelangt ist; offenbar steht es im ursprünglichen Text. Sonst kommt diese kalandsmäßige Benennung nur bei entfernteren Nebenformen der Elendengilden vor.

Die Vorsteher werden regelmäßig von der Vollversammlung aus ihrer Mitte gewählt. In Stendal wurden nach den Statuten von 1346 jährlich zwei Vormünder gewählt. Wer die Wahl ausschlug, mußte zehn Schillinge zahlen. Für einen während seines Amtsjahres verstorbenen Vormund sollte ein neuer Ersatzmann gewählt werden, wenn die Brüderschaft die Zeit noch für zu lang hielt, als daß ein Vormund zur Besorgung der Geschäfte ausreichte. Am Schluß des Jahres hatte jeder Vormund zu schwören, daß er der Brüderschaft und der Stadt Recht getan hätte. Die Elendenbrüderschaft zum Heiligen Geist in Hamburg gab sich zwölf Vorsteher, aus denen dann weiter zwei Oberalte und zwei Älterleute gewählt wurden. Nach den Statuten von Odense sollten die Mitglieder „kesen iiij elende bedderue mans, de dusse broderscup vnde missen vnde vigillie vnde godes denst so vorstan, alse de almechtige goth schal ere zele vorstan". Alle vier hiessen „Olderlude". Dagegen wird in Salzwedel Altstadt wieder zwischen einem Oldermann und vier Gildemeistern unterschieden. In Korbach sollten die Handwerker jährlich zusammentreten und zwei aus ihrer Mitte wählen, welche dem Lichte vorständen und sein Bestes ohne Widerrede besorgten. An diesem Wahlprinzip wird in Reil sogar am Anfang des achtzehnten Jahrhunderts noch festgehalten, als es keine Brüder und Schwestern mehr gab. Nach den neuen Statuten von 1700 befahl der Erzbischof, „daß zeitlicher Herr Pastor vndt sendtscheffen, mit Zusatz Gemeinden-

Zenderss, anitzo vndt zu kommenden Zeiten, Einen Brudermeister der Elendiger bruderschafft, Erwehlen vndt vorstellen solle, welcher nach abgelegtem Eyd vor Hr. Pastor, Sein ambt antretten, vndt jederzeit dahin trachten solle, damit jährlichs alless richtig empfangen, vndt zu fundirtem Endt aussgeben werde". Wie hier, so hatte man auch in München im achtzehnten Jahrhundert nur einen einzigen Verwalter und Rechnungsführer, der nach Ausweis der Rechnungen mehrere Jahre hintereinander auf seinem Posten blieb und ernannt, nicht gewählt sein wird. So liegen die Verhältnisse hinsichtlich der Vorsteher allenthalben im einzelnen sehr verschieden. Es macht natürlich einen Unterschied, ob die Verwaltung der Brüderschaftsgeschäfte und ihres Vermögens geringfügig oder ausgedehnt ist. Und auch davon abgesehen steht es im Belieben jeder Elendengilde, wie sie es mit der Wahl, Amtsdauer, Zahl und Betitelung ihrer Vorsteher halten will. Eine gewisse Gleichförmigkeit herrscht trotzdem. Zwei Gildemeister, auf Jahresfrist gewählt, werden als die normale Einrichtung gelten können. Ebenso sind die verschiedenen Vorsteher fast stet seinander gleichgeordnet. Jene Unterscheidungen zwischen Älterleuten und Gildemeistern oder zwischen Oberalten, Älterleuten und Vorstehern sind als Ausnahmen zu betrachten. Ein Zwischenstadium zwischen der gewöhnlichen Ordnung und solchen Sonderbildungen liegt in Dömitz 1514 vor, wenn dort „die gildemeister den oldesten gildebrodernn reckenschop" thun.

 Wähler zum Vorsteher waren stets ausschließlich Gildebrüder und nie Gildeschwestern. Dies verstand sich derart von selbst, daß in keinem Statut davon gesprochen wird. Auch scheint zweifelhaft, ob die Schwestern das aktive Wahlrecht hatten und an den geschäftlichen Versammlungen, z. B. den Morgensprachen in Stendal, teilnehmen durften. Aus der formelhaft erwähnten Zustimmung der Brüder und Schwestern zu irgendwelchen Erwerbungen oder Veräusserungen, wie sie sich gelegentlich in Urkunden findet, wird man solche Konzessionen an das Frauenstimmrecht und an die Ertötung des Geschlechtsunterschieds im gleichen Recht für alle nicht herleiten können. Denn wenn die Brüder die Schwestern vertreten, kann man sehr gut sagen, Brüder und Schwestern hätten ihre Zustimmung erteilt.

Andere Beschränkungen der Wahlfreiheit kommen selten vor. Es ist eine Besonderheit der Elendengilde in Waren, wenn dort stets einer der drei Gildemeister Mitglied des Rats sein mußte. Niemals wird einer Elendengilde das Wahlrecht entzogen und etwa der Pfarrer vom Bischof zum Vorstand bestellt, wie es zuweilen in neueren Zeiten bei andern Brüderschaften der Fall war.

II.
Die Betätigung der Elendenbrüderschaften im eigenen Kreise.

Wenn wir uns jetzt der Betätigung und damit den Zwecken und Zielen zuwenden, die die Elendenbrüderschaften verfolgen, so haben wir dabei zu unterscheiden, ob es sich um eigene Angelegenheiten der Brüderschaft oder um ihre Fürsorge für die Elenden handelt.

Die Vermögensverwaltung bildet den Ausgangspunkt. Auf sie bezieht sich die große Mehrzahl aller Urkunden, die von den Elendsgilden heute noch vorhanden sind. Die Aufbringung der zur Gründung der Brüderschaft notwendigen Gelder und Güter wird nur selten näher angegeben. In der Regel heißt es einfach, diese oder jene Leute hätten sich zusammengetan, zur Ehre Gottes und seiner Heiligen eine Brüderschaft errichtet und eventuell auch einen Altar gestiftet. Im einzelnen kam das Vermögen auf sehr verschiedene Weise zusammen. Häufig haben die Gründer namhafte Beiträge gezahlt, die mit dem Eintrittsgeld nicht zu verwechseln sind. Mitunter haben einzelne besser situierte oder gar reiche Mitglieder sich um die Aufbringung der Gelder besonders verdient gemacht. In der Folge war dann jede Brüderschaft bemüht, weiteres Vermögen zu dem alten Stammkapital hinzuzusammeln und damit neue Renten für die Förderung ihrer Zwecke zu gewinnen. Werkheiligkeit und Ablaßtheorie ließen dabei oft viel erreichen.

Die Zuwendungen an die Elendsgilden sind sehr verschiedener Art. Bald werden Geldsummen, bald Geldrenten aus bestimmten Grundstücken geschenkt. Fast ebenso häufig werden Getreideschenkungen und Getreiderenten erwähnt. Dazu kommen zuweilen ganze Grundstücke, Felder, Wiesen, Häuser, Buden, gelegentlich auch bäuerliche Dienste.

Die Verwaltung dieses Vermögens und seiner Einkünfte lag unter Kontrolle der Generalversammlung den Vorstehern der Brüderschaft ob. Die Gelder wurden zinsbar ausgetan unter Benutzung der mannigfachen Formen des mittelalterlichen Forderungsrechts. Rentenkäufe begegnen vielleicht am häufigsten. Aber auch Darlehnsverträge mit Einräumung von Pfandrechten spielen eine große Rolle. Die Kapitalien brauchten natürlich nicht durchweg an demselben Ort, in dem die Elendengilde ihren Sitz hatte, untergebracht zu werden. Vielfach wurden zahlreiche und oft weitentlegene Städte und Dörfer dazu benutzt. Interessant ist in dieser Hinsicht z. B. das Register, das für die Elendengilde von Bergen und Rügen veröffentlicht worden ist. Man sieht daraus, daß die Renten hier vor der Auflösung im sechzehnten Jahrhundert aus dreiunddreißig Ortschaften eingingen. Teilweise mag das unmittelbar mit ursprünglichen Stiftungen zugunsten der Elendengilde zusammenhängen. Teilweise erklärt es sich fraglos auch durch die Anlage der Summen seitens der Vorsteher.

Die Größe des Vermögens war selbstredend sehr verschieden. Eine genaue Vergleichung läßt sich nach dieser Richtung wegen der Verschiedenheiten der Geldsorten und des Münzfußes und wegen des Nebeneinanders von Geld- und Naturaleinkünften schwer durchführen. Im ganzen läßt sich sagen, daß eine Jahreseinnahme von mehreren hundert Mark zu den größten Seltenheiten gehört. Bei der Elendengilde an der Berliner Petrikirche beträgt sie 30 Schock, in Stendal bei der St. Peters Brüderschaft ungefährlich 18 Mark, bei der Brüderschaft der Schaffer 18 Mark 33 Schillinge, in Bergen, wo der Rügische Adel stark beteiligt gewesen sein wird, 211 Mark 12 Schillinge. Bei den Zahlen muß namentlich berücksichtigt werden, ob der Betrag der Einkünfte des Altarlehens miteingerechnet ist oder nicht. Jedenfalls sind sie im Durchschnitt sehr gering. Und schon damit war bei dem Mangel jeder gemeinsamen Organisation, die auch nur die Kräfte einiger Elendengilden zusammengefaßt hätte, die Inszenierung einer Wohltätigkeit im großen Stil, wie sie von manchen Orden im Mittelalter betrieben wurde, von vornherein ausgeschlossen. Dazu kommt, daß für die Zwecke der praktischen Liebestätigkeit regelmäßig nur ein oft sehr geringer Bruchteil des Einkommens reserviert wurde. Den

Hauptgewinn aber zogen weder die Elenden noch die Mitglieder der Gilden, sondern die Altaristen, wie denn in manchen Fällen bei fetterem Einkommen sich einer einzigen Elendsgilde fünf und sogar sieben Altaristen zur Förderung des Seelenheils anhingen. Freilich muß man dabei an die trostlose Lage denken, in der sich am Ausgang des Mittelalters ein großer Teil des niederen Klerus befand. Die Elenden-Priester- und Elenden-Schüler-Brüderschaften sind damals nicht ohne Grund hier und da ins Leben gerufen worden. Und so wurden nach Ansicht der Kirche die Einkünfte der Gilden auf diesem Wege ebenso gut und nützlich verwendet, als wenn man sich stärker um fremde elende Laien bemüht hätte.

Über diese Vermögensverwaltung gewähren oft die Visitationsakten der Reformationszeit genaue Auskunft. Da damals der Besitz der Elendenbrüderschaften in sehr vielen Fällen in den gemeinen Kasten wanderte, finden sich fast stets genaue Aufzählungen der Einkünfte. Dazu kommen ferner zur Ergänzung einzelne Jahresrechnungen, die sich in geringer Zahl in authentischer Form, z. B. in Hamburg und München erhalten haben. Die Hamburger Elendenbrüderschaft zu St. Gertrud nahm nach ihrer Rechnung von 1500 im ganzen nur 123 Mark 1 Schilling ein und gab 118 Mark 9 Schilling 2 Pfennige aus, so daß ein Rest von 4 Mark 7 Schilling 10 Pfennigen in der Kasse blieb. Die Einnahme stammte aus Sarggeld, Kleidern und Lumpen. Zinsbares Kapitalvermögen scheint damals überhaupt nicht vorhanden gewesen zu sein. Im Münchener Stadtarchiv werden noch elf Rechnungen der dortigen Elendenbrüderschaft aus den Jahren 1742—1744 und 1746—1753 aufbewahrt. In der Rechnung von 1752 betragen die Aktiva 639 fl. 43 Kreuzer, die Ausgaben 32 fl. 37 Kreuzer. Auf das nächste Jahr konnten also als Rest 607 fl. 6 Kreuzer überschrieben werden. Eine Reihe von vieljährigen und erheblichen Ausständen waren dabei mit eingerechnet. Für die Elenden wurde auch nicht ein Kreuzer ausgegeben.

Fast durchweg ergeben die Quellen, daß die Vermögensverwaltung der Elendenbrüderschaften überaus nachlässig geführt worden ist. Schon am Ende des Mittelalters war es vielfach der Fall. Die Visitationsakten der Reformationszeit erwähnen alle Augenblicke in den Listen der Einkünfte: dieser oder jener Posten sei seit vielen Jahren nicht eingegangen. Ein andermal heißt es von einem Schuldner: „Ist gar vorarmt vnd jme vmb gots willen mit den Zinsen erlassen." In der Altstadt Salzwedel wurde den Zinsleuten von jeder Mark ein Schilling „zu Drankgeld" zurückgegeben. Von den Teterower Gildebrüdern heißt es: „Rechenschaft zu thun sind nicht gewontlich." Sehr häufig lassen sich die Verwalter, die Kastenherren, Unregelmäßigkeiten zuschulden kommen, indem sie Brüderschaftsgelder in eigenem Interesse verwenden und das Zurückzahlen vergessen. In Reil herrscht um 1700 der krauseste Wirrwarr. Nach der Münchener Rechnung von 1752 ist de gewesene Rechnungsführer „alters hinein restierent" 350 fl., also mit mehr als der Hälfte des eigentlichen Kassenbestandes. Die Münchener Stadtkammer selbst war seit 1733 mit den Zinsen eines Kapitals von 100 fl. rückständig. Bis 1752 waren die Zinsen schon auf 95 fl. angewachsen. Und dabei stand die Brüderschaft unter magistratischem Schutz.

Die Ursache für diese unpünktliche Verwaltung des Vermögens und der Einkünfte liegt namentlich im Mittelalter selbst nicht nur in der Bummelei oder Unredlichkeit der Vorsteher oder in dem Mangel an ausreichender Kontrolle, vielmehr waren die Kapitalien großenteils an arme, bedürftige Leute ausgetan. Und so mochte manche Brüderschaft glauben, ein Gott wohlgefälliges Werk an den Armen und Elenden zu tun, wenn sie in der Beitreibung ihrer Renten milde und schonend verfuhr. Auf diesem Wege riß dann nur eben allzuleicht Saumseligkeit in der Geschäftsführung überhaupt ein.

Schon hier drängt sich die Frage auf, ob die Elendengilden mit diesen geringen Mitteln imstande gewesen sein sollten, regelmäßig kostspielige Elendenherbergen zu bauen und zu unterhalten, oder ob ihr Grundbesitz wirklich so groß war, daß wir ein Recht hätten, die zahlreichen Orts- und Flurnamen Elend auf Elendenbrüderschaften zurückzuführen.

Aber so bescheiden die Mittel vielfach waren, die den Elendsgilden zur Verfügung standen, hätten sie doch bei guter Verwaltung und einheitlicher Organisation in sozialer Fürsorge außerordentliches für die Elenden leisten können. Ohne diese Bedingungen auch nur innerhalb der Grenzen eines einzelnen Bistums zu erfüllen, haben sie ihre Tätigkeit zersplittert und in der Regel ihr eigenes Vergnügen und die geistlichen Pflichten gegenüber denen der leiblichen Fürsorge zu stark betont. weil es bequemer ist, für Elende zu beten und beten zu lassen, als für Elende zu arbeiten. Ein- oder mehrmals im Jahr vereinigen sich die Mitglieder der Elendenbrüderschaften zu einem geselligen Fest, einem Schmaus oder einer Kollation. In Eberswalde hatte die Elendsgilde zu diesem Zweck eine eigene Braupfanne, die auch sonst das Jahr über an die Brüder verliehen wurde. Aus Mecklenburg erzählt wiederum Monnich in seinem Bericht von 1514 Näheres darüber. In Teterow wurde die St. Katharinen- und Elendengilde am Tage Ascensionis domini und am Tage Katharinae gehalten. Jedesmal dauerte das Fest einen Tag und jedesmal gab es auf Kosten der Gilde sechs Tonnen Bier, nicht für die Elenden, sondern für die durstigen Kehlen der Brüder und Schwestern. In Waren fand das Gelage am Sonntag nach Fronleichnam statt. Obwohl die Dauer auch hier nur einen Tag betrug, wurden doch zwölf Tonnen Bier vertrunken. Die Liebfrauen- oder der Elenden Gilde in der Stadt Grabow wurde am Tage Mariä Reinigung gehalten und leistete sich dazu aus ihren Renten drei Tonnen Bier. Die Elendengilde in Dömitz feierte zu Pfingsten zwei Tage lang und trank dabei Bier ungefähr für zwei Gulden. In Boitzenburg fiel das Fest auf den Sonntag nach Jacobi. Außer drei Tonnen Bier lieferte die Gilde jedem Mitglied ein Wecken und ein Stück Käse. Die Wittenburger Elendengilde vertrank zu Pfingsten zehn oder zwölf Tonnen Bier „ungefährlich". Monnich setzt hinzu: „dat bier werdt oth der gildebrüder budelnn betalt". Dürfte man daraus schließen, daß die Gelder nicht aus der Brüderschaftskasse genommen wurden, so hätten die Wittenburger eine rühmliche Ausnahme von der Regel gemacht. Die Elendengilde an der Berliner Petrikirche verwendete am Anfang des sechzehnten Jahrhunderts von ihrer Jahreseinnahme von dreißig Schock jährlich vier Schock auf Feste und Kollationen. Der Visitationsabschied verbot ausdrücklich, diese Zusammenkünfte weiter zu halten. Aus Jüterbog erzählt Heffter unter Berufung auf die Rechnungen der Elendenbrüderschaft von 1516 bis 1544, die Elendsbrüder hätten sich durch eine angenommene Köchin eine gemeinsame Mahlzeit bereiten lassen. zu der

Fleisch, Gewürze, Sülze, Brot und Bier gekauft wurde. In Markt Alvensleben wurde die dort alljährlich gehaltene „Schlemmerei und Kollation" untersagt. In Biere war der Rest der Brüderschaft „vorhin" „versoffen"; es scheint der Überschuß der Einnahme über die Ausgabe gemeint zu sein, der von Rechts wegen an Arme und Kranke verteilt wurde. In Sandau verschwelgten die Biertrinker unnützlich die Einnahmen, so daß der Rat selber empfahl, die Hebungen in den Armenkasten zu legen; dasjenige, so von eingegebenen Gütern eingemahnt sei, werde „mehr mit vbrigen sauffen, den mith forderung gothlicher Ehre verbracht". Wenn in Rochlitz der Herzog von Sachsen 1524 drohte, die Quassereien und Zusammenkünfte der Gilden nicht mehr zu gestatten, so war die Elendenbrüderschaft mitgemeint. In Korbach vereinigten sich Brüder und Schwestern des Elendenlichts einmal jährlich zu einem Mahl. Zwei Brüdern wurde die Einrichtung aufgetragen. Weigerten sie sich, so mußten sie ein Pfund Wachs zur Strafe entrichten. Die Zusammenkünfte gingen reihum; es ist davon die Rede, daß Brüder und Schwestern „in eines Bruders Haus sind und ihr Geld vertrinken". Ähnlich hatten nach den Statuten der Elendengilde in Odense jährlich zwei Paar Volks die Kost zu tun, und zwar am Montag nach Fronleichnamstag. Die beiden Paare wurden ein Jahr zuvor bestimmt und mußten bei Strafe für gutes Bier, gutes Brot und gute Speise sorgen. Schinken und zwei „Versche" waren neben Bier und Brot vorgeschrieben. Die Mittel dazu wurden wahrscheinlich wie in Korbach und überhaupt fast allgemein aus der Gildekasse genommen.

Zu diesen Festlichkeiten wurden zuweilen Gäste eingeladen. In Odense wurde besonders bestimmt, daß der Einladende für eventuelle Missetaten dieser Gäste haftbar sei. Damit wird es ferner zusammenhängen, daß in Bergen der Äbtissin von den Hauptgerichten Portionen mit Brot und Bier ins Kloster geschickt wurden.

Außer diesen allgemeinen Schmäusen kommen auch Extrafeste der Vorsteher vor, zu denen gleichfalls Fremde, nur keine Elenden zugezogen wurden. In Neuruppin gab man den Kapellanen, Küstern, grauen Mönchen, Priestern „vffen abent eine maalzceit vnd gute Collatie, biss sie gar full worden". In Teterow hatten die Vorsteher die Priester „vp denn auendt ascensionis domini thor collatienn vnnd am dage thor maltidt". Eine besondere Feier der Vorsteher erwähnt Monnich ferner bei der Elendengilde in Boitzenburg: „Die gildemeister doenn reckenschop vnnd hebbenn darto I verndell ader ½ thunne biers." Dergleichen kommt bei allen Gilden oft vor. Und aus dem gemeinsamen Trunk bei dem schwierigen Geschäft der Rechnungslegung mögen sich hier und anderwärts diese besonderen Diners und Soupers der Vorsteher entwickelt haben. In Stendal genehmigte der Rat ausdrücklich, daß die Alderleute und Schaffer der Fronleichnamsgilde alle Jahre einmal ein Convivium haben möchten, wenn sie die Schweine schlachteten. Diese Schmausgesellschaften sind bekanntlich uralt und durch ganz Deutschland verbreitet. Im Mittelalter ist kein Verein ohne derartige Feste denkbar. Was uns heute so auffällig vorkommt, daß Gelder verpraßt wurden, die eigentlich für die Wohltätigkeit und den Gottesdienst bestimmt waren, war dem Mittelalter kaum anstößig. Denn gemeinsames Essen und Trinken war das Symbol fester und dauernder Gemeinschaft im Verein, in der Verfolgung seiner Zwecke, in Leben und Sterben. Diese weltlichen Lustbarkeiten sind die Kehrseite der religiösen Feiern und Übungen, die an demselben oder einem kurz vorausgehenden Tage von der Brüderschaft vorgenommen wurden.

Ausschreitungen kamen bei diesen Gelagen natürlich sehr oft vor. Zahlreiche Strafvorschriften suchten ihnen vorzubeugen. Das Elende Licht von Korbach verbietet nicht nur das Zutrinken von einem Halben oder Ganzen, sondern schon von Daumenbreit. Der Übertreter zahlt drei Pfennige, ebenso wer dabeisitzt und es verschweigt. Prügeleien und Schimpfreden werden unter Strafe gesetzt. In trüber Reihenfolge steigern sich die Tatbestände vom Hinausgehen und Weitertrinken bis zum „vomitum facere in domo convivii", „potum effundere super caput fratris" und „emittere urinam suam super fratrem suum" in Odense und Hellested. So sind es zuweilen Roheiten und Gemeinheiten übelster Sorte, die unter Strafe gestellt werden mußten. Auch an diesen anmutigen „Sitten" erkennt man, daß sich die Elendsgilden vielfach aus den niedrigsten Bevölkerungsschichten rekrutierten. Wenn sich der Pöbel selbst erzieht, geht es ohne derbe Worte nicht ab.

Wie tief der Brauch mit diesen Gelagen eingewurzelt war, erkennt man z. B. besonders deutlich aus den Statuten der Gertrudsgilde von Hellested, wenn sie mit den Worten beginnen: „Im Namen des Vaters und des Sohnes und des Heiligen Geistes. Amen! Wisset, liebe Brüder und Schwestern, daß unsere Gilde nicht um des Zechens oder der Begehrlichkeit willen gestiftet ist, sondern zur Hilfe und zum Trost, daß ein Bruder dem andern in Not gern freundschaftlich beistehe." Auch bei den echten Elendsgilden stand das Trinken oft ungebührlich im Vordergrund.

Bei den Begängnissen der Brüderschaften, den Messen und Vigilien, handelt es sich um die kirchliche Feier der religiösen Gemeinschaft und oft um das Gedächtnis verstorbener Mitglieder. Aber damit verbindet sich bei den Elendsgilden die geistige Fürsorge für das Seelenheil der Elenden. Auf die Elendenaltäre und die andern besonderen Einrichtungen dafür werden wir daher erst später eingehen. Hier genügt es darauf hinzuweisen, wie sehr das eigene egoistische Interesse der Mitglieder auch bei diesen Gottesdiensten auf seine Rechnung kam. Auf Schritt und Tritt ergibt sich, daß die Mitgliedschaft nicht nur um der Elenden, sondern in erster Linie um der Lust am Genossenschaftsleben willen und zum Heil der eigenen Seele begehrt war. Die Fürsorge für die Elenden war nur Mittel zum Zweck.

Ganz derselbe Gesichtspunkt tritt fast noch deutlicher als bei der Kollation und dem Begängnis in der genauen Regelung hervor, die in den Statuten für das Begräbnis der eigenen Mitglieder getroffen wird und zweifellos überall da, wo die Statuten fehlen, in ähnlicher Weise vorausgesetzt werden darf.

In Soldin wird 1326 bestimmt, daß alle Brüder und Schwestern dem Begräbnis eines Mitgliedes bei Strafe von sechs Denaren beiwohnen müssen, wenn sie nicht einen triftigen Entschuldigungsgrund oder spezielle Erlaubnis von den Vorstehern haben. Nach den Stendaler Statuten von 1346 hat zunächst nach Eintritt des Todesfalles jedes Mitglied eine Geldspende „in dat hus, dar dat lick in is" zu schicken und zwar „dat hysch", das Ehepaar, einen Scherf „vnd de enlopeghe minsche", das ledige Mitglied, einen Helling. Wird die Zahlung versäumt, so wird eine Strafe von zwei Pfennigen fällig. Sechs Pfennige von den Beiträgen werden vorweg „den lichten tu hulpe" genommen. Ausbleiben von der Vigilie wird mit einem, Ausbleiben vom Begräbnis mit zwei Pfennigen bestraft, „it en si, dat it ene redeleke sake beneme". In Kiedrich wurde die Leiche eines verstorbenen Mitglieds in feierlichem Zuge mit vier Kerzen aus der Wohnung geholt. Acht Stockkerzen brannten beim Totenamt. Und kein Bruder und keine Schwester durfte sich entfernen, bis der Leichnam zur Erde bestattet war. Andernfalls mußte ein Viertel Pfund Wachs zur Strafe entrichtet werden. Nach den Statuten des Elendenlichts von Korbach sollte der Bruder oder die Schwester, denen Frau oder Mann oder Kind stirbt, dem Vorsteher einen Pfennig für den Brüderschaftsknecht geben, damit er die Mitglieder zur Teilnahme am Begräbnis einlade. Wer der Aufforderung keine Folge leistete, hatte beim Begräbnis eines Kindes mit sechs Vierlingen, eines Erwachsenen mit drei Pfennigen zu büßen, es sei denn, daß er durch Leibes- oder Herrennot am Mitgehen verhindert war. In Koblenz wird 1445 gemeinsame Abholung der Leiche mit vier Kerzen und der Brüderschaftsbahre, ferner Abhaltung der Exequien und Zahlung von Opfergeldern festgesetzt. In Odense hatten die Älterleute statutenmäßig die Pflicht, dem verstorbenen Mitglied eine Vigilie mit acht ehrlichen Priestern halten zu lassen. Allgemeines Erscheinen war bei Strafe von einer Mark Wachs vorgeschrieben. Ebensoviel betrug die Buße, wenn einer es unterließ, bei der Seelmesse einen Pfennig zu opfern oder am Begräbnis teilzunehmen. Erhebliche Entschuldigungsgründe sind selbstverständlich auch hier als strafbefreiend anerkannt worden, wenn die Statuten auch darüber schweigen. Charakteristisch ist in Odense weiter die Bestimmung, daß es, wenn ein Bruder oder eine Schwester außer Landes verstirbt, mit der Totenfeier ebenso gehalten werden soll.

Zuweilen hält die Brüderschaft dem verstorbenen Mitglied sogar die Totenwache. Wenigstens läßt sich dies aus den Statuten der den Elendsgilden nah verwandten Gertrudsgilde in Hellested nachweisen. Alle Brüder und Schwestern wachen hier im Sterbehause an der Leiche bis zum Hahnenschrei, die beiden Mitglieder, die dem Trauerhause zunächst wohnen, sogar die ganze Nacht hindurch bis zum vollen Tagesanbruch.

So hält die Elendenbrüderschaft ihrem Mitgliede Treue bis über den Tod hinaus. Das gab vielen in der Anschauung des Mittelalters ein Gefühl des sicheren Geborgenseins, mit dem man leichter lebte, litt und starb, als wenn man außerhalb eines solchen Verbandes unter dem weiten und frostigen Dach der Kirche allein stand.

Endlich ist hier noch der allgemeinen Prozessionen zu gedenken, bei denen die Elendenbrüderschaften wohl niemals gefehlt haben. Die Kieler Elendsgilde läßt sich, wie wir sahen, vorläufig überhaupt nur aus einem Register der Ämter und Gilden von 1472 nachweisen, das für die Zwecke der Fronleichnamsprozession aufgestellt war. Genaue Nachrichten liegen aus München vor.

Nach der Beschreibung der Münchner Fronleichnamsprozession, die der Generaldirektor Lic. Ludwig Müller im sechzehnten Jahrhundert verfaßte, war die Elendenbrüderschaft bei den Zünften eingereiht. Diese gingen in großer Menge mit, bei 300 Personen, so die Stangen und Kerzen tragen, viele davon „in waiss gekhlaidt mit roten Peri oder pünden vnd mit Kränzen auf dem Haupt, nach volgender gestallt, almaln zwen vnd zwen: Erstlich die Ellend Bruederschafft, dann die Tagwercker, Schleuffer, Pader, Vischer" usw. Jede der Brüderschaften hatte ihre besondere Tracht, eigene Aufzüge und Figuren. Die Elendenbrüderschaft marschierte „in näglfarben Klaidern". Lassen wir den Zug an uns vorübergehen! „Erstlich zwen Mazieri in wullen khlaidern mit Iren Steblin. Nachmals 2 brieder mit khreizlstäben. Auf dise volgen 2 in Sekhen, die tragen zwen daffeten fän. Darauf 2 mit den Creizlstäben. Darauf volgt ainer in einem Sakh, welcher das labarum tregt, neben Ime zwen Clerici mit Silberen Leichtern, die man von hof entlechnet. Darauf vier glider der brieder in Sekhen almal zwen vnd zwen. Auf solche volgen vier mit lathern in pahrkhlaidern almal 2 vnd 2. Auf dieselben geen Zwen in sekhen mit Windtliechtern. Auf welche der mit dem Crucifix volgt in ainem Sakh vnd zwen neben Ime in Sekhen mit gurten. Auf das Creuz volgen alle Brueder in seckhen mit Iren schwarzen Paternoster, allmaln Zwen vnd Zwen. Nach denen briedern geen Sechs oder Acht, nachdem man Sy haben khan, Schueler, die Musice singen, in Iren weissen Khorreckhen. Nachmals gen Zwen Praefecti ceremoniarum in Sekhen mit langen Steben, welche der Bruederschafft schilt vnd Creizlen oben haben. Lezlich der Priester mit der Stola vnd widervmb 2 Praefecti neben Ime, welche gleiche lange Steb haben, wie vorgemelt." Bei Angabe der Unkosten erfahren wir dann weiter: "Mer gibt man in die Ellende Bruederschafft, dieweil Sy noch kheine einverleibte personen hat, vmb bestellung derselben Personen 4 fl." Der ganze Klimbim also, der hier bei der Prozession seitens der Elendenbrüderschaft entfaltet wurde, beruhte auf bloßem Schein. Alles war nur Maskerade und Draperie. Brüder, "einverleibte Personen", gab es damals überhaupt nicht.

Diese Überlieferungen aus der Zeit der Gegenreformation finden ihre Ergänzung und Bestätigung durch die Aufzeichnungen aus dem achtzehnten Jahrhundert. Die noch heute im Stadtarchiv München aufbewahrten Rechnungen der Brüderschaft geben ganz genau alle einzelnen Ausgaben für die Fronleichnamsprozession an. In der Rechnung von 1752 heißt es z. B.: "Am Hochen Fest Corporis Christi ist ad Processionem wie andre Jahr aussgeleegt worden

	fl	x
dem Priester	—	40
Denen zwey Patricijs	—	20
Dem Crucifix Trager	—	18
Dennen zwey Knaben mit die fakhlen	—	16
Dz Labrum zu tragen	—	14
2. fähnl Tragern	—	20
4. Latern Tragern	—	48
2. Bruederschafft Dienern	—	32
Vmb Cränz: vnnd stangen zuerd	—	40
Dennen 4. stangen Tregern	—	56
2 stangen Tragern in d. octav	—	20
41. Männer so in Kutten mit Stäb der Procession beygewohnt à 6 x^{er}	4	6
Die Kutten vnnd Stäb hin vnnd her zu bringen, vnnd solche zusamb zu legen gewohnlich	—	24."

Die seltsamen "zwey Patricij"; die hier zusammen für 20 Kreuzer mitlaufen, sind identisch mit den "Mazieri" (Messieurs?) der älteren Beschreibung. Was sie für eine Rolle spielten und für Personen waren, bleibt unklar. Wie früher, so zahlte auch

1752 noch das Kurfürstliche Hofzahlamt jährlich vier Gulden, damit für sechs Kreuzer das Stück fingierte Elendenbrüder gemietet werden könnten. Wenn hier 41 Männer für 4 fl. 6 x. genannt werden, so sieht man, daß die Summe ursprünglich für 40 Männer gemeint war. Das ist interessant, weil Kohlbrenner erwähnt, die Elendenbrüderschaft sei von „den 40 Männern" errichtet worden. Die Ausgaben wiederholen sich einschließlich des Wäscherlohns für Waschen, Bügeln und Stärken der Elenden-Kutten Jahr für Jahr fast unverändert. Nur 1742 sind sie etwas geringer, „weullen wegen auheurig fatalen Kriegsleufften auf vorherig beschehene anfrag bey titl. Herrn Dechandt bey V. L. Fr: vollstendig mit zu gehen nicht erlaubt". Für den Unfug, der hier in München Jahrhunderte hindurch in so ungenierter Weise betrieben worden ist, kann man natürlich nicht die Elendenbrüderschaft verantwortlich machen. Denn sie führte ja ohne Brüder nur ein Scheindasein. Der armselige Brüderschaftsverweser war auch nur eine Drahtpuppe, die am Seile anderer Leute tanzte. Daß das Hofzahlamt viele hundert Gulden Beihülfe gezahlt und daß der Hof silberne Lichter dazu geliehen hat, ist übel. Aber die Verantwortung für dieses Treiben fällt in letzter Linie auf die Münchener Geistlichkeit, vor allem auf den Klerus der Frauenkirche. Diese Herren waren gewiß nicht so kindisch zu glauben, bei den Engeln im Himmel herrsche große Freude, wenn sie für die Prozession eine imitierte Elendenbrüderschaft auf die Beine brächten. Wohl aber war ihnen jedes Mittel recht, um im Volke den Glauben zu nähren: Katholisch ist Trumpf.

Dem Ausweis jener Rechnungen entsprechend wird die Münchner Elendenbrüderschaft auch in der 1773 gedruckten Beschreibung der dortigen Fronleichnamsprozession genannt. Und auf München bezieht es sich zweifellos, wenn Anton Bucher 1782 in seinem Entwurf einer ländlichen Charfreytagsprozession über alle diese Einrichtungen die Lauge seines Spottes ausgießt. In dem Zuge läßt er auch die Lotterieschreiber marschieren und auf ihrer „Figur" die Würfel unseres Herrn führen. „Voraus geht die Göttin Fortuna mit einem Rad und der Sinnschrift:

> Mein Fähnlein regieret der Wind,
> Und ich arme Närrin bin blind.

Dann kommen 90. Herrn, als der sämtliche Chor der Herren Hofmarkslotterieschreiber, worunter fünfe gar herrlich prangen, die fünf guten und 85. elenden No. anzeigend. Hernach gehet die Armuth zu Fuß, und der Reichthum fahrt in einem prächtigen Triumphwagen, das ist, der arme Latzarus, und der reiche Prasser. Den Zug continuirt die Brüderschaft der Elenden. NB. Diese Brüderschaft soll ehehin eine herrliche Stiftung, zu Beherbergung fremder Armen und Kranken gehabt, und der Menschlichkeit viele Ehre gebracht haben, ob sie schon in ihren Habitten wenig Aufsehen machte. Wir haben aber nun der Ehre Gottes ihren Rang vor der Menschlichkeit. wie es ihr gebühret, gegeben, und anstatt das Geld an Bettelleuth, und Presshafte auszugeben, der Brüderschaft so aufgeholfen, daß sie sich in Absicht auf ihren Zierrath nun auch nicht mehr schämen darf, wie dann erst vor ein paar Jahren 3 naglneue Fähnen in Vorschein kamen. Der Zug selbst besteht aus denen, die das unvorsichtige Lotteriespielen arm gemacht hat, und die nun bey unser Klosterporten (Bucher nennt sich auf dem Titelblatt Ordenspater) die Suppen holen, anstatt daß sie uns hätten ausspeisen können, wenn sie mit weisem Bedacht ihr Spiel getrieben hätten.

Figur: der heil. Mathias, und Joseph der Gerechte.
Und das Los fiehl über ihn. Apostlgeschichte 9, 2 (sic).
Ein Jud mit dem Rock Christi spricht:

> Haben schon mehr um den Rock gespielet,
> Mir hat allein das Glück gewillet:
> Meine Brüder verloren Mann für Mann,
> Euch Christenleuth mags auch so gahn.

Ein H. Kooporator, als Brüderschafts-Kaplan, beschlüsst den Zug."

Wie man sofort sieht, hat Bucher in dieser Darstellung die Elendenbrüderschaft mit den Lotteriespielern in engste Beziehung gesetzt. Die Elenden, für die die Brüderschaft einst sorgte, und die jetzt, wo es keine Brüder mehr gibt, als gemietete Dienstmänner den Zug in der Prozession bilden, sind die Spieler, die in der Lotterie des Lebens die Nieten gezogen haben. Was er erzählt, ist ausgeschmückt, aber an dieser Stelle hat er wenig aus eigenem hinzuzutun brauchen. Wie er selber zum Schluß sagt, hat er von verschiedenen Orten zusammengestellt, was überall das schönste war; darin werde ihm die ganze Welt recht geben. Er schreibe nicht „für einen oder andern lausigen Markt, dieß oder jenes S. V. Schmeißstädtl, sondern für die ganze große Welt". Das Bitterste in seiner Ironie war, daß er in der Tat nur die Dinge beschrieb, wie sie waren. Wer konnte es bestreiten, wenn Bucher ausrief: „Unser Eleemosyna steht mit dem G'werb, und fallt mit dem G'werb". Auch in der Münchner Elendenbrüderschaft war von christlicher Nächstenliebe kein Fünkchen übrig geblieben. Gewerbsmäßig ließen ihre Hintermänner, denen die Renten zuflossen, ein paar Mal im Jahr Theater spielen. Das war alles. Diese schnurrige Münchner Elendenbrüderschaft mit gemieteten Elendenbrüdern scheint sogar wie eine wandernde Theatertruppe auch bei andern Gelegenheiten Prozessionsvorstellungen gegeben zu haben. Sie war verleihbar. Nach der Rechnung von 1752 ist sie „bey Leichbegröbnus Sr Excellenz Herrn graffen von Seefelt, Hochseel: gedächtnus, in Kutten mitgangen". Die Kosten, die dafür vereinnahmt wurden, betrugen 5 fl. 20 kr. Dies bei Elendsgilden sonst nirgends bezeugte Mitgehen bei einem fremden, von Fremden veranstalteten Begräbnis, kommt bei andern Brüderschaften hier und da in Deutschland vor und erinnert auch an die heute noch in Rom bestehende Sitte. Der große Unterschied ist nur der, daß damals in München keine Brüderschaftsmitglieder, sondern gemietete Tagelöhner pro forma den Kondukt abgaben.

Es ist Zufall, daß nur aus München so genaue Beschreibungen vorliegen. Es kann kein Zweifel darüber bestehen, daß sich die Elendsgilden an andern Orten gleichfalls an den großen Prozessionen beteiligt haben, wenn auch die Maskierung weniger umständlich gewesen sein wird. Wegen der besonderen Tracht übrigens, die in München erwähnt wird, sei ausdrücklich betont, daß davon sonst nirgends bei den Elendenbrüderschaften die Rede ist.

Im übrigen ist nur wenig vom Leben der „Elenden" zu berichten, soweit es sich bloß um sie selbst und ihr öffentliches Auftreten handelt. Gelegentlich wird eine gegenseitige Unterstützungspflicht der Gildegenossen in den Statuten festgesetzt. Aber es scheint, daß sie rechtlich nur ausnahmsweise bestand. Tatsächlich mag sie in weiterem Umfang geübt worden sein.

Und ebensowenig kann es als Regel angesehen werden, daß die Mitglieder von ihren Genossen Zuschüsse zu ihren Pilgerfahrten bekommen hätten. Bei einer echten Elendengilde ist es bisher nicht nachzuweisen. Aber für die Gertrudsgilde in Hellested ist es in der Tat durch die Statuten bezeugt: die Beiträge sind hier abgestuft, je nach dem die Wallfahrt nach Aachen oder zum heiligen Olaus, nach Rom oder nach San Jago di Compostella ging; sie schwankten pro Kopf zwischen drei und fünf Mark Lübisch. Bedingung scheint dabei durchweg Bedürftigkeit des Pilgerbruders gewesen zu sein. Der ausschlaggebende Gedanke ist hier nicht etwa Förderung des Seelenheils des Mitbruders oder der Pilgerei überhaupt, sondern die Spekulation, daß das verdienstliche Werk des Pilgers der ganzen Brüderschaft zugute kommt und allen Genossen im himmlischen Sünden- und Fegfeuer-Konto zum Vorteil gereicht. Auch hier liegt egoistische Wohltätigkeit vor, die um des eigenen Vorteils willen handelt. Alles unter dem Gesichtspunkt des Versicherungsrechts! „Unser Eleemosyna steht mit dem G'werb und fällt mit dem G'werb" — so lautet der stete Refrain.

Alles in allem vermochte eine Brüderschaft im Mittelalter schon sehr wohl zu bestehen, wenn sie weiter keine Zwecke verfolgte, als die, welche wir bisher bei den Elendenbrüderschaften kennen gelernt haben. Mäßige Beiträge und dafür Schmaus mit Freibier, vergnügtes Vereinsleben, Begängnis in der Kirche am eigenen Altar, Begräbnis mit Lichtern und Seelmessen — welch' lockende Bedingungen! Und wirklich hat es viele Brüderschaften im Mittelalter gegeben, die sich damit begnügten. Das Charakteristische der Elendengilden ist, daß sie sich mit diesem Durchschnittsmaß nicht begnügen, sondern ihr Ziel etwas weiter spannen. Sie nehmen sich der Elenden in mancherlei Weise an und sorgen für sie. Sie legen selber Hand an, um Schäden zu lindern, wo sie ihnen besonders auffällig entgegentreten.

Das Mittelalter hat Angst vor der Einsamkeit und rechnet es dem Menschen schon als rühmliches Verdienst an, wenn er sich als Klausner in die Weltabgeschiedenheit zurückzieht, während wir heute nur herzhafte Verachtung für arbeitsfähige Männer übrig haben, die sich den ihnen in der Welt gestellten

Aufgaben feige entziehen und ihre eigene Gesellschaft jeder andern vorziehen. Diese Angst vor der Einsamkeit macht sich auch, wenn auch nur sekundär in der Fülle der Bildungen geltend, die wir im deutschen Genossenschaftsleben jener Jahrhunderte finden. Es ist nicht gut, daß der Mensch allein sei. Schon hier auf Erden nicht. Wie grausig aber, allein ins Jenseit zu gehen und allein zu bleiben unter den Schatten des Todes, verloren im Fegfeuer oder ein Spielball der Teufel in der Hölle! Diese Einsamkeit abzuwehren gelingt dem mittelalterlichen Laien, wenn er Mitglied einer Brüderschaft wird. Die Elendengilden aber wollen vor ihr nicht nur sich selbst, sondern auch die Elenden schützen.

III.
Die Elenden.

Ehe wir die Fürsorge der Elendsgilden in ihren verschiedenen Richtungen untersuchen können, müssen wir zunächst wissen, wer die Elenden sind, für die die Elendsgilden sorgen. Daß diese Elenden nicht mit denen identisch sind, die wir heute so nennen, ist zwar den meisten bekannt, die darüber geschrieben haben. Aber im übrigen gehen die Ansichten oft sehr weit auseinander. Wir haben keinen Anlaß auf alle diese Meinungen hier näher einzugehen, da sie oft nur auf naiver Unkenntnis der Quellen beruhen und Fantasieprodukte sind. Wichtiger ist, sich von vornherein klar zu machen, daß die Auffassung schon im Mittelalter nicht immer und überall dieselbe gewesen ist.

Den Schlüssel zum richtigen Verständnis liefern die lateinischen Ausdrücke in den Urkunden des Mittelalters. In der großen Mehrzahl aller Fälle ist darin von exules die Rede. Daneben finden sich zuweilen die Ausdrücke advenae, exulantes, peregrini. Völlig vereinzelt, aber nicht nur in halbwegs zweifelhaften Fällen, lassen sich die Bezeichnungen pauperes und miseri nachweisen. Daraus ergibt sich mit voller Deutlichkeit, daß das Wort elend in der Tat bei den Elendsgilden eine wesentlich andere Bedeutung gehabt haben muß, als heutzutage. Und der Sprachgebrauch des Mittelalters zeigt, daß diese Bedeutung „fremd" war. Sie gilt als die ursprüngliche; als abgeleitet dagegen der Sinn, den wir heute mit dem Worte verbinden. Man rühmt es dabei, und gewiß nicht ohne Grund, uns Deutschen nach, daß man an dieser Sinnwandelung des Wortes elend die Stärke unseres Heimatgefühles messen könne; dem Deutschen gelte die Heimat als selbstverständliche Bedingung des Glücks, die Fremde infolgedessen umgekehrt als Unglück. Aber daneben verdient auch eine andere Erwägung, von der die Philologen ausnahmslos schweigen, Beachtung: daß man nämlich zu der Gleichsetzung von Fremde und Elend sehr wohl auch angesichts der Strenge des altgermanischen Fremdenrechts gelangen konnte. Heute gibt es Leute, die in allem, was ungefähr Menschenantlitz trägt, die ewige Menschenwürde verehren und jegliche nähere Beschäftigung der Polizei mit einem Ausländer, der kein Verbrechen begangen hat, für himmelschreiendes Unrecht halten. Unser germanisches Recht war frei von solcher Zimpelei und ging von dem Prinzip der Rechtlosigkeit der Fremden aus. Milderungen wurden allmählich mit Hilfe privater und öffentlicher Schutzrechte zugelassen und Schritt für Schritt erweitert. Aber noch in den Volksrechten der fränkischen Zeit ist eine Bestimmung nichts Ungewöhnliches, daß der Fremde bußlos erschlagen werden darf, wenn er durch den Wald geht, ohne zu rufen oder das Horn zu blasen. Und zahlreiche Konsequenzen der alten Anschauung haben im Strandrecht, in erbrechtlichen und öffentlich rechtlichen Beschränkungen der Fremden das Mittelalter überdauert. Wer rechtlos ist oder auch nur prinzipiell so beurteilt wird, der hat allen Anlaß sich elend zu fühlen. Es kann keinem Zweifel unterliegen, daß beide Gedankenreihen, der Stolz auf die Heimat und die Härte des Fremdenrechts, hier zusammengewirkt haben. Denn nicht nur in der Geschichte des Wortes elend, sondern in ihrer Wurzel berühren sich beide. Ein Volk, das sich seiner nationalen Eigenart energisch bewußt ist, wird niemals in die hohlen Phrasen des neunzehnten Jahrhunderts von europäischem Staatsbürgertum oder voller Rechtsgleichheit für alle Nationalitäten einstimmen, sondern stets daran denken, daß ihm sein Recht nicht als schützendes Dach für alle Fremden, die zu ihm kommen, sondern als eine blanke Waffe verliehen ist, mit der es sich selber behaupte.

Die Elenden sind Fremde gewesen. Es bleibt die nähere Abgrenzung festzustellen. Das deutsche Fremdenrecht des

Mittelalters weist häufig Lücken in der Beantwortung der Frage auf, wer als fremd gilt. Einzelne Gruppen von Fremden wie die Juden unterstehen besonderen Ausnahmebestimmungen. Das normale Fremdenrecht aber kommt zwar selbstverständlich für Franzosen, Engländer, Spanier usw. in Betracht. Dagegen wird die Sache oft zweifelhaft, wie es mit Deutschen in Deutschland außerhalb ihrer engeren oder weiteren Heimat gehalten wird. Im allgemeinen ist bei der Zersplitterung Deutschlands in zahlreiche nahezu selbständige Territorien der Begriff des Fremden außerordentlich weit gefaßt worden. Infolge des schroffen Gegensatzes von Stadt und Land fiel er tatsächlich vielfach mit dem Begriff des Ortsfremden zusammen.

Diesen Zustand muß man sich vergegenwärtigen, um den Umfang zu verstehen, in dem die Elendenbrüderschaften im Mittelalter an Fremden ihre Wohltätigkeit üben konnten. Als fremd gilt leicht jeder, sobald er sich eine kleine Strecke von seiner Heimat, seinem Wohnort entfernt hat. Und dazu kommt weiter, daß Brüderschaften, welche Wohltätigkeit an Fremden üben, keine peinliche Kontrolle durchführen, ob derjenige, der sich bei ihnen als Fremder meldet oder hilflos, krank oder tot daliegt, auch wirklich ein Fremder im Sinne irgendeines Bürgerlichen Gesetzbuchs-Paragraphen ist. Mißbrauch durch Einheimische läßt sich leicht abwehren. Und wenn wirklich einmal an einem Unglücklichen Wohltätigkeit auf Kosten der Brüderschaft geübt wird, für den ihre Einrichtungen ursprünglich nicht bestimmt sind, so macht man sich darüber keine Sorge, sondern sieht darin ein Liebeswerk, das seinen Lohn wie jedes andere in reichen Zinsen trägt.

Also sorgen die Elendsgilden für die Fremden in sehr weitem Sinne. Und es bedarf statutenmäßiger Festsetzung, wenn sie etwa ausschließlich für eine besondere Gruppe der Fremden, z. B. für fremde Kleriker oder für fremde Schüler tätig sein wollen. Aber schon eine solche Abweichung von der Regel bringt es alsbald dahin, daß von einer Elendsgilde überhaupt nicht mehr gesprochen wird, sondern etwa von einem Elenden-Priester-Kaland oder einer Elenden-Schüler-Brüderschaft.

Innerhalb dieses weiten Rahmens werden nun aber von den Elendengilden fast stets Unterschiede nach anderer Richtung mit Rücksicht auf die Zwecke gemacht, die die Brüderschaft infolge ihrer Stellung zur Kirche verfolgt. Scharfe Grenzen sind dabei nicht gezogen worden. Aber in der wirklichen Betätigung der Elendsgilden spielen solche Unterschiede eine große Rolle.

Erstens handelt es sich um die Bedürftigkeit des Fremden. Reichen Vergnügungsreisenden, Großkaufleuten, Beamten und Adligen Hotelrechnungen zu ersparen, freies Quartier und freie Verpflegung zu gewähren, konnte den Brüderschaften nicht in den Sinn kommen. Sie scheiden bei der Erweisung materieller Wohltaten vollständig aus oder müssen den vollen Wert bezahlen. Nur bei den Gebeten für die elenden Seelen mag auch ihrer mit gedacht worden sein, da das weiter keine Unkosten bereitete. Zahlreiche Urkunden betonen diesen Gesichtspunkt aufs deutlichste, so wenn z. B. ausdrücklich von armen Elenden die Rede ist, denen um Gottes willen geholfen werden soll, oder wenn die reiche Hamburger Elendenbrüderschaft zum Heiligen Geist Arme Elenden-Brüderschaft heißt.

Zweitens kümmern sich die Elendsgilden begreiflicherweise nicht in erster Linie um unsere Brüder von der Landstraße, Vaganten, Gaukler, Bettler und Konsorten, sondern um solche Fremden, die mit ihrer Wanderschaft im Dienste Gottes und der Kirche tätig sind. Die geistlichen Mitglieder der Elendsgilden werden überall dafür gesorgt haben, daß man sich mit fremden Klerikern höherer und niederer Grade in erster Linie abgab. Weit mehr aber noch fallen schon durch ihre Zahl bei der Fürsorge der Elendenbrüderschaften die ungezählten Scharen der Wallfahrer und Pilger ins Gewicht. Und wir gehen schwerlich zu weit, wenn wir behaupten, daß ohne die mittelalterlichen Wallfahrten die Elendsgilden niemals in so großer Zahl entstanden wären.

Durch diese Feststellungen erledigen sich solche seltsamen Vorstellungen von selbst, als ob die Elendsgilden nur für Leute gesorgt hätten, die aus ihrem Vaterlande vertrieben worden seien, oder als ob sie gar am Ende ausschließlich für den Loskauf von Christen aus türkischer Gefangenschaft tätig gewesen wären. Die erste Behauptung findet sich häufig. An ihr ist so viel richtig, daß Verbannte und Landesflüchtige, soweit es mit dem Unterstützungsverbot flüchtiger Verbrecher vereinbar war, von den Elendsgilden wie andere Fremde behandelt worden sind. Scharfe Kontrolle fand bei ihnen überhaupt nicht statt. Notorische Verbrecher durchzupflegen und zu füttern ist keiner Elendsgilde eingefallen. Aber freilich werden Leute, deren Schuldkonto über Gebühr belastet war, das auch nicht sofort laut ausposaunt haben, wenn sie sich in der Fremde in Not befanden. Die zweite Behauptung ist noch sehr viel törichter. Kriegsgefangene Christen aus Feindeshand loszukaufen galt allerdings schon im Altertum als rühmliches Liebeswerk. Und im Mittelalter haben sich zu diesem Zweck besondere Orden gebildet. Dahin gehören die Trinitarier oder der Ordo sss. Trinitatis redemptionis captivorum, die Nolasker oder der Orden der heiligen Eulalia und der Orden der heiligen Maria von der Gnade oder der Ordo B. V. Mariae de mercede redemptionis captivorum. Aber diese Tätigkeit setzt große Geldmittel und vor allem einheitliche Organisation voraus. Für die Elendsgilden kommt sie in keiner Weise auch nur nebenher in Betracht.

Auf der anderen Seite hat der kirchliche Zweck, die Doppelsinnigkeit des Ausdrucks elend für fremd und armselig und das Fehlen jeder scharfen Definition für den Begriff des Fremden notwendig die Folge gehabt, daß sich die Elendsgilden mit ihrer Wohltätigkeit nicht immer streng und ausschließlich an die Fremden, sondern zuweilen an die Armen und Verlassenen überhaupt gewandt haben. Bei den Elendenspenden läßt es sich vielfach nachweisen. Damit hängt es ferner zusammen, wenn manchmal statt fraternitas exulum fraternitas pauperum oder miserorum gesagt wird. Auch an die häufige Bezeichnung von Armenhäusern mit dem Ausdruck Elend ist zu erinnern.

IV.
Die Fürsorge für die Elenden bei Lebzeiten.

Bei der Fürsorge, die die Elendsgilden den Elenden bei ihren Lebzeiten angedeihen lassen, sind im einzelnen Elendenherbergen und Elendenspenden zu unterscheiden.

In ganz Deutschland finden sich seit dem frühen Mittelalter Herbergen, in denen Fremde auf kurze Zeit Aufnahme finden können. Nicht bloß die Kirche ist seit der fränkischen Zeit in diesem Sinne mit ihren reichen Mitteln tätig gewesen.

Auch die Staatsgewalt, die Stadtobrigkeiten und die private Wohltätigkeit haben für solche Unterkunftsstätten Sorge getragen. Schon in einem fränkischen Kapitular wird die Herbergspflicht als ein Gebot der Nächstenliebe und des Staates zugleich hingestellt. Niemand soll den Fremdlingen, die um Gottes willen durch das Land wandern, und andern Reisenden Obdach, Feuer und Wasser verweigern. Wenn aber einer denselben noch weitere Wohltat erzeigen will, der sei von Gott der besten Vergeltung versichert, wie er selbst gesagt hat: Wer einen von diesen Kleinen aufnimmt, nimmt mich auf, und anderswo: Ich bin ein Fremdling gewesen und ihr habt mich beherbergt. Wo solche Vorschriften in der Gesetzgebung möglich sind, da bestehen bereits zahlreiche Anstalten zur Beherbergung Fremder. Nicht bloß in Deutschland, sondern im ganzen Kreise der abendländischen Kirche lassen sich solche Einrichtungen nachweisen. Um ihre Erforschung hat sich schon Muratori verdient gemacht. Aus der neueren Literatur ist neben Uhlhorn namentlich auf Kriegks Aufsatz über Frankfurt a. M. und Jacobs' Arbeiten über den Harz zu verweisen.

Die Elendenherbergen sind älter als die Elendenbruderschaften. Aber auch diese haben Elende beherbergt. Prüfen wir, in welchem Umfang es der Fall war!

Über die Reiler Elendenbrüderschaft sagte der dortige Pastor am 1. September 1728 vor der Untersuchungs-Kommission aus: „Item würden arme Passanten, so krupel undt kranck von einer Dorffschafft zur andren geführt werden müssen, bey zeitlichem Brudermeister eine Nacht über verpflegt mit einem alten Weck undt 1 halb Mass Wein." Entsprechend heißt es in dem vom Erzbischof durch Verfügung vom 14. Januar 1729 erledigten Bericht der Kommission, daß „erkranckten Passagiers" „nebst dem freyen Nachtlager vor ein alt Brodt und dan ein halb Mass Wein, zu Zeiten auch nach Gutbefinden des Almosenpflegers ein Weiteres zugewendet werde".

Als Grundsatzung der Münchner Elendenbrüderschaft gibt Kohlbrenner 1773 an: „den Armen, Elenden, Reisenden, Pilgern, vaterlosen Waisen, Wittwen, armen Kindern mit Hülffe und Rath brüderlich und schwesterlich beyzuspringen, und die Liebe des Nächsten, diese große Pflicht des Christenthums, nicht theoretisch anzusehen, sondern praktisch auszuüben".

Der Wunsch, den Kohlbrenner hinzufügt, „dass in diese Brüderschaft alle Reiche und Arme, Adeliche und Gemeine, wess Glaubens sie sind, sich einverleiben lassen möchten", ist sehr ehrenwert, zeigt aber, daß er schlecht orientiert war und gar nicht wußte, daß die Brüderschaft längst keine „einverleibten" Personen mehr hatte. Was er von der Unterstützung der Elenden, Reisenden und Pilger sagt, hat höchstens für eine ferne Vergangenheit seine Richtigkeit. Anton Buchers Bemerkung wurde bereits angeführt: die Elendenbrüderschaft solle „ehedem eine herrliche Stiftung zu Beherbergung fremder Armen und Kranken gehabt und der Menschlichkeit viel Ehre gebracht haben". Falls er etwa an dieser Stelle nicht München im Auge gehabt haben sollte, würde übrigens seine Angabe für Bayern immerhin Bedeutung behalten.

In der Bestätigungsurkunde für die Elendenbrüderschaft in Grimma vom 12. März 1489 sagt der Kurfürst von Sachsen. einige seiner Bürger und Untertanen daselbst hätten sich entschlossen, „für arme Ellende pilgram einen Spitall vnd Herberge . . . . anzurichten, Auch dorczu ein Bruderschaft". Die Herberge erscheint hier als Hauptsache.

Auf das Herbergen wird es zu beziehen sein, wenn der Markgraf von Brandenburg 1315 von den „Fratres kalendarum exilii" in Brandenburg sagt: peregrinos fovent.

In Tangermünde bestanden bei Einführung der Reformation eine Elendengilde und drei Hospitäler. Der Visitationsbericht sagt darüber, es sei „für fast nützlich angesehen, daß die armen Leute allhie alle in ein Hospital" gebracht würden. Der Rat möchte, heißt es dann weiter, „die Armen aus dem Elendenhause auch in den Hospitalen versorgen und das Haus samt den Zinsen und Pächten in den Kasten nehmen und doch davon dieselben Armen auch versorgen, auch die Notdurft und Begräbnis, wie die Elendengilde zuvor gethan, bestellen". Danach hat die Elendengilde also für die Notdurft der Armen im Elendenhause gesorgt. Das Elendenhaus hat ihr offenbar auf Grund eigener Stiftung gehört. Sie hat darin Elenden Aufnahme gewährt. Sie hat nicht bloß fremde Arme auf ein oder zwei Nächte beherbergt, sondern einigen Armen, bis zur Zahl 16, wie anderweit feststeht, gleichviel ob sie fremd oder einheimisch waren, dauernden Aufenthalt und dauernde Versorgung gewährt.

Bei der Elendsgilde in Odense sagen die Statuten, es bleibe den Älterleuten überlassen, Fürsorge zu treffen, wenn „jenningh elende man edder vrouwe in dusse stad vnse broderscup hulpe behouede". Das wird auf Beherbergung und sonstige Unterstützung Fremder zu beziehen sein. Im Eingange heißt es hier zwar durchaus abweichend von der deutschsprachlichen Auffassung: „vnde schal heten dat elende lach, wente wy wol seggen mogen, dat wy in dut elende gesettet synt, also dat neyn man mach spreken: vrunth kum vnde loze my van der wald des dodes". Und ferner heißt es gleichfalls in deutlichem Unterschied von der deutschen Gewohnheit, die Mitglieder der Elendsgilde als Elende, exules zu bezeichnen, bei der Wahl der Vorsteher. in Odense, es sollten vier „elende bedderue mans" gekiest werden. Aber trotzdem ist jene Vorschrift zweifellos nicht auf die Unterstützung von Mitgliedern, sondern von Fremden zu beziehen. Ganz analog heißt es bei der Flensburger Gertrudsgilde: „Insuper fratres et sorores tanto subsidio pauperes peregrinos ac exules, versus istam ciuitatem pervenientes, quanto proprios conuiuas, fideliter adiuuabunt".

Im größten Stile wurde die Beherbergung der Pilger seit 1579 durch jene Neapolitaner Brüderschaft im Pilgerhause S. Trinità de' Pellegrini betrieben. Sie beherbergte und bewirtete alle Pilger, die nach Neapel kamen, drei Tage lang. Die Mitglieder der Brüderschaft selbst wuschen ihnen die Füße und reichten ihnen ein Abendessen von vier Gängen. Am letzten Abend bekam jeder Pilger einen Karlin als Zehrpfennig. Die Einkünfte werden hier freilich in der ersten Hälfte des neunzehnten Jahrhunderts auf 16 400 Dukaten angegeben. Nur ist diese Brüderschaft so wenig wie die Duderstädter St. Jakobs-Brüderschaft, die für Jakobspilger Betten parat hielt, eine echte Elendengilde gewesen.

Zuweilen wird die Krankenpflege besonders hervorgehoben. Über die Elendengilde an der Berliner Petrikirche heißt es in den Visitationsakten der Reformationszeit: „Darvber seind sie verpflicht alle arme leude frembden in jren krankheidten (zu) versorgen". Ähnlich erzählt Matthäus von Normann im Rügischen Landrecht um dieselbe Zeit: „Die Verweser diser Fraterniteten musten alle Elenden vnd Armen tho Bergen, de nichts hedden vnd tho Bedde legen, mit Nottrufft vorsorgen". In einem Ablaßbrief für die Brüderschaft der armen Schüler in Salzwedel sagt der Bischof Heinrich von Verden: einige Christgläubige hätten sich zu dem Zwecke vereinigt, "ut pauperes et peregrinos colligant clericos ac eos in infirmitatibus suis foueant et vite necessaria subministrent".

Schon bei unserer Untersuchung der Verbreitung der Elendsgilden sind uns Elendenherbergen in großer Zahl begegnet. Aber es stellte sich dabei aufs deutlichste heraus, daß nur in einer sehr geringen Anzahl von Fällen Beziehungen zwischen Elendenherbergen und Elendenbrüderschaften nachzuweisen sind. Im Gegenteil: Immer wieder ließ sich zeigen, daß diese oder jene Elendenherberge von irgendeiner Privatperson, von einem Kloster, von einem Magistrat ins Leben gerufen war und unterhalten wurde. In vollem Einklang damit stehen die Beobachtungen, die wir hier machen. Es ist in der Tat richtig, daß die Elendengilden sich auch dem Beherbergen der Elenden und ihrer Verpflegung in Krankheitsfällen gewidmet haben. Aber ihre Tätigkeit hat sich nach dieser Richtung in überaus bescheidenen Grenzen gehalten. Es ist gegenüber den heute in der Literatur herrschenden Meinungen geradezu erstaunlich, bei wie wenigen Elendsgilden sich das Beherbergen der Elenden feststellen läßt. Gewiß haben auch manche andere Gilden dafür gesorgt. Die Quellen sind lückenhaft. Aber es ist doch sehr charakteristisch, daß der Nachweis sich erheblich leichter bei den verschiedensten Nebenformen der Elendsgilden als bei ihnen selbst erbringen läßt. Und unzweifelhaft hat es viele Elendsgilden gegeben, die sich um das Beherbergen der Elenden überhaupt nicht bekümmert haben. Als selbstverständlich läßt es sich durchaus nicht voraussetzen. Das Schweigen mancher Statuten ist in dieser Hinsicht sehr beredt.

Es ist bezeichnend, daß wir aus den vorliegenden Quellen für keine einzige Elendsgilde erfahren, wie es eigentlich mit der Beherbergung und Verpflegung der Elenden gehalten wurde. Wir sind gezwungen, dafür auf die Ordnungen anderer selbständiger Elendenherbergen zu verweisen. Da hören wir z. B., wie am Tor der Herberge nur "diejenigen armen Leute und Pilger, so im Durchreisen begriffen", eingelassen werden. Mit erblichen Krankheiten dürfen sie nicht behaftet sein, auch nicht im Land herum dem Almosen nachgehen. In neuerer Zeit wird auch Vorzeigung eines Passes oder anderer Legitimationspapiere verlangt. Bei den Mahlzeiten wird aufgepaßt, daß keiner des guten zu viel bekommt: „Item welcher Arme sich überäße oder übertrunckhe, daß er das wiedergeben müßte, der soll der Herberg entäusseret werden undt soll noch darzue gehalten werden, solches auffzuwüschen, und der hochen Oberkeit straff angezeigt werden", — ganz wie bei den Kollationen der Elendsbrüder. Für die Nacht werden dann stets Männer und Frauen streng getrennt. Der Behauptung, miteinander verheiratet zu sein, wird nicht leicht Glauben geschenkt. Morgens aber vor dem Weitermarsch findet bei verschlossenen Türen Revision statt, ob auch ja keinem während der Nacht etwas gestohlen ist; denn die Gäste sind unsichere Schlafgenossen. Gesunde Durchreisende werden in der Regel nur eine Nacht beherbergt, „wenn nicht stürmische Witterung ihre Abreiss gleichsam unmöglich macht". Ganz besonders ausführlich sind vielfach die Speisezettel mit den seltsamsten Abstufungen je nach Alter, Würde und Geschlecht des Gastes normiert. „Einem durchreisenden Pilgram giebt man am Abend Spitalmuß, wenn vorrätig, sonst Mehlbrüh und ein halb Pfund Brot; einem andern Durchreisenden Brüh und ein drittel Pfund Brot, kleinen Kindern ein Müßlein. Einem Eremit oder Kleriker giebt man eine Suppe, ein halb Pfund Brot, ein viertel Pfund Käs; einem Ordensbruder, der einen Pater bei sich hat, eine Suppe, ein Pfund Fleisch, ein halb Pfund Brot. Einem regularen Ordenspater oder Weltpriester, der mit seinen gehörigen Schriften versehen ist, giebt man eine Suppe, anderthalb Pfund Fleisch, ein halb Pfund Brot und ein viertel welschen Wein. Ist es Fasttag, giebt man ihnen etwas von Eiern und ein viertel Pfund Käs. Einem Diakon giebt man das Traktament wie einem Ordensbruder. Denen Klosterfrauen giebt man das Traktament eines Eremiten. Kommen Durchreisende früh im Tag und reisen weiters, giebt man ihnen weder Spitalmuß noch Brüh, oder sie kommen just zur Zeit, da das Spitalmuß noch warm ist." Dieser mittelalterliche Tarif stammt aus Altdorf aus dem Jahre 1805. Er erinnert an die amtlichen Traktierbriefe der fränkischen Zeit für die im Königsdienst Reisenden, nach denen der Bischof für sich und sein Gefolge als Trunk drei Eimer täglich, der Abt und der Graf nur zwei, der

Haribannator nur einen verlangen durfte. Für die Elendsgilden dürfen wir, soweit sie Herbergen unterhielten, in allen diesen Stücken ähnliche Einrichtungen annehmen.

Aber zu einer Beherbergung der Elenden im großen Stil fehlt es bei den Elendsgilden an allen Voraussetzungen. Der Fremdenverkehr war schon im Mittelalter viel zu stark entwickelt, die Wallfahrten führten teils dauernd, teils periodisch zu gewissen Zeiten im Jahr viel zu große Scharen durch die einzelnen Orte, als daß Gilden, die oft nur ein oder wenige Dutzend Mitglieder aus den untersten Ständen zählten, an die Beherbergung von Hunderten oder Tausenden hätten denken können. Selbst, wenn sie Herberge gegen Entgelt gewährt hätten, würden ihre Mittel fast niemals zur Einrichtung der nötigen Anstalten ausgereicht haben. Daß in ihren Vermögenslisten sehr oft Häuser genannt werden, ist richtig. Aber das sind fast stets Altaristenwohnungen, wie der Klerus es überhaupt ausgezeichnet verstand, den Rahm für sich und die Elenden seines eigenen Standes abzuschöpfen. In keinem Falle läßt sich bisher nachweisen, daß ein solches Altaristenhaus zur Beherbergung Fremder mitbenutzt worden wäre.

Aus dieser Geringfügigkeit des Herbergswesens bei den Elendsgilden folgt klar, daß sie zur Erklärung der zahlreichen Orts- und Flurnamen Elend nur ganz ausnahmsweise herangezogen werden können. Bei einigen Äckern und einigen Wiesen läßt es sich nachweisen, daß sie ihren seltsamen Namen nicht der Unfruchtbarkeit oder der Schwierigkeit der Bestellung, sondern ihrer einstigen Zugehörigkeit zum Besitze einer Elendsgilde zu danken haben. Aber verallgemeinern läßt sich dies Ergebnis nicht. Wo sonst jeder Beweis für die Existenz einer Elendsgilde fehlt, wird man diese Erklärung nie verwenden dürfen. Überhaupt ist ein für allemal die Vorstellung aufzugeben, als ob diese vielen Namen eindeutig zu verstehen seien. Auch an Elendenherbergen zu denken ist durchaus nicht überall blindlings gestattet. Weitaus die größte Berechtigung hat in den zweifelhaften Fällen die Ansicht, daß es sich weder um Elendengilden noch um Elendenherbergen, sondern höchst schlicht und einfach um Ortsbezeichnungen handelt, die an die Bedeutung von elend im Sinne von fremd direkt anknüpfen. Demgemäß handelt es sich entweder um ursprünglich fremdes Land oder, worauf die Form „am Elend" hinweist, um Gebiete, die an fremdes Land angrenzen. Auf diese Erklärung hat Schmidtkontz vor einigen Jahren, wenn auch mit starken Übertreibungen, aufmerksam gemacht. Der ursprüngliche Sinn ist teilweise schon im Mittelalter verloren gegangen, vollständig in der Neuzeit. Und zahlreiche populäre Erklärungen sind allenthalben aufgetaucht, ehe man sich in der Literatur um Elendengilden und Elendenherbergen zu kümmern anfing. Vom Elsaß, das höchstwahrscheinlich auch hierher gehört, sagt Abraham a Sancta-Clara in seiner Schrift „Auf, auf ihr Christen", einer „beweglichen Anfrischung der christlichen Waffen wider den türkischen Blutegel": „Von vielen Jahren hero ist das Römische Reich schier Römisch arm worden durch stäte Krieg; von etlichen Jahren hero ist Niderland noch niderer worden durch lauter Krieg; Elsass ist ein Elendsass worden durch lauter Krieg; der Rhein-Strohm ist ein Peyn-Strohm worden durch lauter Krieg, und andere Länder in Elender kehrt worden, durch lauter Krieg". Und Schiller hat danach in der Kapuzinerpredigt die Verse geschmiedet: „Und alle die gesegneten deutschen Länder sind verkehrt worden in Elender". Aus der „Gegend von Schierke und Elend" im Harz macht ein französischer Faustübersetzer eine „contrée des coquins et de la misère", wie noch jetzt manche zur Deutung des Namens auf das schwere Leben der Harzbewohner und den ominösen Namen des nahgelegenen Ortes Sorge hinweisen. Viel witziger als solche Spielereien sind die Behauptungen derer wahrhaftig nicht, die hier überall Elendsgilden in alter Zeit ihre „fromme Thätigkeit" ausüben lassen wollen.

Neben der Beherbergung der Elenden und ihrer Verpflegung in Krankheitsfällen sind bei der Fürsorge, die ihnen die Elendsgilden im Leben zuteil werden ließen, noch die Elendenspenden zu nennen.

Sehr viel leichter als Elendenherbergen bauen und in Betrieb halten konnten die Elendsgilden Almosen an Elende austeilen. Zahlreiche Nachrichten darüber liegen vor. Sie zeigen, daß die Spenden vielfach bei dem Begängnis der Gilden mit Messe und Kollation, zuweilen aber auch öfter verteilt wurden. Fast allgemein aber wird der Begriff der Elenden auf arme Leute überhaupt ausgedehnt, vermutlich schon darum, weil im gegebenen Moment gar nicht immer fremde Arme zur Stelle waren.

Matthäus von Normann berichtet im Rügischen Landrecht von der Verwendung der Einkünfte der Elendenbrüderschaft in Bergen: „Darvan hedden sie alle Jahr two Thohopekumst, dar men gaff den Armen, vnd sonst dat gantze Jahr over, Wandt, Scho, Geldt, Brodt, Speck vnd Biehr".

„Nach einem alten Berichte der Knochenhauer" von Neuruppin, die die dortige Elendengilde wieder ins Leben gerufen hatten, wurden dort jedesmal am Pfingstdienstag jedem armen Menschen ein Pfennig und zwei Helling weißen Brots ausgeteilt. Wie in anderen Orten beruhte auch hier diese Spende der Gilde auf einer mit eigenen Einkünften versehenen Stiftung.

In Jüterbog gab 1513 der Altarist Molner ein Kapital von hundert Gulden, das zu fünf Prozent angelegt war, zu dem Zwecke, daß die Elendenbrüderschaft jährlich in der Fastenzeit an jeden Armen eine Semmel und ein Ei austeilte. Vermutlich war er selbst Mitglied der Brüderschaft.

Die Elendengilde in Beelitz richtete nach einer Überlieferung aus dem Jahre 1454 „alle Jahr czwu spenden allen Armen leuthen nach Irer gewonlichen weisz" aus.

In der Altstadt Salzwedel wurde „auf Laetare" eine Spende von der Elendengilde gegeben. Die Kosten beliefen sich auf ungefähr elf Mark.

In Stendal verteilte die Brüderschaft der Schaffer oder Elenden bei der Pfarrkirche jeden Donnerstag ungefähr an sechzehn Personen Almosen, an jede etwa einen Schilling an Wert.

Bei den Einkünften der Elendenbrüderschaft in Möckern heißt es in den Vitationsakten des sechzehnten Jahrhunderts: „Dauon geben ssie jerlich wen ssie die Zcinse einfurderen, eine spendte und wirdt auch sonst nodttorfftigen und Armen Leuten damit geholffen". Nach Anordnung der Visitatoren sollten auch in Zukunft jährlich zehn Gulden zur Spende ausgegeben werden.

In Kalbe an der Saale wurde jedesmal bei dem Jahresfest der Brüderschaft nach der Seelmesse „einem jeglichen armen Menschen, der da kömmt, nach alter Gewohnheit Brodt und Speck" gegeben.

Von der Elendenbrüderschaft zu Reil bekamen nach Angabe des Pastors von 1728 „die armen ohn unterscheidt, welche dem gottesdienst beywohnen, jährlich auff St. Brixij Tag zehn achtel Korn zu Brodt gebacken, wie auch ein Haaber-Brey sambt etwas ahn geldt in gegenwarth pastoris undt sendtscheffen". Das Geldalmosen betrug im ganzen ungefähr sechs Reichstaler und wurde „ahnstatt eines Schweinss" ausgeteilt. Die Beispiele lassen sich vermehren. Diese Spenden, die vielfach geradezu Elendenspenden hießen, kommen ähnlich auch bei anderen Brüderschaften vor, die natürlich erst recht keinen Anlaß hatten, dabei die fremden Armen zu bevorzugen. Eine Elendenspende im eigentlichsten Sinn ist uns oben in Koblenz begegnet, wo nach einer Stiftung von 1398 und nicht von der Elendengilde arme Reisende auf der Moselbrücke einen Schluck Wein zur Stärkung bekamen.

Elendenspenden kommen bei den Elendsgilden häufiger vor als Elendenherbergen. Aber da es ziemlich überall Armenspenden ohne Rücksicht auf die Herkunft der Armen waren, fiel auch hierbei für die Elenden nicht viel ab. Durch diese Almosenverteilungen konnte überhaupt nie vielen geholfen werden, auch wenn sie nur Fremden zugute gekommen wären. Ein paar Löcher an der Oberfläche wurden gestopft. Ein Versuch, soziale Schäden an der Wurzel zu heilen, wurde nicht gemacht. So reich die Liebestätigkeit in der spätmittelalterlichen Kirche entwickelt war, von der Zersplitterung, von der Kurzsichtigkeit und von der egoistischen Freude, das vorhandene Elend zur Gewinnung eigenen Vorteils ausnutzen zu können, läßt sie sich niemals freisprechen, wenn man ihre Gesamttendenz beurteilt.

V.
Die Fürsorge für die Elenden nach ihrem Tode.

Die Hilfe, die die Elendenbrüderschaften den Elenden bei Lebzeiten zuteil werden ließen, war nicht sehr imponierend. Wenn auch die Verhältnisse außerordentlich verschieden liegen, so kann man doch diese Seite ihrer Tätigkeit nur als eine Zugabe bezeichnen. Die Hauptsache war sie nicht. Und die Absicht bei der Gründung der Elendenbrüderschaften kann ursprünglich unmöglich auf die Verfolgung von Zwecken vorwiegend gerichtet gewesen sein, von denen wie dem Herbergen nur vereinzelt oder wie den Spenden nur mit Einschluß aller Armen in den Quellen die Rede ist. Die Hilfe der Elendenbrüderschaften ist nicht vorbeugend. Sie hinkt hinter dem Elend her und setzt in der Regel erst ein, wenn der Elende tot ist. Hat man ihm im Leben nicht helfen können oder wollen, so soll der Elende doch wenigstens ein christliches Begräbnis bekommen und den Qualen des Fegfeuers nicht schutzlos preisgegeben werden. Der Gesichtspunkt, der bei der Bestattung der Elenden maßgebend war, ist nicht immer derselbe oder immer nur einer gewesen. Religiöse Motive stehen voran. Aber auch praktische Erwägungen waren von Einfluß. Bei der Ausdehnung des Fremden- und namentlich des Pilgerverkehrs kam es natürlich häufig vor, daß Fremde auf ihren Reisen und Wallfahrten „im Elend", „in paupertatis exilio" zugrunde gingen. Infolge der herrschenden materialistischen Auferstehungslehre legte nun aber selbstverständlich jeder den größten Wert darauf, christlich und kirchlich begraben zu werden. Das war unendlich viel wichtiger, als Hilfe in leiblicher Not gegen Hunger und Krankheit, Hitze, Regen und Kälte zu erhalten. Und daraus erklärt sich, daß nicht nur die Elenden in Furcht und Zittern lebten, dies Begräbnis entbehren zu müssen, sondern daß sich auch Brüderschaften zu dem ausgesprochenen Zwecke bildeten, den Elenden mit dem christlichen Begräbnis ein Gut zuzuwenden, das sie selbst nun und nimmer missen mochten. Aber neben solchen Rücksichten machten sich auch andere Gedanken geltend. Bei der Gefahr der Seuchenverschleppung durch den Fremdenverkehr und bei den schlimmen Folgen von Nachlässigkeiten im Bestattungswesen für die Sterblichkeit innerhalb ganzer Ortschaften und Städte haben die Stadtverwaltungen aus den einfachsten Gründen der Gesundheitspolizei die Brüderschaften ganz besonders begünstigt, die sich die Bestattung der Elenden zur Aufgabe machten. Auf die Dauer hätten sie sich der Übernahme der damit verbundenen Unkosten gar nicht entziehen können. So kommt es, daß bei einer erheblichen Zahl von Elendsgilden direkter Einfluß des Rats bei der Gründung nachzuweisen ist, daß der Rat auch sonst vielfach erhebliche Beiträge zu den Einkünften leistet. Der erstangegebene

Grund wog zweifellos schwerer. In den Statuten, in den Bestätigungen und Ablaßprivilegien wird er regelmäßig einzig und allein angeführt.

In den Statuten der Kiedricher Elendenbrüderschaft heißt es gleich zu Beginn: „Allermenlich sal wissen, wie daz in ere Goddis, Marien siner lieben Muder und ümb lob aller heiligen etliche fast erber lüde bedracht und besunnen hant, wie daz mangk elende bruder und swester uber jar wallende sint umb hulffe und gnade des guden heilgen santi Valentins und von verhengnisse Goddis auch daselbis abegent von dodis wegen, die denn fromme sint und elende, also daz sy dan nymant bestadt, als weren sie inheyms; herumb hant sy angefangen eyn brüderschaft zu machen, die sy dann nennent die elende bruderschaft, die vorgenante bruder und swester sant Valentins oder ander dinst knechte oder mede, dy dann also abegingen, zu begen und si bestaden." Hier handelt es sich also bei dem Zweck, der mit der Errichtung der Brüderschaft verfolgt wird, um das Begräbnis von Pilgern, die nach Kiedrich kommen und dort sterben, aber auch zugleich um das Begräbnis anderer Fremder, wie der Hinweis auf die nicht aus Kiedrich stammenden, sondern fremden Dienstknechte und Mägde zeigt.

Ganz ebenso wird in der Koblenzer Bestätigungsurkunde allgemein von der Beerdigung der „exules peregrini et advenae" gesprochen, „quorum per oppidum nostrum prefatum est frequens accessus, transitus et regressus, quorum aliqui plerumque infirmitatibus et langworibus variis fatigati decedunt ibidem". Zweifellos ist auch hier in erster Linie an Pilger zu denken, aber durchaus nicht ausschließlich. Das christliche Begräbnis wird auch hier als Hauptzweck bezeichnet.

Die Paderborner Elendenbrüderschaft wollte armen elenden Leuten zum Kirchhof verhelfen. Sie beruft sich dabei merkwürdigerweise auf das Beispiel des heiligen Patriarchen, des Vaters Abraham. In den fünf Büchern Mose steht aber keine Silbe davon, daß Abraham einen „acker koffte, pelegrymme up tho gravende". Vielmehr wird dort nur von dem Kaufe eines Erbbegräbnisses durch Abraham für seine eigene Familie erzählt. Also wird es sich hier wahrscheinlich um irgendeine mittelalterliche Ausschmückung der alttestamentlichen Geschichte handeln.

Die beiden Hamburger Elendenbrüderschaften zum Heiligen Geist und bei St. Gertrud widmeten sich gleichmäßig der Elendenbestattung. Über die Brüderschaft bei St. Gertrud liegen besonders interessante Mitteilungen vor, die das übliche Verfahren bei den Beerdigungen sehr deutlich illustrieren. Aus ihrer Jahresrechnung von 1500 ergibt sich, daß damals dreißig „elende lijk" bestattet worden sind. Die Särge wurden von der Brüderschaft selbst aus Erlenholz hergestellt; ein Knecht war damit beauftragt. Die Arbeiten, die der Beerdigung im einzelnen Fall vorangingen, das Einkleiden der Leichen, das Ansagen des Begräbnisses, wurden nicht etwa von Mitgliedern der Brüderschaft, sondern von armen Frauen besorgt, welche bei der Gertrudskapelle Freiwohnungen hatten. Die Habseligkeiten, welche den von der Brüderschaft bestatteten Elenden gehört hatten, fielen der Brüderschaft zu; sie scheint an diesem „Elendengut" gewohnheitsrechtlich ein Erbrecht in Anspruch genommen zu haben. So beginnt die Rechnung von 1500 mit den Worten: „Entfangen van olden plunden am dage cruce IIII mark; Item noch entfangen van olde Klederen usw. Sua. XIII mark XII schillinge." Zur Beschleunigung des „Umtriebs" auf den Grabstellen unterhielt die Brüderschaft ein Kalklager, mit dem sie gelegentlich auch Handel trieb. Außerdem besaß sie das Privileg, Särge anfertigen und verkaufen zu dürfen. Als ausschließliches Recht kann es sich nicht über die ganze Stadt erstreckt haben; denn die Elendenbrüderschaft zum Heiligen Geist hatte gleichfalls ein Sargmagazin, aus dem sie Särge nicht bloß für ihre Elenden nahm, sondern an jedermann verkaufte. Ob sich das Privileg in beiden Fällen auf die betreffenden Kirchspiele beschränkte oder ob beide Brüderschaften zusammen das Privileg für ganz Hamburg besaßen, ergeben die vorliegenden Quellen nicht. Jedenfalls machte die Brüderschaft bei St. Gertrud mit ihrem schwunghaften Sarghandel gute Geschäfte und geriet darüber gelegentlich mit dem Hamburger Tischleramt. in Streitigkeiten.

Aus Teterow in Mecklenburg berichtet Monnich 1514: „Uth dissem gilde moth mann ock die elenndn armhenn lude to graue brengenn vnnd motenn darto alle offernn."

Von den Mitgliedern der Elendsgilde in Bergen auf Rügen heißt es in der Bestätigungsurkunde von 1422, „dat ze scholen vnde wyllen begrauen de doden de dar elende zynt". Und entsprechend sagt Normann im sechzehnten Jahrhundert, daß sie „alle Elenden vnd Armen" „christlich vnd ehrliken na der Wise beerdigen" ließen.

Über die Elendengilde an der Berliner Petrikirche ergeben die Visitationsakten näheres: „Darober seind sie verpflicht, alle arme leude frembden ... auch zu Grabe verschaffen vnd alle instrumente vnd was sunst dartzu gehoret vnd vonnotten ist, achten sie vngefehrlich auff acht schock jerlich." Die ganze Ausgabe betrug 22 Schock, davon für Collationes und Feste 4 Schock. Die Visitatoren ordneten an, daß von den Einkünften jährlich 10 Schock in den gemeinen Kasten in Köln entrichtet werden sollten. Doch sollte „das vbrige bei der Elendengilde zw bestellung der begrebnus der Elenden, auch zu Vntterhaltung der Instrument an Sargen, Schupfen vnd spatten, auch anderer notturft datzu bleiben". Bei der Elendsgilde an der Marienkirche ist nur von den „milden Wergk" die Rede; das Begraben der Elenden ist darunter mitverstanden.

In dem Ablaßbrief, den die Elendsgilde der Altstadt Salzwedel zwischen 1312 und 1331 von dem Bischof Nikolaus von Verden erhielt, wird himmlischer Lohn denen vor allem in Aussicht gestellt, „qui corpora peregrinorum et exulum intra et extra oppidum Soltwedel in campis, vicis et plateis collegerint et ad ecclesiam deduxerint". Das Siegel der Gilde mit dem Toten, Spaten und Schaufel wurde bereits erwähnt. Die Bestattungspflicht wird auch in den Visitationsakten mehrfach berührt. Die Einkünfte der Elendsgilde kamen damals in den gemeinen Kasten. Aber aus dessen Mitteln sollten „die Notdurft und Begräbnis, wie die Elendengilde zuvor gethan", auch in Zukunft bestellt werden. Genauer sagt der Anhang zum Visitationsrezeß der Altstadt: „Von dieser vorgeschrevenen Upkamingen mothen ock geholden werden Repe, Schüppen, Spaden tho Begraffung der Doden und Laden vor de Elenden, damit thor Erden tho bestedigen so oft des von nöthen."

Wenn in den Quellen häufig auf Pilger besonders Bezug genommen wird, so findet sich in Städten und Dörfern an der Meeresküste zuweilen das Begraben Schiffbrüchiger und angeschwemmter Leichen hervorgehoben. So sagt Praetorius von der Katharinengilde in Hela, sie sei gehalten „in der Maasse und zu dem Ende, daß guthertzige Leute, Gott zu Ehren und aus christlicher Liebe, umbsonst sich annehmen derer Menschenkörper, welche an diesen Strand geworffen werden oder an schwimmen kommen, umb sie christlich in die Erde zu bringen und zu begraben". Ganz genau so wird der Zweck bei der Gertrudsgilde in Helsingör angegeben. Und zweifellos ist dieser Gesichtspunkt auch bei einer ganzen Reihe von echten Elendsgilden maßgebend gewesen. Daraus erklärt sich höchstwahrscheinlich, daß wir auf Rügen vier Elendsgilden dicht nebeneinander, eine in Warnemünde, eine auf Fehmarn und zwei in Wagrien finden.

Das Begraben der Elenden ist bei den Elendsgilden so allgemein verbreitet, daß man es bis zum Gegenbeweis bei jeder voraussetzen darf. Auch bei den Nebenformen kommt es zuweilen vor. Auf die Stelle in den Statuten der Gertrudsgilde in Hellested wurde bereits hingewiesen. Die Bestätigungsurkunde einer Prenzlauer Brüderschaft von 1334 gibt als Zweck an, „pauperes presbiteri, clerici et layci in ciuitate prenzlaw decedentes" zu beerdigen, wenn sie nicht so viel hinterließen, um aus eigenen Mitteln in üblicher Weise bestattet werden zu können, damit die Ungebühr verhindert werde, die mit solchen Leichen und ihrer Einscharrung vorgekommen sei. Fremde sind hier sicher nicht ausgeschlossen gewesen.

Die Teilnahme der Mitglieder an dem Begräbnis der Elenden ist oft in den Statuten der Elendsgilden besonders geregelt. Die Vorschriften entsprechen in der Regel genau denen, welche für das Begräbnis der Brüderschaftsmitglieder aufgestellt sind. Auch hier wird die persönliche Anwesenheit aller Brüder und Schwestern verlangt. Der Sarg wird feierlich aufgebahrt, die „boldecke" der Brüderschaft darüber gebreitet. Und mit den Lichten der Brüderschaft wird der Elende zur letzten Ruhe geleitet. Nach Möglichkeit werden alle Formen der christlichen Begräbnisordnung gewahrt, als ob es sich nicht um einen armen, elenden und vergessenen Menschen, sondern um einen treuen Freund und Bruder handelte.

Die Begräbnisplätze der Elenden sind häufig von den andern Gräbern getrennt angelegt worden. In der Regel begnügte man sich, auf dem allgemeinen Kirchhof eine Elendenseite anzulegen, die späterhin vielfach, wovon im Mittelalter nicht die Rede war, für Selbstmörder benutzt wurde. In einzelnen größeren Orten wurden sogar besondere Elendenkirchhöfe eingerichtet. Sie standen zuweilen durch Kauf, Schenkung oder sonstwie im Eigentum von Elendsgilden, kommen aber auch, z. B. in Köln oder Norden, völlig unabhängig von ihnen vor. In dieser Bestattung der Elenden auf besonderen Plätzen hat selbstverständlich im Mittelalter nichts Beschimpfendes liegen sollen.

Mit dem Begraben ist nun aber die Fürsorge, die die Elendsgilden den Elenden nach ihrem Tode angedeihen ließen, noch nicht erschöpft. Die Fürsorge für die elenden Seelen kommt dazu. Dafür vor allem dienen die Elenden-Altäre.

Jede Elendenbrüderschaft, die über die nötigen Mittel verfügte, suchte in der Kirche, der sie sich angeschlossen hatte, einen eigenen Altar zu bekommen, um daran ihre Brüderschaftsgottesdienste abzuhalten und den elenden Seelen mit Gebet, Messe und Vigilien zu helfen. Manchmal wurde ein bereits bestehender Altar benutzt, der daneben wie bisher so auch in Zukunft noch andern Zwecken dienen sollte. Nach Möglichkeit aber wurde ein besonderer Elendenaltar gebaut und gestiftet, ein Altar-Lehen begründet und ein Altarist angestellt.

Die Vergebung der Altarlehen wurde in der Regel gleichzeitig mit der Stiftung genau normiert. Vor allem wurde bestimmt, wem das Patronatsrecht zustehen solle. Patron ist durchaus nicht immer die Elendengilde, sondern meist derjenige, welcher den Hauptteil des Stiftungsvermögens hergegeben hat oder auch durch Erteilung eines Privilegs oder einer Bestätigung entscheidend bei der Errichtung des Lehens mitgewirkt hat. So werden nicht bloß „die Elenden" als Patrone genannt, sondern häufig der Magistrat oder der Pfarrer oder eine Privatperson.

Das Patronatsrecht enthält gewöhnlich das Recht, einen neuen Altaristen vorzuschlagen, zu präsentieren, und wird deshalb auch oft Präsentationsrecht genannt. Es wird mitunter alternierend von zwei Berechtigten ausgeübt. Und hier und da, z. B. in Magdeburg und Bärwalde, begegnet eine Unterscheidung zwischen dem Patronats- und einem besonderen Petitionsrecht. Dabei scheint das Petitionsrecht die Befugnis zu der wesentlichen Bitte wegen der Neubesetzung und das Patronatsrecht das Recht zur Kontrolle dieser Bitte enthalten zu haben. Ähnlich sollte in Kyritz, wo die Elendsgilde das Patronatsrecht nicht besaß, bei der Vergebung des Altarlehens doch auf ihre Wünsche Rücksicht genommen werden. Die Ernennung des Altaristen selbst scheint niemals dem Inhaber des Patronatsrechts zugestanden zu haben. Soweit die Quellen hierüber Auskunft geben, werden Bischöfe und namentlich Pröpste als dazu berechtigt genannt. Der einfache Ortspfarrer hat das Recht nicht, auch wenn er Patron ist. Genaue Angaben liegen für Salzwedel vor. Hier hatte die Elendsgilde der Altstadt nach ausdrücklicher Feststellung im Anhang zum Visitationsrezeß von 1541 das Patronat über die Vikarie XI milium virginum sive exulum; die Elenden werden als collatores bezeichnet. Auf Grund dieses Rechtes präsentierte der „Senior Magister fraternitatis seu ghulde exulum in antiqua ciuitate" Koppe Schernekow, also der Oldermann der Altstädter Elendsgilde, im Jahre 1403 dem Propst zu Salzwedel den Presbyter Ludolf Schulte, da der Vorgänger Ludolf Bäcker von Rossow resigniert hatte. Er berief sich auf das ihm zustehende „Ius patronatus", erklärte, dem Ludolf Schulte die Stelle konferiert zu haben, und bat den Propst, Schulte zu investieren „et in corporalem inducere possessionem".

Die Auswahl der Altaristen ist häufig statutenmäßig beschränkt. Es werden gewisse Bedingungen aufgestellt, die in ihrer Person erfüllt sein müssen. Sie sollen arme junge Kleriker sein oder noch kein anderes Altarlehen oder sonst ein mit Einkünften ausgestattetes geistliches Amt bekleiden. Söhne von Gildebrüdern sollen mitunter vorzugsweise berücksichtigt werden. Innehaltung der Residenzpflicht muß bei Verlust der Stelle angelobt werden. Aber Verschiedenheit hat auch in dieser Hinsicht weitesten Spielraum. So war z. B. anders als gewöhnlich in der Reformationszeit Altarist am Elendenaltar der Altstadt Salzwedel „Er Diederich Cossbow, ein alter, kranker Pfarrer zu Bissmark".

Die Elendenaltäre waren regelmäßig besonderen Heiligen geweiht und haben darum fast stets einen doppelten Namen, einen von dem oder den Heiligen, einen von den Elenden. Bei der Auswahl der Heiligen herrscht bunteste Mannigfaltigkeit. Teilweise erklärt sie sich daraus, daß zuweilen ältere

Altäre, die längst ihren Heiligen hatten, von einer Elendsgilde als Elendenaltäre übernommen wurden. Aber auch bei Neugründungen läßt sich eine bestimmte Vorliebe für einen einzelnen Heiligen oder eine einzelne Heilige nicht nachweisen. Wollte man ein vollständiges Register aufstellen, so würden von bekannteren Heiligen wenige fehlen. Es gab eben viele, die nach ihrer Legende als Elende oder exules erscheinen konnten. Und es gab andererseits auch eine ganze Reihe von Schutzpatronen der Armen, Elenden, Reisenden und Pilger. Wenn in den Brüderschaftsnamen vor allem die Jungfrau Maria berücksichtigt wird, so hängt das mit dem Marienkultus überhaupt und hinsichtlich der „Maria im Elend", die manchen Orten zum Namen Elend verholfen haben mag, vermutlich mit der Geschichte von der Flucht nach Ägypten zusammen. Und wenn daneben namentlich Spielarten der Elendsgilden geradezu Gertrudsgilden heißen, so spielt die heilige Gertrud dabei dieselbe Rolle, wie bei den zahllosen Gertrud-Hospitälern. Aber bei den Altären ist so wenig von einer Bevorzugung der Maria und Gertrud wie von der irgendeines andern Heiligen die Rede.

Dem entspricht es, daß die gottesdienstlichen Feiern an den Elendenaltären bei den einzelnen Elendsgilden vollständig verschieden geregelt gewesen sind. Jede Gilde wählte naturgemäß als Festtag in erster Linie den Tag des Heiligen, dem gerade ihr eigener Altar geweiht war. Außerdem kannte die Kirche im Mittelalter wohl „elende" Jahrtage, aber keinen festen Tag im Kalender, der dem Gedächtnis der elenden Seelen speziell gewidmet gewesen wäre. Dadurch allein war schon Verschiedenheit bedingt. Dazu kommt, daß die größere oder kleinere Zahl von Messen, Vigilien und Memorien natürlich von der Zahl der Altaristen und der Höhe der Einkünfte abhing, die der Brüderschaft für diese Zwecke zur Verfügung standen. Neben dem Hauptjahresfest kommen vielfach besondere gottesdienstliche Feiern vor. Zuweilen wurden besondere Brüderschaftsmessen allwöchentlich, vereinzelt sogar täglich gelesen. Die Elendsgilde der Altstadt Salzwedel hatte anfangs zwei Memorien; später kamen drei neue hinzu. Die Ausstattung war verschieden: Nach dem Visitationsrezeß von 1541 kostete Memoria Laetare 1½ Mark 4 Pfennig; Memoria

Jubilate 14 Schilling 4 Pfennig; Memoria Simonis und Judae 5 Schilling; Memoria Crucis 1½ Mark 4 Pfennig; Memoria Martini 14 Schilling 4 Pfennig. Bei der Elendsgilde der Neustadt Brandenburg war alle Woche eine Seelmesse und eine Vigilie üblich. Die Münchner Elendenbrüderschaft ohne Brüder feierte im achtzehnten Jahrhundert vier Quatembergottesdienste: In den Fasten, zu Pfingsten, zu Michaelis und zu Weihnachten; außerdem beging sie am Aschermittwoch ihren Jahrtag. Alle diese kirchlichen Feiern sind für die lebenden und toten Mitglieder der Elendsgilden, aber zugleich für die elenden Seelen, dabei in erster Linie für die Seelen der Elenden, die die Gilde begraben hat, bestimmt. Bei dieser Sorge für das Seelenheil der Elenden handelt es sich durchaus nicht um etwas Nebensächliches, das als Extragabe zum Beerdigen als dem eigentlichen Hauptzweck hinzukäme. Im Gegenteil der Nachdruck, der darauf gelegt wurde, war so groß, daß es nicht nur völlig normale Elendsgilden gibt, die sich Elendeseelenbrüderschaften genannt haben, sondern auch Elendsgilden, welche auf das Begraben der Elenden verzichtet und sich auf diese religiöse Fürsorge völlig beschränkt haben. Im einzelnen ist es oft fraglich, wie die Brüderschaften es in dieser Hinsicht gehalten haben. Der Name Elendeseelenbrüderschaft oder fraternitas exulum animarum allein ist nicht entscheidend. Höchstens kann man bei den Brüderschaften dieses Namens eine Vermutung dafür sprechen lassen, daß sie nur den Seelen, aber nicht den Leibern und Leichen der Elenden helfen wollten. Denn die moderneren Armenseelenbrüderschaften, die zweifellos mit ihnen verwandt sind, haben sich darauf beschränkt. Die Bezeichnung ist uns mehrfach im Königreich Sachsen begegnet, findet sich aber auch anderwärts, z. B. in Angern und Buerkerck. Über die Elendenseelenbrüderschaften in Rochlitz und Kommotau erzählt der Pastor Heine seltsame Dinge. Danach wählte sich eine solche Brüderschaft „des Tages eine gewisse Stunde, in welcher sie vor die armen Seelen im Fege-Feuer betet, und sonderlich vor diejenigen, die aus ihrer Fraternität gestorben". Heine erzählt weiter, daß er eine Aufnahme-Bescheinigung einer solchen Brüderschaft in Kommotau gesehen habe, „nebst einem zugleich mit ertheilten Kupfer-Blätgen, darauf das Fege-Feuer und die in demselben befindlichen Seelen in der positur, welche sie darinnen machen, gar lebhafft, als wenns wahr wäre, abgebildet war, wie sie nach denen von etlichen Engeln aus einem Cornu Copiae über sie ausgegossenen Erfrischungen und so genannten Rosen-Cräntzen begierigst schnappen: weiß aber nicht, ob der Angeber solches aus eigener Erfahrung gemacht, oder obs ihm andere gesagt haben, daß es in dem vermeinten Fege-Feuer also zugehe".

Für die Abhaltung ihrer Gottesdienste hatten die Elendenbrüderschaften stets eigenes Kirchengerät: Meßgewänder, Kelche, Patenen und Leuchter. Wie groß der Vorrat von kostbaren Priesterornaten, goldenen und silbernen Gefäßen bei einzelnen Gilden sein konnte, zeigt das Register über den Besitz der Hamburger Elendenbrüderschaft zum Heiligen Geist, das Gaedechens veröffentlicht hat. Ohne Zweifel hat sich noch heute viel davon erhalten, wenn auch Anfragen bei dem Germanischen Museum und dem Bayrischen National-Museum hinsichtlich aller derartigen Altertümer, auch der Siegel der Elendsgilden ein negatives Ergebnis hatten.

Eine besondere Wichtigkeit hatten dabei die Elendenlichte, die Elendenkerzen. Der Gebrauch der Lichte und Kerzen im Gottesdienst hat seit alter Zeit nicht nur praktische, sondern vor allem symbolische Bedeutung. Die innere Erleuchtung und die Hilfe in der Not, die der Glaube, der Kultus und die Kirche bringt, soll damit versinnlicht werden. Wie im allgemeinen Gottesdienst, so kommen Kerzen zur Erhöhung der kirchlichen Feiern bei zahlreichen Brüderschaften im Mittelalter vor. Daher kommt es, daß die Vorsteher vielfach Kerzenmeister heißen und daß Eintrittsgebühren, Jahresbeiträge und Strafen in Wachs entrichtet werden müssen.

Bei den Elendsgilden spielen die Kerzen ihre besondere Rolle, weil niemand ein solches Licht in der Finsternis nötiger hat als die elende Seele, die verlassen und vergessen in Not und Qual verschmachtet, wenn niemand ihrer fürbittend gedenkt. Zuweilen werden Elendenkerzen den elenden Seelen zu Hülfe dauernd in Brand gehalten, gleichsam als stumme Gebete ohne Unterlaß. Aufs genaueste wird die Zahl der Kerzen vorgeschrieben, mit denen die elenden Leichen zu Grabe getragen werden oder die bei der Totenmesse brennen sollen. Die Korbacher Elendenbrüderschaft hat ihren Namen „Elendes Licht" von diesen Kerzen. Und wie Elendenherbergen, Elendenkirchhöfe und Elendenaltäre in großer Zahl unabhängig von Elendsgilden vorkommen, so sind uns auch Elenden-Kerzen-Stiftungen gar nicht selten begegnet, wo von Brüderschaften nichts zu finden war: in der Gegend von Mainz und Würzburg, in Thüringen und in der Provinz Sachsen. Die Bedeutung ist auch hier schwerlich überall dieselbe gewesen. Wenn in jenem Mainzer Testament eine Summe für Kerzen ausgesetzt wurde, die beim Begräbnis Elender gebrannt werden sollten, so mögen die Einkünfte bei anderen Stiftungen für die Beerdigungsunkosten Elender überhaupt und umgekehrt auch nur zum Brennen von Elendenkerzen an irgendeinem geweihten Ort Verwendung gefunden haben. Wo nichts als der Name Elendenlicht oder Elendenkerze überliefert ist, hat es keinen Zweck, die Frage, was damit gemeint sei, entscheiden zu wollen.

Elendenkreuze dagegen sind bisher abgesehen von dem Prozessionsgerät der Münchner Elendenbrüderschaft bei Elendsgilden nicht nachzuweisen. Das Breslauer Elendenkreuz und die Beeskower Elendenkreuz-Kapelle mögen durch die Fürsorge für irgendwelche elenden Seelen veranlaßt worden sein. Mit den Elendsgilden haben sie direkt nichts zu tun.

VI.
Der Ursprung der Elendenbrüderschaften.

Die Zwecke der Elendsgilden haben wir der Reihe nach besprochen. Es waren Brüderschaften, die für das christliche Begräbnis und das Seelenheil armer Fremder sorgten und sich zuweilen auch ihrer Beherbergung und Verpflegung in Krankheiten widmeten. Wenn es sich jetzt zum Schluß für uns darum handelt, ihren Ursprung festzustellen, so scheidet von vornherein das Beherbergen und die Krankenpflege aus, weil sie nur nebensächliche Bedeutung für die Elendsgilden hatten. Ebenso aber tritt für die Frage nach dem Ursprung die Sorge für das Seelenheil der Fremden in den Hintergrund, so großes Gewicht die Elendsgilden tatsächlich darauf gelegt haben. Denn wenn auch gelegentlich die allgemeine Menschenliebe dabei in rührender Form zutage tritt, liegt doch auf der Hand, daß der ganze Gedanke die späte Ausgeburt ungesunden und verschrobenen religiösen Empfindens ist und nur in einer Zeit weitere Kreise bewegen konnte, in der die Kirche ihren Anstalten und Einrichtungen eine maßlos übertriebene Bedeutung für das Verhältnis zwischen Mensch und Gott beilegte. Fremde zu begraben ist daneben ein einfacher, natürlicher, schlichter Zweck, der darum auch viel tiefer in die Vergangenheit zurückreicht.

Schon bei den alten Juden[1] galt es als religiöse Pflicht eines jeden, unbestattete Leichen zu beerdigen. Bei Hesekiel[2] heißt es nach der Niederlage Gogs und Magogs: „Und sie werden Leute aussondern, die stets im Lande umhergehen, und mit denselbigen die Totengräber, zu begraben die Übrigen auf dem Lande, auf daß es gereinigt werde; nach sieben Monden werden sie forschen. Und die, so im Lande umhergehen und etwa eines Menschen Bein sehen, werden dabei ein Mal aufrichten, bis es die Totengräber auch in Gogs Haufenthal begraben. So soll auch die Stadt heißen Hamona. Also werden sie das Land reinigen". Das Begraben war Pflicht nicht sowohl um des Toten, als um der Reinigung des Landes willen. Denn „erst das Grab bannt die Seele an den Leichnam, so daß sie Ruhe hat und nimmermehr schaden kann". Die Abwendung dieses Schadens mag die ursprüglich allein maßgebende Vorstellung gewesen sein. Später kam das Mitleid mit den Qualen des Unbegrabenen in der Unterwelt hinzu.

Die wichtigste Stelle aus der alttestamentlichen Überlieferung findet sich im Buch Tobiä[3]. Der alte Tobias, der mit in die assyrische Gefangenschaft hatte wandern müssen, ging „täglich zu allen Israeliten und tröstete sie und teilete einem jeglichen mit von seinen Gütern, was er vermochte. Die Hungrigen speisete er, die Nackenden kleidete er, die Erschlagenen und Toten begrub er". An Assyrer oder andere Fremde ist dabei durchaus nicht zu denken. Im Gegenteil: nachdem berichtet ist, wie König Sanherib ohne Erfolg aus Judäa heimkam und in seinem Grimm „viel der Kinder Israel" töten ließ, sagt der Erzähler weiter: „derselbigen Leichname verschaffte Tobias zu begraben". Wie jene anderen Liebeswerke, so tat er also auch dieses an seinen Stammesbrüdern,

---

[1]) Benzinger in Herzogs Real-Enzyklopädie II³. 1897. p. 531.
[2]) 39, 14 f. [3]) Kap. 1, 2, 12.

die damals freilich in der Fremde, also nach mittelalterlicher Terminologie elend waren. Der König ist erzürnt, er befiehlt Tobias zu töten und nimmt ihm alle seine Habe. Aber es gelingt Tobias zu fliehen. Nach Sanheribs Tode kommt er zurück, erhält sein Gut wieder und fährt fort, Tote zu begraben: „trug heimlich zusammen die Erschlagenen und hielt sie heimlich in seinem Hause, und des Nachts begrub er sie." Tobias erblindet dann eines Abends, „da er heim kam, als er Tote begraben hatte und müde war und sich neben eine Wand legte und entschlief". Und wie er schließlich durch das Rezept des Erzengels Raphael sein Augenlicht wiedererhält und ihm dankt, da rechnet es ihm Raphael zum Ruhme an, daß er die Toten begraben hatte, ohne irgendeine Mühe zu scheuen: „Da du so heiß weinetest und betetest, stundest von der Mahlzeit auf und begrubest die Toten, hieltest die Leichen heimlich in deinem Hause und begrubest sie bei der Nacht; da brachte ich dein Gebet vor den Herrn."

Aus der altjüdischen Überlieferung ist endlich noch daran zu erinnern, daß die Hohenpriester mit den Silberlingen des Judas Ischarioth einen Acker kauften „$εἰς\ ταφὴν\ τοῖς\ ξένοις$"; Luther übersetzt: „zum Begräbnis der Pilger." Es ist bestritten[1], ob nur auswärtige Juden und Proselyten oder auch Heiden gemeint sind; „Elende" sind es auf alle Fälle.

In der Verkündung des Evangeliums wird zwar die Nächstenliebe auf eine unendlich viel höhere Stufe gehoben. Aber das Begraben der Toten wird in keiner Weise mit den Liebeswerken auf eine Linie gestellt, die den Armen und Elenden bei Lebzeiten erwiesen werden. „Lasset die Toten ihre Toten begraben!"

Bei Römern und Griechen galt das Begraben verlassener Leichen als sittliche Pflicht. Auf ihre Befolgung wurde im Interesse der Ordnung und menschlichen Würde gesehen. Aber Vereine für das Begräbnis Fremder hat es hier und dort so wenig wie bei den Juden gegeben. Die „collegia funeraticia" und „collegia tenuiorum" haben nur subsidiär für die Bestattung armer Mitglieder gesorgt[2].

---

[1] Weiß, Matthäus-Evangelium. 1898. p. 476. K. Schmidt in Herzogs Real-Enzyklopädie IX³. 1901. v. Judas Ischar.

[2] Thümmel, die Versagung der kirchlichen Bestattungsfeier. 1902. p. 6.

In der alten Kirche machte sich in diesen Fragen von Anfang an die neue Auferstehungslehre geltend, die vielfach grob-sinnlich verstanden, schon am Verbrennen der Leichen Anstoß nahm und dadurch die Auferstehung mindestens für gefährdet hielt. Nur selten kam der stolze Glaube an die Unabhängigkeit geistigen Lebens von den Kräften der Materie zu so unzweideutigem Ausdruck, wie in dem Wunsch des Ignatius[1], von wilden Tieren gefressen zu werden, um niemand mit seinem Begräbnis zur Last zu fallen. Die Folge davon war, daß auf die Bestattungspflichten in immer weiterem Sinn ein schnell wachsendes Gewicht gelegt wurde. Auch den Fremden, den „Elenden" kam diese Entwicklung zugute.

Ganz allgemein sagt Tertullian[2], daß die Christen „pro egenis alendis humandisque" sorgten. Als ihre Gemeinden größer wurden, ging die Aufsicht über die Bestattung der Armen an manchen Orten auf die Diakonen, an anderen auf die Kollegien der Fossores über, die zum niederen Klerus gerechnet wurden. Hier und da, so in Karthago, wurden die öffentlichen Kirchenbüßer zu diesen Liebeswerken kommandiert. In allen diesen Fällen aber ist in erster Linie an die Beerdigung armer Christen und zwar hauptsächlich aus der betreffenden Gemeinde zu denken.

Dagegen bezeugt Lactanz[3] ausdrücklich, daß neben den Armen auch die Fremden begraben wurden. Er bezeichnet die Beerdigung der Armen und Fremden als eine allgemein menschliche Pflicht, die den Christen doppelt zukomme, weil der heidnische Staat in dieser Hinsicht seine Pflicht vernachlässige. „Wir werden es nicht dulden, daß das Bild und Geschöpf Gottes den wilden Tieren und Vögeln als Beute hingeworfen wird, sondern werden es der Erde zurückgeben, von der es genommen ist, und auch an einem unbekannten Menschen das Amt seiner Verwandten erfüllen, an deren Stelle, wenn sie fehlen, das Gebot der Menschenliebe tritt." Seit dem sechsten Jahrhundert sind sogar besondere Fremdenkirchhöfe, z. B. in Antiochien, bezeugt, die genau unsern deutschen Elendenkirchhöfen entsprechen[4].

---

[1]) Thümmel p. 28 not. 1.   [2]) Thümmel p. 7.
[3]) Uhlhorn I² p. 183.
[4]) Lex, Das kirchliche Begräbnisrecht. 1904. p. 44 f.

Im Mittelalter nahm mit der Ausdehnung der Liebestätigkeit auch die Fürsorge für die Bestattung verlassener Toten größeren Umfang an. Man empfand es dabei als eine Lücke, daß im Neuen Testament diese Pflicht nirgends eingeschärft wurde. In der Genesis[1] war jene Geschichte vom Kauf des Erbbegräbnisses durch Abraham überliefert, in der zweimal die Worte wiederkehren: Begrabe deinen Toten. Man scheint diese Aufforderung früh aus dem Zusammenhang herausgerissen und im Sinne eines allgemeinen göttlichen Gebots verstanden zu haben. Die weitere Ausschmückung jener Erzählung aber, die uns in der Bestätigungsurkunde der Paderborner Elendenbrüderschaft begegnete, knüpfte zweifellos daran an, daß Abraham sich bei dem Kauf selbst als Fremden bezeichnete. Daneben wird man schon früh auf die Tobiasgeschichte in den Apokryphen aufmerksam geworden sein.

In dem bayrischen Volksrecht[2], das kurz vor der Mitte des achten Jahrhunderts aufgezeichnet ist, handelt eine Bestimmung von dem Begraben eines zunächst unbekannten Toten, dessen Verwandte hinterher ausfindig gemacht werden. Der Ersatzanspruch für die Müheleistung wird geregelt, der Barmherzige aber für den Fall, daß er seinen Schilling nicht bekommt, auf den Lohn Gottes verwiesen: „quia scriptum est mortuum sepelire" oder, wie andere Handschriften sagen: „quia praeceptum est mortuos sepelire." Benedictus Levita hat diese Stelle im neunten Jahrhundert benutzt und geradezu ein Gebot des Herrn daraus konstruiert: „(mercedem) recipiet a Domino, qui praecepit mortuos sepelire"[3]. So entstand allmählich der Glaube, daß der Herr ein Gebot aufgestellt habe, das er doch niemals ausgesprochen hatte.

In den folgenden Jahrhunderten ist dann schließlich die Bestattungspflicht den sechs älteren Werken der Barmherzigkeit nachträglich als siebentes angegliedert worden. Jene sechs gehen zurück auf die Stelle Matthäus 25, 35f.: „Ich bin hungrig

---

[1] Kap. 23.

[2] Monumenta Germaniae Historica, Leges III. p. 329: Lex Baiuw. 19, 7.

[3] Neues Archiv der Gesellschaft für ältere deutsche Geschichtskunde. XXXI. 1905. p. 59 ff.: Seckel, Studien zu Benedictus Levita. (VI.) p. 119.

gewesen, und ihr habt mich gespeiset. Ich bin durstig gewesen, und ihr habt mich getränket. Ich bin ein Gast gewesen, und ihr habt mich beherberget. Ich bin nackend gewesen, und ihr habt mich bekleidet. Ich bin krank gewesen, und ihr habt mich besuchet. Ich bin gefangen gewesen, und ihr seid zu mir gekommen." Das Mittelalter fand, daß das Begraben der Toten diesen sechs Werken ebenbürtig sei. Und wenn es bei Matthäus nicht genannt war, so nahm man daran umsoweniger Anstoß, als es ja in jenem Zusammenhang unmöglich weiter heißen konnte: Ich bin tot gewesen, und ihr habt mich begraben. Man begnügte sich mit jenen Stellen in der Genesis und im Buche Tobias und vor allem mit der zwar nicht bibelmäßigen, aber von der Überlieferung geheiligten Vorstellung, daß das Begraben der Toten ein Gebot des Herrn sei. Daneben wird das Streben mit im Spiel gewesen sein, die Zahl sieben komplett zu machen, wie man ja sieben Tugenden und sieben Laster und nicht nur sieben leibliche, sondern auch sieben geistige Werke der Barmherzigkeit unterschied. Das Ergebnis der neuen Anschauung faßte der Hexameter kurz und knapp zusammen: „Vestio, poto, cibo, redimo, tego, colligo, condo."

Diese Pflicht des Begrabens der Toten, die damit als ein vom Herrn gebotenes Werk der Barmherzigkeit hingestellt war, bezieht sich nicht in erster Linie und vielleicht überhaupt nicht auf das Begraben der Angehörigen. Denn das versteht sich von selbst. An verlassene Arme und Fremde vielmehr ist gedacht. Für das Begräbnis armer Einheimischer war stets mit Leichtigkeit gesorgt, sobald Angehörige da waren. Die Kirche bereitete durch keinerlei erhebliche Unkosten Schwierigkeiten. Waren keine Angehörigen da, so halfen teilweise die kirchlichen Organe, teilweise besondere Stiftungen, hie und da auch Brüderschaften aus, sei es, daß der Arme Mitglied gewesen war oder nicht. Dagegen bestand eine Lücke, soweit es sich um das Begräbnis armer Fremder handelte. Darin sah man die eigentliche Erfüllung des siebenten Werkes der Barmherzigkeit. Und diese Lücke auszufüllen ist der Zweck der Elendsgilden gewesen.

Ohne Zweifel ist in diesen Verhältnissen ihr Ursprung zu sehen. Zahlreiche besondere Einflüsse, die sich daneben geltend gemacht haben, sind uns allenthalben im Laufe unserer Untersuchung begegnet. Die Zunahme des Fremdenverkehrs und der Wallfahrten nötigte, die Fremdenfürsorge, die schon längst in den Fremdenherbergen tätig war, weiter zu steigern. Das Interesse der Stadtverwaltungen und der Kirche traf in diesen Bestrebungen mit der ablaßdurstigen Werkheiligkeit weiter Kreise des Volkes zusammen. Vor allem aber waren die Bischöfe und der Pfarrklerus aus religiösen wie aus egoistischen Motiven gleichmässig bestrebt, durch die Brüderschaften immer größeren Einfluß auf ihre Gemeinden gegenüber den Bettelorden und gegenüber den weltlichen Obrigkeiten zu gewinnen und sie zur Propaganda für die kirchliche Weltanschauung in großen und kleinen Dingen zu benutzen.

Unter den zahllosen Brüderschaften läßt sich auch die Gruppe näher bezeichnen, von der die Elendsgilden sich abgezweigt haben. Wiederholt sind uns Elenden-Kalande, Kalendae exulum u. dgl. begegnet. Schon der Name allein weist auf Verwandschaft mit dem Kaland hin. Eine besondere Form von Brüderschaften von eigenartiger Ausprägung liegt dabei nicht vor. Es handelt sich um Übergangsformen, die überwiegend der Entstehungszeit der Elendsgilden angehören und nur vereinzelt ihren Namen bis auf die Reformationszeit behalten haben. Die einen Elenden-Kalande sind Kalande, die andern sind Elendsgilden geworden. Berlin und Brandenburg sind typische Beispiele für diese Entwicklung in doppelter Richtung. In Berlin wird der von den Elendsgilden völlig verschiedene Kaland noch in den Visitationsakten des sechzehnten Jahrhunderts als Fraternitas exulum bezeichnet. Und in Brandenburg läßt sich umgekehrt nachweisen, daß die 1315 oder 1310 genannten Fratres calendarum exilii mit der Neustädter Elendsgilde identisch sind. Am Anfang des vierzehnten Jahrhunderts wird bereits Pflege und Bestattung der Fremden als ihr Zweck angegeben. Sie erhielten damals Einkünfte aus Etzin zu Eigentum. Das Privileg, das ihnen darüber ausgestellt wurde, legten im Jahre 1509 der Gildemeister und die gemeinen Gildebrüder der „Elenden-Innung und Gülden in unser Newenstat Brandenburg" dem Kurfürsten Joachim I. und dem Markgrafen Albrecht mit der Bitte um Bestätigung vor, die ihnen auch am 23. Juli erteilt wurde. In dieser Bestätigungsurkunde wird der Ausdruck Fratres calendarum exilii mit Elendengilde wiedergegeben. In den Visitationsakten von 1541 findet sich demgemäß bei der Katharinenkirche der Neustadt Brandenburg unter den Einkünften des Lehens Levini, dessen „Collatores die Elenden" waren, eine Rente von vierzehn Groschen „zw Etzin" angegeben. Danach kann als erwiesen gelten, daß die Elendsgilden sich in ihren Anfängen von den Kalanden abgespalten haben.

Merkwürdig ist, daß die Elendenbrüderschaften dem dreizehnten Jahrhundert anscheinend noch völlig unbekannt gewesen sind, dann aber ungefähr seit 1300 fast gleichzeitig an den verschiedensten Ecken Deutschlands auftauchen. Die Tatsache ist so auffällig, daß man sich zunächst versucht fühlt anzunehmen, ein bestimmtes Ereignis, eine Anordnung der Kirche, eines Konzils oder des Papstes müßte den Anstoß gegeben haben. In der Tat wird die Entstehung der Fronleichnamsbrüderschaften auf die Stiftung des Fronleichnamsfestes durch den Papst Urban IV. im Jahre 1264 und seine allgemeine Anordnung durch das Konzil zu Vienne vom Jahre 1311 zurückgeführt. Aber vergeblich sieht man sich bei den Elendsgilden nach einem ähnlichen direkten Anlaß um. Das einzige große Kirchenfest, an das man hier allenfalls denken könnte, wäre das Aller-Seelen-Fest am 2. November. Aber dies Fest stammt bereits aus dem zehnten Jahrhundert. Jeder Zusammenhang zwischen seiner Stiftung und der Entstehung der Elendsgilden ist also ausgeschlossen.

Daß eine einzelne Persönlichkeit bei uns in Deutschland die entscheidende Anregung gegeben haben sollte, ist bei der Lage der Sache von vornherein unwahrscheinlich. Es ist wohl möglich, daß irgendein Erzbischof von Magdeburg oder Mainz oder ein Bischof von Brandenburg oder Schwerin sich einmal persönlich für die Beförderung der Elendenbrüderschaften interessiert hat. Aber damit läßt sich niemals das gleichzeitige Auftreten dieser Gilden in den verschiedensten Gegenden, sondern höchstens ihre stärkere Verbreitung in dieser oder jener Diözese erklären.

Nicht an einen bewußten Willensakt irgendeiner gesetzgebenden oder verwaltenden geistlichen oder weltlichen Instanz, sondern an die zwingende Macht gleichartiger Kulturzustände und Anschauungen ist bei dem Ursprung der Elendsgilden zu denken. Vielleicht darf man an den Jubelablaß von 1300 erinnern, der auch in Deutschland Tausende von Pilgern in Bewegung gesetzt hat. Zu der schnellen Ausbreitung der Elendsgilden haben ohne Zweifel die Seuchen des vierzehnten Jahrhunderts mitgewirkt, unter denen naturgemäß die armen Fremden am stärksten leiden mußten.